ハヤカワ文庫 NF

〈NF546〉

スタンフォード式
人生デザイン講座

ビル・バーネット＆デイヴ・エヴァンス

千葉敏生訳

HAYAKAWA NONFICTION

早 川 書 房

8425

DESIGNING YOUR LIFE

How to Build a Well-Lived, Joyful Life

by

Bill Burnett and Dave Evans

Translated by
Toshio Chiba
Published 2019 in Japan by
HAYAKAWA PUBLISHING, INC.
This book is published in Japan by
arrangement with
DOUGLAS ABRAMS IDEA ARCHITECTS
c/o CHANDLER CRAWFORD AGENCY INC.
through TUTTLE-MORI AGENCY, INC., TOKYO.

かけがえのない学生たちに捧ぐ――
わたしたちに人生談を語ってくれたみなさんの広い心と協力精神は、
ライフデザインについて想像以上に多くのことを教えてくれた。

そして妻のシンシアに捧ぐ――
わたしにスタンフォード大学の仕事を引き受けるよう勧めてくれた愛すべき存在だ。
きみがいなければいまのわたしはいない。

――ビル・バーネット

最愛の妻、クラウディアに捧ぐ――
この本が書けたのはきみのおかげだ。
最後までわたしを励ましつづけ、書く理由をつねに思い出させてくれた。
きみの愛は何度も何度もわたしを救ってくれた。

――デイヴ・エヴァンス

文庫版まえがき
——日本の読者のみなさんへ

このたび、わたしたちの著書（原題は *Designing Your Life*）が日本で文庫化されると聞き、共著者のデイヴ・エヴァンスとともにたいへん喜んでいる。今回の文庫版の刊行を機に、わたしたちのスタンフォード大学のライフデザイン講座で使われている考え方やツールが、いっそう多くの日本のみなさんに広まることを願ってやまない。わたしたちはつねづね、日本社会の隅々にまでライフデザイン講座のメッセージを伝えたいと思っている。社会人のみなさんはもちろんのこと、有意義な仕事を見つけたい、バランスのとれた人生を送るにはどうすればいいのだろうと考えている日本の若い男女のみなさんも、今回の文庫版で本書に親しんでくれたらうれしい。

思えば、二〇一六年九月にアメリカで本書が刊行されてからは怒濤の日々だった。発売初日、本書がニューヨーク・タイムズのベストセラー・リストで自己啓発部門の一位を獲得したときには、びっくりすると同時に、身の引き締まる思いがした。本書が熱狂の渦を巻き起こしていることを知るや、スタンフォード大学同窓会は一六都市を巡る前代未聞の弾丸出版記念ツアーへとわたしたちを送りだし、九〇分間のライブ・ワークショップという形でライフデザインの考え方をみなさんに届ける機会を与えてくれた。おかげさまで、アメリカじゅうどこへ行っても、会場はデザイナーの視点で未来を想像する方法を学びたがる老若男女でいっぱいだった。デザイン思考のプロセスとは？　デザイナーのように考えるにはどうしたらいいのだろう？　だれもがそれを学びたくてうずうずしているように見えた。その瞬間、何かとてつもなく大きなことが起きていると悟った。ライフデザイン講座が芽を吹きはじめていたのだ。

本書の執筆をはじめたころ、わたしたちには読者もいなければ、わたしたちのことを知るひとすらほとんどいなかった。でも、ニューヨークでワークショップをおこなったその日以来、ライフデザイン講座は爆発的に広まっていった。いまこの瞬間にも、何千というデザイン・チームやブック・クラブが本書の読書会を開いているし、毎月何万というひとびとがわたしたちのメルマガを開き、もっと豊かでクリエイティブな人生を築こうと奮闘しているごくふつうのライフデザイナーたちの物語を読んでいる。

日本人はライフデザイナー向き？

日本は、そんな世界規模の動きのなかでも、たいへん特殊な例のひとつだ。本書の刊行元である出版社の早川書房と、日本におけるわたしたちの代理人であるタトル・モリ・エイジェンシーは、その大きな力になってくれている。日本でのライフデザイン講座を熱烈に後押ししてくれているタトル・モリの玉置真波さんと、ライフデザイン講座の優秀な推進チームのみなさんのおかげで、日本で「デザイン・ユア・ライフ公式ワークショップ」（https://designingyourlife.jp）を立ち上げることができた。日本固有の文化、雇用市場や雇用体系に特化した日本版ワークショップを設計し、よりよい人生やキャリアを築きたいと思っている日本のみなさんにお届けできるようになったことは朗報だ。

いま、日本は過去に類を見ない新たな時期を迎えている。世界の市場との競争がますます激しくなり、競争力の向上が切に求められるなか、職場の環境は劇的に変わりつつあるし、日本の新世代の男女は、仕事に安定以上のものを求めるようになっている。最近の社会人男性はいままで以上にワーク・ライフ・バランスを重視するようになっているし、女性は職場に多様な仕事の機会や男女平等を求めている。最近の若い働き手は、仕事にやりがいや目的を求めるようになったのだ。おまけに、日本は世界屈指の長寿国なので、長い老後を控えているひとがたくさんいて、「第二の人生」をデザインする道具を必要としている。

わたしたちはつねづね、日本ほどデザインや調和に対する審美眼《しんびがん》をもった社会はないと思っている。だが、こと日本の労働文化に関していえば、どこか調和が欠けているように思う。日本のひとびとの話を聞いていると、仕事にやりがいがもてない、未来への希望が感じられない、やる気が湧《わ》かないという嘆きをよく耳にする。実にもったいないことだ。その点、ライフデザイナーになるすべを身につけることは、無力感や憂うつを振り払う手段になることがわたしたちの調査からわかっている。ライフデザインは未来への希望を高め、調和のとれた人生の可能性をおおいに広げる。仕事を人生の前向きな一部にすることができるのだ。だからこそ、ライフデザインの原則を学ぶことは、日本で働くひとびとにとってはとくに効果があると思う。きっと日本のみなさんの人生にプラスの影響を及ぼすものと信じている。

幸運にも、本書は現在、アラビア語、中国語、クロアチア語、ルーマニア語、タイ語、ベトナム語などを含む二六の言語で出版されている。ライフデザイン講座はいまや世界的な現象になったといっても過言ではない。実際、デイヴとわたしのもとには、人生や仕事で日々デザイナーのマインドセットを実践し、問題を別の視点からとらえなおし、過激なコラボレーションをおこない、未来への道筋のプロトタイプ(試作品)を築いている世界じゅうのごくふつうのひとたちから、ひっきりなしにメールが届く。

世界一〇〇大学が採用

スタンフォード大学のライフデザイン講座は、「どうすれば学生たちが有意義な人生ややりがいのある仕事をデザインする後押しができるだろう?」という単純な疑問からはじまった。そして、開始から一二年がたったいまでもなお盛況だ。わたしたちの指導を受けたかつての教え子たちからは、「あの講座のおかげで、有意義で生き生きとした未来が設計できるようになりました」という報告がいまだによく届く。そこでわたしたちは、ライフデザインのカリキュラムを導入したいと考える教育機関や大学に、わたしたちの手法を提供することにした。うれしいことに、いまでは一〇〇を超える大学がわたしたちのライフデザイン講座をもとにしたプログラムを教えているそうだ。ほんの一例だが、ハーバード大学、マサチューセッツ工科大学、イェール大学など、アメリカの名門大学をはじめ、スイスのザンクトガレン大学、オーストラリアのカーティン大学といった教育機関にも、ライフデザインの講座がある。本書への反響も大きい。つい最近では、あるドイツの女性から、「本書が芸術の道に進むきっかけになった」というメールが寄せられたし、南米コロンビアの男性読者からは、「本書を読んで、退屈な経理の仕事からクリエイティブなマーケティングの仕事に転身することができた」という感謝の声が届いた。そして、女性向けライフデザイン・ワークショップに参加したあるひとからは、こんな感想をもらった。「おかげさまで人生の次の章が開けてきました。わたしはいま、仕事、愛、遊び、健康の新たな可能性を必死で模索しているところです。わたし自身の強みを発揮でき、楽しくてやりがいのある仕事を築いていくのが楽しみでなりません」

こうしたエピソードからもわかるとおり、わたしたちの著書とそれに基づく講座は、ひとびとの人生にまちがいなく前向きな影響を及ぼしている。これは単なるわたしたちの経験論ではない。ライフデザイン講座に関しておこなわれた厳密な研究によると、わたしたちの講座はいわゆる「進路選択に関する自己効力感」を高め、「非機能的な信念」（あなたの足を引っぱっているまちがった考え）を減少させ、キャリアや人生について新たなアイデアを思いつく能力を高めることがわかっている。シリコンバレーのとある大手テクノロジー企業の従業員は、ライフデザイン講座のおかげで「充実したキャリアを築く希望が湧いてきた」「ようやく自分のキャリアをコントロールできているという実感がもてた」と話した。カリフォルニア州立大学ドミンゲスヒルズ校のヘザー・バトラー博士は、ライフデザイン講座を受けた学生たちのあいだで、「未来への希望」や「進路選択に対する主体性」が大きく高まり、「進路選択に対する不安」が大きく減ったことを確かめた。ライフデザインの考え方を学べば、だれだってそれと同じ恩恵を受けられるのだ。こんなにうれしい話はない。

ようこそ、人生デザイン講座へ

いまこの瞬間にも、ライフデザイン講座は広がりを見せている。この文庫版が刊行されるころには、何十人という認定トレーナーたちが世界各地に広がり、ライフデザインの手法を深く学ぼうとしているひとびとにワークショップを届けている。また、ライフデザインのツールを取り入れている認定ライフ・コーチや認定キャリア・コーチも一〇〇名以上を数える。全米だけでなく、日本、タイ、中国、香港、ドイツ、オランダ、フランス、アイスランドにもコーチがいて、本書で紹介する冒険プラン、エネルギー・マップ、グッド・タイム日誌を活用した指導をおこなっている。その効果はまさに絶大で、わたしたちのライフデザイン・

ブログ（http://designingyour.life/articles/）でも数多くの成功例を紹介している。また、日本、上海、北京、香港、バンコクで続々と短期集中ワークショップが開催されており、今後はニュージーランド、オーストラリア、ヨーロッパでも開催が予定されている。ライフデザイン講座はまぎれもなく世界に広がっているのだ。

わたしたちは行く先々で、だれもが有意義な人生や楽しい仕事を求めるようになっているという事実を実感させられる。こうした変化は、日本ではとりわけ強いように感じる。ライフデザインのプロセスは、日本で働くみなさんが仕事観や人生観を見つめなおし、未来の三つのプランを立て、その大小さまざまなプロトタイプをつくるのに役立つはずだ。そして、デザイナーの考え方を身につけ、問題を別の視点からとらえなおし、好奇心を解き放つことなら、だれにだってできる。ライフデザインを実践すれば、たとえあなたがいまどんな状況に置かれているとしても、人生に希望や楽しみをとり戻し、明るい未来を描くことができる。きっと人生に目的を見つけられる。

本書を読んだ日本のみなさんが、仕事や人生を向上させるためのヒントを見つけてくれることを願っている。充実した楽しい人生を築く資格は、だれにでもある。この本を手にとったいま、あなたも立派なライフデザイナーのひとりだ。本書がそんなあなたの新しい人生の旅の第一歩になることを願っている。

ビル・バーネット

二〇一九年八月

目次

第2章　人生のコンパスをつくる

――なぜ、一流のひとは正しい方向に進めるのか？　83

第3章　熱中できる道を探す

――消耗しない働き方　97

第6章 プロトタイプをつくる
——人生を成功へと導く魔法の道具 178

スタンフォード式　人生デザイン講座

はじめに
——ライフデザインで人生の問題を解決しよう!

三人に二人が仕事に不満を抱えている

エレンは石が好きだった。石を集め、選別し、大きさや形、種類や色ごとに分類するのが彼女の趣味。大学で二年間を過ごすと、とうとう専攻を決める時がやってきた。

「わたしはこれからの人生でなにがしたいのか?」

「将来なにになりたいのだろう?」

まったく見当もつかないまま、エレンは決断を迫られた。地質学がよさそうだ。わたしは無類の石好きだから。

両親にとってエレンは自慢の娘だった。地質学を専攻する未来の地質学者。大学卒業後、彼女は実家に戻り、ベビーシッターや犬の散歩屋をして小遣い稼ぎをはじめた。両親は戸惑《とまど》った。高校時代のアルバイトと同じだ。高い学費を払って大学に通わせたのに、娘はいつになったら地質学者に変身するのだろう？　いつ地質学の仕事をはじめるのか？　地質学者になるために大学でさんざん勉強してきたはずなのに。

本当のところ、エレンは地質学者になんてなりたくないと気づいたのだ。えんえんと地球のプロセス、物質、歴史について研究することになんてぜんぜん興味がない。実地調査に出かけたり、天然資源会社や環境機関で働いたりすることにも。地図や報告書の作成もきらい。石が好きだから成りゆきで地質学を選んだだけ。そしていま、一枚の卒業証書と不満げな両親を前に、彼女はどうやって仕事を見つければいいのか、残りの人生でなにをすればいいのか見当もつかずにいた。

もしだれもが言うように、大学時代が人生で最良の四年間だとすれば、残りの人生はひたすら下り坂だ。しかし、彼女自身は知らなかったが、大学の専攻と同じ分野で働きたくないと思っているのは彼女だけではない。実際、アメリカの大卒生のうち、最終的に大学の専攻と関連する仕事を選ぶひとは二七パーセントにとどまる。

「大学の専攻によって残りの人生でなにをするかが決まる」

「大学時代は人生で最良の時期（そのあとは働きづめの退屈な人生）」

――こうした固定観念のことを、本書では「行きづまり思考」と呼ぶことにしよう。実に多くのひとが、行きづまり思考のせいで望みどおりの人生を設計できずにもがき苦しんでいる。

行きづまり思考→取得した学位でキャリアが決まる。
こう考えなおそう→大卒生の四人に三人は専攻と無関係な仕事につく。

ジャニンは三〇代半ば。数十年来の努力がついに実を結ぼうとしていた。彼女は若くして出世街道に乗り、着実に昇進をつづけてきた。一流の大学と一流のロー・スクールを卒業後、一流の法律事務所に就職し、だれもがうらやむ〝成功〟へとまっしぐらに突き進んでいた。人生のすべてが計画どおりに進み、彼女は意志力と必死の努力で望みのものをすべて手に入れた。絵に描いたような成功者だ。

ところが、ジャニンはひと知れぬ悩みを抱えていた。

夜、シリコンバレーでは知らぬ者のいない法律事務所から帰宅すると、彼女はシリコンバレーの明かりが照らす自宅のデッキに座り、泣いた。彼女は望みどおりのものをすべて手に入れたのに、とてつもなく不幸だった。自分が築いてきた人生にもっと喜んでいいはずだと頭ではわかっていたが、喜べなかった。少しも。

ジャニンはなにかがおかしいと思った。毎日、成功を絵に描いたような朝を迎え、毎夜、もやもやを胸に抱えたまま眠りにつく。なにかが足りない。道の途中でなにかを忘れてきたみたいだ。なにもかももっていると同時に、なにひとつもっていない感覚。いったいわたしはどうすればいいのか？

エレンと同じく、ジャニンも行きづまり思考に陥っていた。彼女は何かに成功すれば、幸せになれると信じていた。彼女と同じようなひとびとはたくさんいる。

アメリカでは、働くひとびとの三人に二人が仕事に不満を抱えている。そして、一五パーセントのひとびとは自分の仕事をきらっているのだ。


行きづまり思考↓成功すれば幸せになれる。

こう考えなおそう↓本当の幸せは自分に合った人生をデザインして得られるもの。


ドナルドは財を築いた。彼はもう三〇年以上、いまの仕事をつづけている。家のローンはほぼ完済、子どもたちも全員社会人になった。退職金の積み立てにも余念がない。彼のキャリアと人生は堅実そのもの。目を覚まし、仕事に出かけ、お金を稼ぎ、帰宅し、眠りにつく。翌朝また起き、同じことをする。ひたすらそのくり返しだ。

そのドナルドは、もう何年も同じ疑問をくり返してきた。彼はその疑問を抱えたままカフェ、レストラン、教会、近所のバーを訪れた。スコッチを何杯か飲めば疑問は収まったが、忘れたころに必ずまた同じ疑問が襲ってくる。もう一〇年近く、夜中の二時にその疑問に襲われ、浴室の鏡の前に立つ彼の姿があった。

「俺はなぜこんなことをしているんだ？」

いちどたりとも、鏡に映る自分からまともな答えが返ってくることはなかった。

ドナルドの行きづまり思考――「まっとうな仕事をつづけていれば幸せになれるはず」――は、ジャニンと似ているが、彼のほうがだいぶ長く苦しめられていた。しかし、ドナルドは別の行きづまり思考にも陥っていた。

「いままでしてきたことをやめるわけにはいかない」

そう考えているのは彼だけではない。そして、いままでと同じことをしつづける必要もない。鏡のなかの彼がそう助言してくれていたら、彼の人生はだいぶ変わっていただろう。アメリカだけでも、四四歳から七〇歳までの三一〇〇万人以上が、個人的なやりがい、継続的な収入、社会的な影響力を兼ね備えた第二のキャリアを歩みたいと考えている。実際、第二のキャリアを見つけるひともいるが、残りのおおぜいは、どこから手をつければよいのかわからず、「人生を大きく変えるにはもう手遅れなのではないか」と恐れている。


行きづまり思考↓いまからじゃ手遅れだ。

こう考えなおそう↓人生のデザインに手遅れなんてない。

三者三様の難問だ。（三人の人生はライフデザインでどう変わったのか？　本書の「最後に」〔三一六ページ〕で紹介しよう）

問題にぶつかったときが前進するチャンス

まわりを見渡してほしい。オフィスや自宅、あなたが座っている椅子、お手元のタブレットやスマートフォン——どれもだれかがデザインしたものだ。そして、あらゆるデザインのおおもとには問題がある。

スーツケースいっぱいのCDをもち歩かないかぎり大量の音楽が聴けない——この問題があったからこそ、いまではシャツに留めた数センチ四方の四角い物体で三〇〇〇曲の歌が聴ける。携帯電話が手のひらにぴったりと収まったり、ラップトップのバッテリーが五時間ももったり、目覚まし時計の音が鳥のさえずりだったりするのも、最初に問題があったからだ。

自宅に水道や断熱設備が施されているのは、問題のおかげだ。配管技術は問題から生まれたものだからだ。歯ブラシも問題を解決するために発明された。椅子もそう。「岩に座るとお尻が痛くなる」という難問を解決したいと思ったどこかのだれかが発明したのだ。

ここで、デザインの問題とエンジニアリングの問題を分けて考えてほしい。著者はふたりともエンジニアリング（工学）の学位をもっているからわかるのだが、大量のデータがあり、唯一の正解が存在するとわかっているときは、エンジニアリングが問題解決にふさわしいアプローチといえる。

ビルはアップルの最初のラップトップで蝶番《ヒンジ》の設計という問題にとりくんだ。彼のチームが考案した解決策のおかげで、アップルのラップトップは市場でもっとも信頼性の高い製品のひとつになった。その過程では、デザイン・プロセスと同じで数々のプロトタイプ（試作品）やテストが必要だったが、五年間もつ——つまり一万回開閉しても壊れない——ヒンジをつくるという目標は決まっていたので、彼のチームは目標を実現するまで、たくさんの機械的な解決策を試した。いったん目標さえ実現してしまえば、その解決策はいくらでも使い回しがきく。そう、ヒンジの設計は、絶好のエンジニアリングの問題だったわけだ。

これを、マウス内蔵型の初のラップトップをデザインするという問題と比べてみよう。アップルのコンピューターはほとんどなにをするにもマウスに頼っていたが、ユーザーに一般的な有線マウスを使わせるというのは受け入れがたかった。これこそデザインの問題だ。デザインの前例はないし、決められた結果もない。実験室ではさまざまなアイデアが飛び交い、いくつものデザインが試されたが、どれもうまくいかなかった。

そんなとき現われたのが、ジョン・クラッカワーというエンジニアだ。ジョンは小型のトラックボールをいじっていて、斬新なアイデアを思いついた——キーボードをラップトップの奥に寄せて、空いたスペースにその小さなポインティング・デバイスを配置するというアイデアだ。このアイデアは全員が追い求めていた大きな打開策となり、それ以来アップルのラップトップの特徴的なデザインのひとつとなった。[1]

モノの見た目も、デザイナーがよくとりくむ正解のない問題のひとつだ。たとえば、世界には高性能なスポーツカーがたくさんあり、どれもスピード感をイメージさせる。でも、ポルシェとフェラーリでは印象がまったくちがう。どちらも精密に設計されていて、部品もほぼ同じだが、見た目のイメージはまったく異なる。どちらの会社のデザイナーも、一つひとつの曲線や直線、ヘッドライトやグリルに細心の注意を払っているが、まったく別の決断を下している。それぞれに独自のやり方があるのだ。フェラーリには一目でわかるイタリアの情熱的なデザイン。ポルシェには高速できめ細やかなドイツの感性。デザイナーはこうした工業製品を動く彫刻へと変えるため、長年美学を研究する。したがって、ある意味、美学は究極のデザインの問題といえる。美学は人間の感情にかかわる。そして、人間の感情にかかわる場合、デザイン思考こそが最高の問題解決ツールであることを、わたしたちは目の当たりにしてきた。

学生たちをバリバリと働く幸せな社会人として世に送りだすには？　これからの生き方を見出してもらうには？　この問題を解決する絶好のツールこそが、デザイン思考だ。

ライフデザインには、「五年間もつヒンジをつくる」とか、「大陸と安全に行き来できる巨大な橋を建造する」とかいうような、明確な目標がない。ヒンジの設計や橋の構造はエンジニアリングの問題なので、さまざまな選択肢に関する具体的なデータを集め、ひとつの最適な解決策を設計することができる。

もち運びのしやすいラップトップ、セクシーなスポーツカー、幸せな人生などのように、望ましい目標ははっきりしているが、その明確な解決策が見えない場合には、どうすればいいのか？　ブレインストーミングをおこない、試行錯誤をしながら、正解が見つかるまで「前進の道を築いて」いく必要がある。それがフェラーリの曲線美であれ、超ポータブルなマックブック・エアーであれ、正解を見れば一発でわかる。最高のデザインは、方程式、スプレッドシート、データ分析では答えの出ないような方法で生まれる。そして、独特の形と雰囲気――あなたに訴えかける美しさ――をもつ。

あなたの理想の人生も同じ。あなたにふさわしい人生の形と雰囲気がある。その点、デザイン思考はあなたのライフデザインの問題を解決するヒントになる。わたしたちの日々の生活をラクで、豊かで、楽しくしてくれるモノはすべてなんらかの問題から生まれた。世の中のデザイナーがその問題を解決しようとしたからこそ誕生したのだ。わたしたちが暮らし、働き、遊ぶ場所もみな、よりよく暮らし、働き、遊べるようデザインされたものだ。世界のどこを見渡してみても、デザイナーが問題にとりくむとどういう化学反応が起こるのかを物語る例がたくさん転がっている。

そう、デザイン思考のメリットは至るところにあるのだ。

そして、本書ではこれから、デザイン思考があなたの人生にもたらすメリットを見ていく。デザインはコンピューターやフェラーリのようなすばらしい製品をつくるのに役立つだけではない――すばらしい人生をつくるのにも役立つ。デザイン思考を使えば、有意義で楽しくて充実した人生を築ける。あなたの経歴、仕事、年齢なんて関係なし。一流のテクノロジー、製品、空間を生みだしたのとまったく同じ考え方で、あなたのキャリアや人生をデザインできる。

人生をうまくデザインしてやれば、豊かな人生が待っている——つねになにかを生みだし、進化しつづけ、そしてサプライズが待ち受ける人生。費やした努力以上の結果が返ってくる人生だ。そうして、平凡なくり返しの毎日から抜けだせるのだ。

人生にイノベーションをもたらす人気講座の始まり

すべての始まりはある日のランチだった。

いや、正確にいえば、すべての始まりは一九七〇年代、著者のふたりがスタンフォード大学の学部生だった時代だ（ビルよりデイヴのほうが少し前だが）。

ビルはプロダクト・デザインを専攻し、ワクワクするようなキャリアを進んだ。子どものころ、彼は祖母のミシンの音を聞きながら車や飛行機の絵を描いた。プロダクト・デザインを専攻したのは、世の中にはそういうことをなりわいにしている「デザイナー」というひとびとがいることを知り、びっくりしたからだ。スタンフォード大学デザイン・プログラムのエグゼクティブ・ディレクターとなったいまでも、彼は絵画やモノづくりをつづけているし（さすがにミシンはもうないが）、大学や大学院でデザイン関連のクラスを受けもち、dスクール*でも教えている。

ビルは、プロダクト・デザインという分野と出会い、やりがいのある楽しい仕事をこんなに早く見つけられたのは幸運だったと思っている。教師をしていて、ふたりともそれがどれだけ珍しいことなのかを実感する。そういう仕事を見つけるのは、学生たちにとって難しいことなのだ。

一方のデイヴは、ビルとはちがって、将来のことなどなにも考えずに大学時代を過ごした。彼は生物学を専攻して失敗し（その話はのちほど）、機械工学の学位を取得して卒業した。正直、ほかによい案がなかったからだ。大学時代、彼は「自分は将来なにがしたいのか？」という疑問の答えを見つける手助けを得られなかった。苦労の末、彼は最終的にその答えを見つけ、もう三〇年以上、ハイテク業界の幹部向けのリーダーシップおよび経営コンサルティングをおこなっている。出だしこそつまずいたものの、彼は輝かしいキャリアを築いていった――それでも、必要以上の回り道をしたことを彼はよくわかっている。

わたしたちは別々のキャリアや家庭を築きはじめたが、学生たちとの交流はつづけた。ビルはスタンフォード大学で、何百人という学生がオープン・ドアの時間にやってきて、卒業後の人生について悩むのを目の当たりにした。一方のデイヴはカリフォルニア大学バークレ

＊　正式名称ハッソ・プラットナー・デザイン研究所。学問分野の垣根を超えたスタンフォード大学内のイノベーションの中心地。デザイン思考のプロセスを使って授業が進められる。

ー校で、「天職の見つけ方」というプログラムを考案し、八年間で一四回も教えた。しかし、彼はそれだけでは物足りず、スタンフォード大学でも同じことをしてみたいと考えていた。

そのあいだ、わたしたちふたりは仕事でもプライベートでもたびたび顔を合わせていたのだが、あるときデイヴは、ビルがスタンフォード大学デザイン・プログラムのエグゼクティブ・ディレクターに就任したという話を聞いた。それはデイヴのよく知るプログラムだった。デザイナーというのは学問分野の枠に収まらない仕事なので、学生たちにとって、個人的なやりがいがあり、生計も立てられる正真正銘のキャリアのビジョンを描くのは、そうとうな重荷だ。そこでデイヴは、ビルをランチに誘い、試しにアイデアを打ち明けてみた。うまくいけば同じ話題でもう何回か会い、一年くらいすればなにかが実現するかもしれない。

すべての始まりはランチ、というのはこういうわけだ。

ランチをはじめて五分もすると、とんとん拍子で話は進んだ――デザイン思考を活かして卒業後の人生をデザインするプログラムをスタンフォード大学内につくろう、と。初めはデザイン関係の学生、そしてうまくいけば全学生へと門戸《もんこ》を広げよう。

そしてなにを隠そう、このプログラムこそが、スタンフォード大学で一、二を争う人気の選択講座となった。

スタンフォード大学でなにをしているのかと訊かれると、わたしたちはときどき入念に練り上げておいた決め台詞を返す。

「デザイン思考のイノベーション原理を、在学中や卒業後の人生設計という厄介な問題に応用するためのプログラムを教えているんです」

すると十中八九、相手はこう言う。

「それはすごい！　どんな内容なんですか？」

するとわたしたちはこう答える。

「デザインのツールを使って、自分が将来なにになりたいかを知る方法を教えるんです」

そこまで聞くと、ほとんど全員がこう言う。

「へえ！　その授業、わたしでも受けられますか？」

長いあいだ、その質問にノーと答えるよりなかった――少なくともスタンフォード大学に在学する一万六〇〇〇人の学生以外には。いまはちがう。あらゆる人を対象とした「ライフデザイン」ワークショップ（https//designingyourlife.jp）を開催しているし、この本も書いた。

ただし条件がひとつ――いくつかの疑問に答える覚悟があること。時には難しい疑問に。

疑問の見方を変えると答えが見えてくる

ドナルドが毎晩鏡の前に立ち、「俺はなぜこんなことをしているんだ？」と自問したように、だれもが人生や仕事、この世に生きる意味や目的について自問している。

- どうすれば自分の好きな仕事、愛せる仕事が見つかるのか？
- どうすれば豊かな暮らしが送れるキャリアを築けるだろう？
- どうすれば仕事と家庭のバランスがとれるのか？
- どうすれば世界を変えられるだろう？
- どうすればスリムでセクシーな大金持ちになれるのか？

本書では、こうした疑問に答える助けがしたい――最後の疑問は冗談だが。

だれでも、「将来なにになりたい？」と訊かれたことがあると思う。一五歳であれ五〇歳であれ、これは人生の根本的な疑問だ。デザイナーは疑問が大好きだが、本当に好きなのは疑問を別の視点でとらえなおすことだ。

視点の転換（＝リフレーミング）は、デザイナーのもっとも大事なマインドセットのひとつ。偉大なイノベーションの多くが、視点の転換から始まる。デザイン思考ではつねづね、「問題を出発点にするな。人間を、共感を出発点にしよう」と言う。いったん製品を使うひとびとに共感したら、視点を定め、ブレインストーミングをおこない、目の前の問題の不明点を洗いだすためにプロトタイプをつくりはじめる。その結果、たいていは視点の転換につながる。問題に関する新しい情報を集め、視点を定めなおし、またブレインストーミングやプロトタイピングをはじめるわけだ。

たとえば、最初は製品（新しいコーヒーブレンド、新しいタイプのコーヒーマシンなど）

を設計しようと思っていたが、途中でコーヒー体験のほうをデザインしなおすべきだと気づき、視点を切り替えることもあるだろう（スターバックス）。または、貧困を解決するため、（世界銀行のように）裕福なひとびとにお金を貸すのをやめ、お金を返せないくらい貧しいひとびとにお金を貸すと決めるかもしれない（マイクロクレジット、グラミン銀行）。あるいは、ポータブル・コンピューティングの体験を全面的にとらえなおし、iPadを考案することもあるだろう（アップルのチーム）。

ライフデザインでも、このような視点の転換をたくさんおこなう。なかでも最大の視点の転換は、

「人生を完璧に計画することなんて不可能。人生に唯一の正解なんてない。だからこそ人生はおもしろい」

というものだ。あなたの人生のデザインは一通りではないし、その一つひとつに、人生に生きがいを与えるような希望が詰まっている。人生はモノではなく、体験だ。その体験を自分でデザインして楽しむこと――それこそが生きる楽しみだといえる。

「将来なにになりたいのか？」

この疑問の見方を変えるとこうなる。

「将来どういう人間へと成長したいのか？」

人生は成長と変化だ。人生は止まっているわけではない。行き先があるわけでもない。ひとつの疑問に答えればすべて終わり、というわけにはいかない。だれも自分がなにになりた

いかなんてわからない。医者、弁護士、エンジニアにチェックマークをつけた人でさえも。これらは人生のおおまかな方向性にすぎない。その道中で一回一回立ち止まって、無数の疑問に答えないといけない。

「自分はなにになりたいのか？」

「どういう人間へと成長したいのか？」

「どうすれば自分の愛せる人生を築けるのか？」

この疑問に答えるのに必要なのが、ずばり、デザインのプロセスだ。

人生を変える画期的な方法

ライフデザインとは、前進の道だ。

ライフデザインの力を借りれば、きっとエレンは大学の専攻から初の就職へと前進できるだろうし、ジャニンは周囲が期待する人生から自分が望む人生へと前進できるだろう。そしてドナルドは、夜も眠れぬ疑問の答えを見つけられるはずだ。

デザイナーは世の中にまだ存在しないものを想像し、つくる。すると世界が変わる。あなた自身の人生でも同じことができる。いまだ存在しないキャリアや人生を想像し、未来のあなたをつくる。するとあなたの人生が変わる。いまのあなたの人生が完璧に近いとしても、ライフデザインを使えば、いま以上にすばらしい人生を築くことができるのだ。

デザイナーのように考え、どんどん疑問を掲げ、いまだ存在しないものをデザインしていくことが人生なのだと理解すれば、あなたの人生はいままで想像もできなかったほどキラキラと火花を散らしはじめる。もちろん、あなたが火花を散らしたければの話だが。どういう人生をデザインするかはあなた次第なのだから。

ライフデザインの効果

スタンフォード大学のデザイン・プログラムでは、二〇〇〇人を超える学生にデザイン思考とライフデザインの手法を教えてきた。実をいうと、わたしたちの授業で落第した学生はひとりもいない。むしろ、落第は不可能なのだ。

わたしたちはふたり合わせて六〇年以上も教師をしてきた。そして、ライフデザインのアプローチを高校生、大学生、大学院生、博士課程の学生、二〇代の若者、中間管理職のひと びと、第二のキャリアを追い求める退職者に教えてきた。

教師として、わたしたちは学生たちに「終身オープン・ドア」保証制度を設けている。どういうことか？　いちどでもわたしたちの授業を受けたら、そのひとはわたしたちの永遠の学生。いつでもわたしたちのオフィスを訪れてOKなのだ。卒業して何年もたってから戻ってきて、わたしたちの教えたツール、アイデア、マインドセットが役立ったと話してくれる学生もいる。わたしたちは、本書で紹介するアイデアがあなたにとっても役立つと期待している――いや、本当のところそう確信している。

ただし、早合点は禁物。スタンフォード大学というのはとても厳格な場所だ。成功談をどれだけ並べてみても、学問の世界ではあまり価値がない。権威をもって語るには、具体的なデータが必要だ。

その点、わたしたちのクラスは、デザイン思考のクラスにしては珍しく、科学的な研究がおこなわれていて、いくつかの重要な指標に関して学生たちに効果を及ぼすことがきちんと証明されている。このプログラムについて論文を書いたふたりの博士課程の学生が、とても興味深い事実を発見してくれた。[2] わたしたちのクラスを受講したひとびとは、そうでないひとびとと比べて、満足できるキャリアを描き、送ることができているというのだ。彼ら彼女らは行きづまり思考――あなたの足手まといになる見当ちがいな固定観念――に陥ることが少なく、ライフデザインの新たなアイデアを思いつく能力も高かった。こうした結果はすべて「統計的に有意」だった。わかりやすくいえば、わたしたちがこのプログラムや本書内で紹介しているアイデアや演習は、効果抜群だと統計的に証明されている。そう、あなたの本当の望みをあきらかにし、それを手に入れる助けになるのだ。

ただし、誤解しないでほしい。科学的な効果が証明されているといっても、ライフデザインは個人的な要素がとても強い。ライフデザインのツール、アイデア、演習を提供することはできても、わたしたちがあなたのために手とり足とりなんでも教えてあげることなんてできない。一〇段階の簡単ステップで、あなたにひらめきを与えたり、あなたの見方を変えたり、ズバッと答えを導きだしたりすることなどムリだ。わたしたちに言えるのは、これからご紹介するツールを実際に使い、ライフデザインの演習をおこなえば、あなたに必要な発見がきっと得られる、ということだけ。なぜなら、あなたという人間には何通りものバージョンがあり、そのどれもが〝正解〟だからだ。そして、ライフデザインを使えば、お好きなバージョンのあなたになれる。不正解はないし、あなたに成績をつけるつもりもない。本書ではいくつか演習をしてもらうが、章末に答え合わせ表があるわけでもない。

ただ、演習がある章の最後には、「やってみよう」コーナーを設けた。デザイナーと同じように、あなたにもぜひ〝やってみて〟ほしいからだ。わたしたちはあなたをだれかと比較するつもりはないし、あなた自身もほかのだれかと比較するべきではない。わたしたちとあなたは共同作業のパートナーだ。わたしたちをあなたのライフデザイン・チームの一員と考えてみてほしい。

できれば、いますぐ外に出て、デザイン・チーム——あなたと一緒に本書を読み、となりに並んで演習をおこない、お互いに支え合える共同作業のチーム——をつくることをお勧めしたい。

多くのひとびとはデザイナーを孤高の天才だと思っている。ひとりきりで作業し、デザインの問題を解決するアイデアがビビッと浮かぶのを待つのがデザイナーなのだと。これほど真実からかけ離れた考えはない。確かに、椅子や子ども向けの新しいブロックのデザインなど、ひとりきりで解決できる問題もあるだろう。しかし、今日のハイテクな世界では、たいていの問題を解決するのにデザイン・チームが必要だ。デザイン思考ではもう一歩進んで、最善の結果は「過激なコラボレーション」から生まれると考える。さまざまな経歴をもつひとびとが独自の専門知識や経験をもち寄ることで、これからデザインしようとしているモノの利用者に共感しやすくなる。さまざまな経歴がぶつかり合うことで、本当にユニークな解決策が生まれるわけだ。

この事実は、スタンフォード大学dスクールのクラスで何度も実証されている。dスクールでは、経営、法律、工学、教育、医学など、さまざまな経歴をもつ大学院生がチームを組み、次々と画期的なイノベーションを生みだしていく。こうしたチームをつなぎとめる接着剤にあたるのが、そう、デザイン思考なのだ。これは、多様な経歴を活かしてコラボレーションや創造力を刺激する人間中心のデザイン・アプローチだ。

ふつう、わたしたちのクラスに参加する学生たちはデザインを学んだ経験がなく、最初はどのチームも結果を出すのに苦労する。なぜなら、まずはデザイナーのマインドセット――とくに過激なコラボレーションやプロセス思考――を身につけなければならないからだ。しかし、ひとたびそれを身につければ、学生たちはチームの能力がどの個人の能力をもはるかに上回ることに気づく。そして、創造力に対する自信が一気に開花する。D-Revやエンブレースなど、[3]数々の学生プロジェクトや革新的な企業が、デザイン思考のプロセスの結果として生まれ、コラボレーションが今日のデザインの手法であることを証明している。

だから、あなたもライフデザインの天才になろう！　ただし、孤高の天才になろうなんて考えは捨てよう。

人生がうまくいく五つのツール

ライフデザインをはじめる前に、デザイナーの考え方を学ぶ必要がある。その簡単な方法をいくつか説明するが、まずはとくに重要なポイントを押さえてほしい――デザイナーは前進する道を考えるのではなくて築くのだ。どういう意味だろう？　現実の世界や現実のあなたと無関係な楽しい妄想をたくさん思い浮かべて満足するのではなくて、実際にモノ――本書ではプロトタイプ（試作品）と呼ぶ――をつくり、自分自身で試し、そのプロセスをおおいに楽しむということだ。

キャリアを変えたい？　なら、本書はその助けになるだろう。ただし、じっと座ってどこをどう変えようかと考えるわけではない。デザイナーのように考え、一つひとつプロトタイプをつくりながら、あなたの未来を築いていくのだ。印刷機、電球、インターネットの発明につながったのと同じような好奇心と創造力で、あなた自身のライフデザインの難問に挑んでいく。わたしたちはその手助けができればと思っている。

本書の主なテーマは仕事とキャリアだ。なぜか？　なんといっても、わたしたちは一日の大半の時間、一生の大半の年月を仕事に費やす。仕事は途方もない喜びややりがいの源にもなれば、果てしない退屈や時間の無駄にもなる。週末が来るまで苦しい仕事になんとか耐え抜こうとする――そんな人生はごめんだ。あなたは死ぬまで一日八時間、きらいな仕事をしつづけるためにこの世に生まれてきたわけではないのだ。

というと少し大げさに聞こえるかもしれないが、実際に多くのひとびとが「わたしの人生はまさしくそんな感じ」とわたしたちに言ってくる。そして、自分の愛せる仕事を見つけられたラッキーなひとびとでも、毎日に不満を抱え、バランスのとれた人生をデザインするのに四苦八苦していることがよくある。さあいまこそ、考え方を変える時だ――すべてに対する考え方を。

デザイン思考にはいくつかのシンプルなマインドセットがある。本書ではそのマインドセットと、それをライフデザインに活かす方法を紹介していきたいと思う。

これから学んでいくライフデザインのマインドセットとは、

- 好奇心
- 行動主義
- 視点の転換
- 認識
- 過激なコラボレーション

の五つだ。

これらのライフデザインのツールがあれば、なんでも——あなたの理想の人生さえも——つくれる。さっそく、ひとつずつ簡単に紹介していこう。

興味をもつ（好奇心）

「好奇心」があれば、なにもかもが新鮮に見える。もっと探ってみたいという気になる。すべてが遊びになる。なにより、好奇心があると「棚ぼた上手」になれる。好奇心旺盛なひとは、いろいろなところに目ざとくチャンスを見つけられるからだ。

やってみる（行動主義）

「行動主義」のマインドセットがあれば、本気で前進の道を築ける。じっとベンチに座って「これからどうしようか」と考えるのではなく、ゲームに参加するしかなくなるのだ。デザイナーはとにかくやってみる。いろいろなことを試す。次々とプロトタイプをつくり、失敗をくり返しながら、うまくいく方法、問題の解決策を見つける。時には、問題が最初に思っていたのとまったくちがうと気づくこともある。しかし、デザイナーは変化を受け入れる。特定の結果に執着したりはしない。つねに最終結果ではなく「次」を見ているからだ。

問題を別の視点でとらえなおす（視点の転換）

「視点の転換」は、デザイナーが行きづまりから抜けだす方法のひとつだ。また、適切な問題にとりくむための手段でもある。問題の見方を変えれば、一歩後ろに下がり、自分の固定観念を掘り下げ、新しい解決策の可能性を切り開ける。本書では、望みどおりのキャリアや人生を見つけだす妨げとなっている「行きづまり思考」を、別の視点でとらえなおす練習を積んでいく。視点の転換は、適切な問題、そして適切な解決策を見つけるのに欠かせないツールなのだ。

人生はプロセスだと理解する（認識）

人生は波瀾万丈。一歩進んで二歩下がるのくり返しだ。まちがいは犯すし、せっかくつくったプロトタイプはムダになる。プロセスの大事な点は、最初に思いついたアイデアや次善の解決策を「断ち切る」勇気をもつことだ。そして、その混沌のなかからすばらしいデザインが生まれることもある。テフロンや瞬間接着剤はそうして生まれた。デザイナーがどこかで失敗していなければ、こうした商品はいまごろこの世に存在しないだろう。デザイナーの考え方を身につけるということは、デザインがプロセスだと

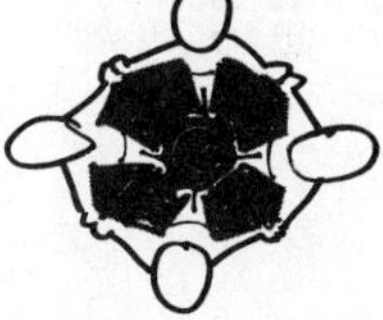

「認識」すること。ライフデザインは旅だ。目的地のことなんて忘れて、旅のプロセスに集中し、「次」だけに目を向けよう。

助けを借りる（過激なコラボレーション）

デザイン思考の最後のマインドセット、「過激なコラボレーション」は、ライフデザインという点ではおそらくいちばん重要だ。意味は実に単純だ。あなたはひとりきりではない。優秀なデザイナーは、一流のデザインが過激なコラボレーション――つまりチーム――から生まれることを知っている。画家なら、吹きさらしの海岸に座ってひとりで傑作を描けるだろうが、デザイナーひとりでは吹きさらしの海岸であろうがなかろうがｉＰｈｏｎｅはつくれない。そして、人生は芸術作品よりもデザインに近い。そう、人生もまたひとりきりではつくれないのだ。あなたはひとりきりで見事なライフデザインを思いつく必要はない。デザインは共同作業のプロセスであり、ほかのひとが最高のアイデアを握っていたりする。だから、ただ訊けばいい。大事なのは、適切な質問をすることだ。本書では、あなたのライフデザインを支えてくれるメンターやサポーターを見つける方法を学ぶ。あなたが世界に手を伸ばせば、世界は手を差し出してくれる。そうすれば、すべてが変わる。つまり、ライフデザインとは、あらゆるデザインと同じでチーム競技なのだ。

情熱を見つけられなくても大丈夫！

多くのひとびとは、情熱の対象を見つけなければならないと思いこんでいる――情熱さえ見つかれば、あとは魔法のようになにもかもがうまくいくはずだ、と。実をいうと、わたしたちはこの考え方が大きらいだ。なぜか？　ほとんどのひとは自分の情熱など知らないからだ。

スタンフォード大学青年期センター所長のウィリアム・デイモンは、一二歳から二六歳までの若者のうち、今後の進路、人生の目標、その理由について明確なビジョンを抱いているひとは五人にひとりしかいないことを発見した。[4] わたしたちの経験でも、年齢にかかわらず八割くらいのひとびとは、自分の情熱の対象をよくわかっていない。

そのため、キャリア・カウンセラーとの会話はこんなふうに進むことが多い。

カウンセラー「あなたが情熱を捧げるものは？」
求職者「わかりません」
カウンセラー「じゃあ、それをはっきりさせてからもういちど来てください」

カウンセラーのなかには、テストで相談者の興味、強み、スキルを調べようとするひともいる。しかし、こういうテストを受けたひとなら知っているとおり、こうして出た結論はとうてい結論と呼べないことが多い。パイロット、エンジニア、エレベーターの修理工が向いているとわかったところで、たいして役立つわけでも、すぐさま行動に移せるわけでもない。

そういうわけで、わたしたちは情熱を見つけることにはあまり賛成できない。むしろ、時間をかけて情熱を養っていくことが大事だ。研究結果が示すとおり、ほとんどのひとにとって情熱とは、なにかを試してみて、それが好きだと気づき、上達したあとで生まれるものだ。もっと簡単にいえば、情熱とは巧妙なライフデザインの結果であって、原因ではないのだ。

ほとんどの人の情熱の対象はひとつではない。人生の決断をすべて導き、毎朝起きるたびに目的意識と生きがいを吹きこんでくれるような、たったひとつのモチベーションがあるひとなんて少数派だ。カンブリア紀から現代までの軟体動物の交尾の習性や進化について研究するのが自分の生きがいだと発見したなら、まったく感服だ。実際、チャールズ・ダーウィンは三九年間をミミズ研究に費やした。すばらしい。

ただ、わたしたちがとうてい感服できないのは、人口の八割を除外してしまうようなライフデザインのアプローチだ。事実、ほとんどのひとはいくつもの情熱をもっている。自分はなにをしたいのか——それを知るためには、いろいろな人生のプロトタイプをつくり、試してみて、どれが心からしっくり来るかを確かめるしかない。本当だ。理想の人生をデザインするには、あなた自身の情熱を理解する必要なんてないのだ。自分の情熱がわからなくても、前進する道をつくる方法さえ理解すれば、やがて本当に愛せるものが自然と見つかるものなのだ。

理想の人生を歩むには？

では、どういう人生をデザインするのが理想的なのか？　それは、

・あなたの人間性
・あなたの考え方
・あなたの行動

の三つがスロットマシンのようにぴたりと揃う人生だ。

理想の人生をデザインできれば、「調子はどう？」と訊かれたときに即答できる。「ああ、順調だよ」。そして、どういうふうに、なぜ順調なのかをきちんと説明できるだろう。

理想の人生は、経験と冒険、大切な教訓を与えてくれる失敗、あなたを強くし自己理解を深めてくれる苦難、達成感と満足に満ちている。失敗と苦難はどんな人生にもつきものだ——たとえ理想のライフデザインを描いたとしても。その点を忘れてはいけない。

わたしたちは、あなたにとって理想のライフデザインがどういうものなのか、見つけだすお手伝いがしたいと思っている。わたしたちの学生やクライアントはおもしろいと言ってくれる。そして、驚きだらけだとも。時にはあなたに生ぬるい環境から抜けだしてもらうこと

もあるだろう。直感に反すること、少なくとも過去に教わったのとはちがうことをやってもらうこともあると思う。

・好奇心
・行動主義
・視点の転換
・認識
・過激なコラボレーション

この五つを実践するとなにが起こるのだろう？　ライフデザインに本気でとりくむとどうなるのか？　ふつうでは考えられないようなことが起こる。あなたのほしいものが人生に現われはじめる。ずっと夢見ていた仕事のオファーが舞いこんでくる。会いたいと思っていたひとがちょうど町に現われる。どうしてだろう？

まず、好奇心や認識の結果、そしてデザイナーの五つのマインドセットをとり入れた影響として、幸運に出会うのが上手になる。加えて、本当の自分や自分自身の望みを知ることは、あなたの人生にとてつもない影響を及ぼす。もちろん、努力や行動は必要だが、まるでみんなが徒党を組んであなたを助けてくれているような錯覚にさえ陥るだろう。そして、人生がプロセスだと認識すれば、旅の道中を楽しむことができるのだ。

わたしたちはいわばライフデザインという旅のお供だ。時には道案内もするし、時には挑発もする。人生の道をデザインするためのアイデアやツールを差しだす。あなたが次の仕事、次のキャリア、次のビッグ・アイデアを見つけだせるようお手伝いする。

さあ、わたしたちと一緒に、あなたの理想の人生をデザインしよう。

「あなたの現在地」

第1章　現在地を知る
――だれも自分の問題をわかっていない

自分の本当の問題を知ろう

スタンフォード大学のデザイン・スタジオには、「あなたの現在地」という看板が掲げてある。学生たちはその看板が大好きだ。あなたはどこから来たのか？　これからどこへ向かおうとしているのか？　どういうキャリアを経てきたのか？　どういう仕事を手に入れたいと思っているのか？　それは関係ない。遅すぎているわけでもなければ、早すぎるわけでもない。あなたの居場所はここ。この看板はそう語りかけているのだ。

デザイン思考は、あなたがどういうライフデザインの問題を抱えているにせよ、あなたがいまいる場所から前進する道を築くすべを与えてくれる。ただし、どの方向に進むかを決める前に、理解しておかなければならない点がある――あなたがいまいる場所は？　解決しようとしているライフデザインの問題とは？

先ほど話したとおり、デザイナーは問題が大好きだ。デザイナーのように考えれば、いままでとはまったくちがう考え方で問題と向き合える。デザイナーはいわゆる厄介《ウィキッド》な問題を前にしてワクワクする。「厄介」な問題とは、邪悪な問題とか質《たち》の悪い問題ということではなくて、解決の難しい問題のこと。きっとあなたがこの本を読んでいるのは、なにかに悩んだり、仕事に不満があったり、人生に生きがいや目的意識を求めたりしているからだろう。人生のどこかが行きづまっている。

そう、厄介な問題を抱えているわけだ。

スタートラインとしてはこれ以上のものはない。

問題発見＋問題解決＝理想のライフデザイン

デザイン思考では、問題解決と同じくらい問題発見も重視する。的外《まとはず》れな問題を解決しようとしてなんの意味があるだろう？　わたしたちが問題発見を重視するのは、自分の問題を理解するのは必ずしも簡単ではないからだ。新しい仕事や新しい上司がほしいと思っても、多くのひとびとは人生でなにがうまくいっていて、なにがうまくいっていないかをきちんと理解していない。多くのひとはまるで足し算や引き算の問題に挑むかのように、人生になにかをつけ加えたり、人生からなにかをとり除いたりしようとする。もっといい仕事、もっと多くのお金、成功、バランスを手に入れ、体重、不幸、苦痛をとり除こうとする。または、漠然と不満を感じていて、「別のなにかがほしい」「もっとなにかがほしい」と感じているひともいるだろう。

ふつう、わたしたちは「なにが足りないか」で問題を定義するが、いつもそうとはかぎらない。要するに、

「あなたは問題を抱えている」

「あなたの友人たちは問題を抱えている」

「だれもが問題を抱えている」

ということなのだ。

それは仕事、家庭、健康、恋愛、お金、またはその組み合わせの問題かもしれないし、解決する気にならないくらい巨大な問題のこともある。そして、問題と共存することを選んでしまう。まるで、不満はいっぱいあるが追いだそうという気にはなかなかなれない同居人のように。

問題はやがて物語になる。そしてわたしたちは時にその物語のなかに閉じこめられてしまう。だから、どの問題にとりくむかを決めるのは、ライフデザインのなかでもとくに大事な判断といえる。的外れな問題を解決しようとして何年も――または一生を――ムダにしてし

まう可能性もあるからだ。

大学の選択でのつまずき

昔、デイヴはある問題を抱えていた（正直、彼の人生は問題だらけだった。でも、この本が書けたのは、その驚くほどの不器用さのおかげでもある）。その問題のせいで、彼は何年間も行きづまった。

デイヴは最初、スタンフォード大学で生物学を専攻したのだが、すぐに生物学がきらいなだけでなく、講義にもついていけないことに気づいた。彼は高校を卒業するとき、海洋生物学者になって実地調査に出かけるのが自分の運命なのだと信じきっていた。彼の運命に影響を及ぼした人物が、ジャック＝イヴ・クストーとストラウス夫人のふたりだった。

海洋学者のクストーは、子どものころのデイヴにとってヒーローだった。デイヴは「クストーの海底世界」シリーズを毎回欠かさず視聴し、水中呼吸装置「アクアラング」を発明したのがクストーでなく自分だったら、と密かに妄想したりもした。また、彼はアザラシが大好きだった。アザラシとたわむれて給料がもらえるなんて最高の仕事だ！　彼はアザラシが水中と陸上のどちらで交尾するかにも興味があった（そのずっとあと、グーグルの登場で、彼は大半の種《しゅ》が陸上で交尾すると知った）。

海洋生物学者になると決心したふたつ目の的外れな理由は、彼の高校時代の生物学教師のストラウス夫人だ。デイヴは高校の全科目で優等生だったが、いちばん好きなのは生物学だった。なぜか？　ストラウス夫人がいちばん好きだったからだ。彼女はすばらしい教師で、生物学をおもしろくしてくれた。ストラウス夫人のうまさと生物学への関心が比例していることに気づかなかった。そして、デイヴは彼女の教え方がストラウス夫人と同じくらいうまければ、デイヴは首から笛をぶら下げて、学校で生徒に無理やりドッジボールをやらせるのが自分の運命だと信じこんでいたかもしれない……。

つまり、ジャック＝イヴ・クストーとストラウス夫人という組み合わせが災《わざわ》いして、デイヴは二年間も的外れな問題にとりくむはめになった。彼が解決しようとしていたのは、どうやって海洋生物学者になるか——もっといえばどうやってクストーから遺産として調査船「カリプソ号」を受け継ぐか——という問題だった。デイヴは海洋生物学者になると固く信じて大学に入学した。

ところが、スタンフォード大学には海洋生物学という専攻がなかったので、彼は生物学を専攻した。つまらなかった。当時、生物学の授業は主に生化学や分子生物学で占められていた。医者をめざす学生は大喜びで授業を受けたが、デイヴは大あくびだった。彼は学業でつぶれる寸前だった。そして、いつかアザラシとたわむれて給料をもらう、という夢もつぶれかけていた。

この問題を解決するにはいったいどうすればいい？　そこで彼が目を向けたのは、正真正銘の科学だ。生物学実験室で研究に携われば、アザラシの交尾の習性を研究するという夢に一歩近づけるのではないか？　彼は強引にRNAの基礎研究の分野へと進んだが、待っていたのはひたすら試験管を洗う日々。びっくりするくらい退屈で、彼はいっそう惨めな気持ちになった。

学期を重ねるごとに、生物学の講義や実験室の教育助手たちは、「どうして生物学なんて専攻したのか？」と彼に訊きつづけた。ディヴがストラウス夫人、ジャック＝イヴ・クストー、アザラシの話をしていると、彼らは話をさえぎり、こう言った。

「きみは生物学が得意でもないし、好きでもない。いつも仏頂面で愚痴《ぐち》を言っている。やめたほうがいい。専攻を変えるべきだ。きみが得意なのは口論だけ。弁護士が向いているかもね」

非難を浴びつづけても、ディヴは我慢した。海洋生物学者になるのが運命だと信じこんでいたから。彼は生物学の成績を上げるという〝問題〟にせっせととりくみつづけた。彼は頭のなかにある問題に心を奪われるあまり、本当の問題が見えなくなっていた。彼は生物学を専攻するべきではなかった。彼の運命論自体がそもそも的外れだったのだ。

長年学生たちの相談を受けてきて、わたしたちは的外れな問題を解決しようとして時間をムダにする人たちをたくさん目撃してきた。ラッキーな学生は、早いうちにつまずき、もっと適切な問題に目を向けざるをえなくなる。ところが、ちょっとばかり優秀な学生は、不幸にも成功してしまう。わたしたちはこの現象を「不幸な成功」と呼んでいる。そうして一〇年後、「どうしてこうなってしまったんだろう」「なぜこんなに人生がつまらないのか」と思い悩みながら朝を迎えるはめになるのだ。

デイヴは海洋生物学者になろうとして大失敗したので、結局は敗北を認め、専攻を変えるしかなかった。まわりの全員が二週間半くらいで気づいた問題と向き合うまで、デイヴは二年半を要した。最終的に、彼は機械工学へと転身し、大成功を遂げ、幸せな人生を送っている。

いつかアザラシとたわむれるという夢を胸に抱いたまま……。

なぜ問題が解決できないか?

高校を卒業したころ、デザイナーの考え方を身につけていたら、デイヴはまっさらな心で大学の専攻という問題と向き合えていただろう。「考えなくても正解はもうわかっているさ」と決めつけたりはせず、好奇心をもっていたはずだ。海洋生物学者の実際の仕事が知りたくなり、どこかの海洋生物学者に質問していただろう。スタンフォード大学のホプキンス海洋研究所に行き(キャンパスから車でたったの一時間半)、どうすれば生物学専攻から海洋生物学者になれるか訊ねただろう。いろいろなことも試してみただろう。たとえば、海の上でしばらく過ごしてみて、テレビで見るほどワクワクするかどうかを確かめることもできただろうし、ボランティアで調査船に乗りこみ、本物のアザラシとしばらくたわむれることもできただろう。そのかわりに、彼は自分の心と専攻を固く決めこんで大学に進学し、苦労の末、最初のアイデアが彼にとってベストではなかったと知ったのだ。

ひとはだれでもそうではないだろうか？　最初のアイデアに固執してしまい、それがどんなにひどいアイデアでも、手放せなくなってしまうことは？　きちんと調べもしないで正解がわかっていると思いこんでしまうことは？　本当に適切な問題と向き合っているのか自問する機会はどれだけあるだろう？

たとえば、「仕事があまり楽しくない。家で子どもと遊んでいるほうがいい」と思っているとする。「もっといい仕事につく」のでは、この問題の解決にはならない。解決しようとしている問題がどれだけ立派でも、適切な問題——あなた自身の問題——でなければ意味がない。夫婦生活の問題は職場では解決できないし、仕事の問題は新しい食事法では解決できない。当たり前にも思えるが、ディヴのように、的外れな問題を解決しようとして膨大な時間をムダにしてしまうひとは多いのだ。

それから、解決しようのない問題——本書では「重力問題」と呼ぶ——にはまりこんでしまうひとも実はけっこういる。

「大問題を抱えて困っているの」

「どんな問題だい？」

「重力よ」

「重力？」

「そう。頭がおかしくなるの！　どんどん体が重くなる。自転車で坂をのぼるのもきついし、どうしても消えてくれないのよ。どうしたらいいと思う？」

バカバカしい例に聞こえるかもしれないが、わたしたちはしょっちゅうこのような「重力問題」を耳にする。

「アメリカ社会では詩人になっても食っていけないし、社会的な地位も低い。どうすればいいでしょう？」

「わたしが勤めている会社はファミリー企業で、五代前からずっと一族が経営しているんです。わたしのような外部の人間は絶対に幹部になれません。どうすればいいでしょう？」

「もう五年も失業中で、仕事を見つけるのは難しくなる一方です。不公平ですよ。どうすればいいでしょう？」

「学校に戻って医者になりたいのですが、最低一〇年はかかります。いまの年齢になって、そんな時間はかけられません。どうすればいいでしょう？」

みんな「重力問題」だ。真の問題ではないのだ。なぜか？ ライフデザインでは、対処不可能な問題は問題と呼ばない。それは状況であり、環境であり、現実だ。足を引っぱるといえば確かにそうだが、重力と同じで、解決できる問題ではないのだ。

こんなことを知っておけば、数カ月、数年、時には数十年という時間をムダにしなくてすむだろう。現実から目を背けてはいけない。人間は現実に抵抗する。全力をかけて必死に現実と闘う。そして、人間が現実と闘ったとき、勝つのは一〇〇パーセント現実のほうだ。現実は出し抜けない。現実はだませない。現実は自由自在に曲げられない。

絶対に。

あるがままを受け入れる

「長いものには巻かれろ」という表現を聞いたことがあると思う。重力問題について述べた古いことわざだ。だれもが権力に逆らってもしかたないことを知っている。「そんなことはない。「ちょっと待ってくれ」とあなたは反論するかもしれない。キング牧師は逆らった。もっと権力と闘う人間が必要だ。困難な問題はあきらめろと言うのか？」

大事な質問だ。本書でいう「重力問題」に対処するにはどうすればいいのか？ここではっきりさせておこう。ライフデザインで大事なのは、対処不可能な問題にいつまでもこだわるのを避ける、という点だ。いったん重力問題にはまりこむと、永久に動けなくなる。なんの行動もとれないからだ。しかし、一にも二にも行動するのがデザイナーなのだ。

重力問題には二種類ある。絶対に対処できない問題（重力そのものなど）と、実質的に対処できない問題（詩人の平均所得など）だ。

では、あなたのはまりこんでいる問題は、対処不可能な重力問題なのか？　それとも、大きな努力や犠牲が必要で、失敗の確率は高いが、挑戦する価値のある難問なのか？　そこで、先ほどの重力問題の例をひとつずつ見ながら、この点について考えてみよう。

坂道の自転車の問題

重力は変えられない。重力から抜けだすには地球の軌道を変えるしかないが、それはあまりにも現実離れした目標だ。そんなことはあきらめて、重力を受け入れるしかない。いったん重力を受け入れれば、状況を乗り越え、実行可能な手段を探すことに専念できる。

たとえば、軽量の自転車を買う。体重を少し落としてみる。効率的に坂をのぼる最新の技術を学ぶ（小さいギアを速くこぐほうが力を使わずラクだ。そのぶん持久力が必要だが、持久力のほうが鍛えやすい）。

詩人の収入

詩人の平均所得を高めるには、どうにかして詩のマーケットを変革し、みんなにもっとたくさん――またはもっと高い単価で――詩を買ってもらうしかないだろう。まあ、やりようがないわけではない。詩のすばらしさを訴える投書を出す。家々を訪問し、近所のカフェで開かれる詩の朗読会に参加するようお願いする。

だが、途方もない時間がかかる。重力と比べればこの〝問題〟に対処する余地はあるが、対処不可能な状況として受け入れてしまったほうがいいだろう。そうすれば、別の問題の解決策を考える方向へと目を向けられるからだ。

五年間失業中の求職者

データはあきらかだ。失業期間が長ければ長いほど、再就職は難しくなる。内容はまったく同じで失業期間だけが異なる履歴書を使って実験をおこなったところ、ほとんどの会社は失業期間の長い人を避けることがわかった。おそらく、ずっと採用されなかったからにはそれなりの理由があるにちがいない、と思いこんでしまうからだ。

これはまさしく重力問題だ。雇用者の考え方は変えられない。

むしろ、自分自身の印象を変えることにとりくんでみてはどうだろう？　たとえば、ボランティアで仕事を引き受け、職歴に花を添えてみる。詳しく訊かれるまではボランティアだと明かす必要はない。それから、年齢不問の業界で仕事を探すという方法もある。（デイヴは年をとってから教師という仕事に巡り合えたことに感謝している。年齢が高ければそれだけ箔《はく》がつくからだ。また、年齢が二倍もちがうクライアントには、もうマーケティングの専門家を名乗ったりはしていない。デイヴがデジタル・ネイティブでないことは明白だし、もはやマーケティングのことを本当に理解していないことはうすうす気づかれているだろうから。）

困難な現実を前にしても、あなたにできることは必ずある。それを見つけて行動をとろう。重力に逆らってはいけない。

ファミリー企業の社員

もう一三二年間、同じ名字の人ばかりが会社の幹部を占めているが、あなたはそろそろ自分がその伝統を打ち破ってやろうと思っている。最高の実績を挙げ、チャンスをうかがっていれば、三年から五年後には副社長の肩書きは自分のもの。いいだろう。その三年や五年を捧げるのはかまわないが、目標が実現するという保証はない。そんな夢に賭けるなら、宝くじを買うほうがマシかもしれない。

だが、選択肢はほかにもある。たとえば、家族経営でない会社に転職するというのがひとつ。でも、この町が好きだし、子どもはいまの学校を楽しんでいる。それなら、現実を受け入れ、現状のいい面を探してみよう。ファミリー企業だからこそ、信頼の厚い会社で安定して仕事をつづけ、それなりの報酬がもらえている。出世街道を進むために新しい責任をえんえんと引き受ける必要はないとわかれば、仕事の腕を磨き、週三五時間の労働ですませられるかもしれない。すばらしいワーク・ライフ・バランスだ。

権限ではなく仕事の価値を追求するのもいいかもしれない。企業の成長や利益の増加に結びつく新たな機能やサービスを発案し、社内で頼られるその分野の専門家になるわけだ。良くても中間管理職止まりだろうが、それだけの価値を会社にもたらす人物になれば、社内でいちばん高給とりの管理者になれる可能性もある。希望どおりの報酬がもらえるなら、本当に肩書きは必要だろうか？

一〇年かけて医者に

これも紛れもない重力問題だ。まずは医学教育自体を改革するというなら話は別だが（そうだとしても、すでに医師でなければそうとう難しい）、わたしたちはこの案には賛成できない。

あなたにできるのは考え方を変えること。アメリカのメディカル・スクールでは、わずか二年目から患者の治療をし、「医療」を実践しはじめる機会がある。また、病院でおこなわれる治療の大半はレジデント、つまり四年間のメディカル・スクールを卒業し、医学士号をとり、病棟を歩きはじめた見習いの研修医がおこなう。重力のせいで人生は変えられないとしても、考え方を変えることならできる。

ちがう道で行く手もある。医師助手になり、医師になるよりもずっと少ない研修時間と費用で、医師に近い仕事をするのだ。あるいは、ヘルスケアの分野へ進むことも考えられる。先進的な保険会社で病気の予防プログラムに携わり、診療以外の面で人類の健康に貢献するわけだ。

大事なのは、成功する見込みがかぎりなく低い物事にいつまでもこだわらないこと。世界を変えるような大胆な目標を立てるのはけっこうだ。権力と闘う。不公平に声を上げる。女性の権利を訴える。食の正義を追求する。ホームレスをなくす。地球温暖化と闘う――どれもすばらしい目標だ。

ただし、賢くおこなわないといけない。心を広げて現実を受け入れれば、あなたにも対処できる問題へと視点を切り替え、あなたにとって重要なもの、さらにはあなたにぴったりのものであふれる世界へと進む道が描けるだろう。

本書がめざすのはまさにそういう世界だ。わたしたちは、あなたが望みどおりの人生を生き、その人生を謳歌《おうか》し、うまくいけばその過程で世の中を変えられる可能性をできるだけ高めたいと思っている。わたしたちはあなたにとって理想的な人生をデザインする手助けがしたい――重力も貧乏詩人も存在しないフィクション世界のなかではなく、いまあなたがいる現実のなかで。

重力問題と向き合う唯一の道は、「受け入れること」しかない。そして、優秀なデザイナーはみな受け入れることからスタートする。これがデザイン思考の「受容」の段階だ。だからこそ、あなたは「現在地」からスタートしなければならない――あなたが夢見る場所でも、いたらいいと思う場所でも、いるべきだと思う場所でもなく、そう、あなたがたったいまいる場所から……。

ワーク・ライフ・バランスの四つの分野

あなたの現在地をスタートラインとするには、まず人生を健康、仕事、遊び、愛の四つの分野に分ける必要がある。先ほども言ったとおり、本書では主に仕事に着目するが、仕事のデザインのしかたを理解するには、あなたの仕事があなたの人生の残りの要素とどう噛み合っているかを理解しなければならない。

そこで、次の四つの観点から、あなた自身のいまの状況を評価してみよう。

健康

ここでいう「健康」とは、心（感情）、体（肉体）、精神（メンタル）の健康すべてを含む。この三つがどれぐらいずつの割合で重要かは、あなたの判断に任せる。評価はあなたの主観でOK。ただし、「健康」の定義を定めたら、ぜひ真剣に評価してみてほしい。健康の度合いは、あなたの人生の質の評価に大きく影響するからだ。

仕事

ここでいう「仕事」とは、人間社会への貢献すべてを指す。有償・無償は関係なし。あなたが「していること」すべてだ。報酬を受けとっている活動だけに仕事を限定してはいけない。ほとんどのひとは同時にふたつ以上の仕事をしているはずだ。

遊び

遊び＝楽しいこと。子どもが遊んでいる様子を観察すれば、わたしたちの言っている「遊び」の意味がわかるだろう（サッカーの試合のようなものではなく、泥を使ったお絵かきとかそういうもの）。遊びとは、やっていて楽しめる活動だ。もちろん場合によっては組織的な活動、競争、生産活動も含むが、「楽しむ目的で」するのが遊びだ。勝利、出世、目標達成を目的とする活動は、たとえ「楽しい」としても、遊びとはみなさない。それはそれですばらしいことだが、遊びではないのだ。大事なのは純粋に楽しむためだけの活動かどうかという点だ。

愛

愛は説明不要だろう。愛のあるなしは一発でわかる。愛は世界の潤滑油《じゅんかつゆ》。愛がなければ人間は活動する意欲を失ってしまう。愛を定義するつもりはないし（愛はあなた自身がいちばんよくわかっている）、運命の恋人を見つける秘策を教えることもできないが（その手の本は山ほどある）、愛が重要だということは断言できる。愛には地域愛から性愛までいろいろなタイプがあるし、親、友人、同僚、恋人など、その対象もさまざま。しかし、共通するのは人間的な要素――つながっているという感覚――が含まれることだ。あなたの人生のなかで、愛を感じる相手とはだれだろう？　あなたを中心とする「愛の相関図」を描いてみよう。

いまの働き方に満足している？

この四つの分野について、わたしたちが（もちろんだれも）あなたの人生を評価することなんてできない。ただ、人間はだれでもこの分野のいくつかで修正を必要としている。

では、まずどの分野をデザインするか？　それを理解しよう。そして、その分野をどうデザインするかに興味をもつことが大事だ。「認識」と「好奇心」は、前進する道を築くのに欠かせないデザイナーのマインドセットなのだ。

以下の演習は、「あなたの現在地」を理解し、「あなたが解決したいデザインの問題」を知るのに役立つ。

人生のエネルギー源を知ろう

あなたの現在地を知る方法のひとつとして、「健康／仕事／遊び／愛のダッシュボード」と本書で呼んでいるものがある。自動車のダッシュボードについているゲージのようなものと考えてほしい。運転席のゲージを見れば自動車の状態が一目でわかる。旅を最後までつづけるだけのガソリンはあるか？　エンジンがスムーズに動くだけのオイルは残っているか？　エンジンがオーバーヒートしかけていないか？

同じように、健康／仕事／遊び／愛のダッシュボードは、人生という旅にエネルギーや注目を与え、人生をスムーズに動かしつづけてくれる四つのエネルギー源について表わしたものだ。

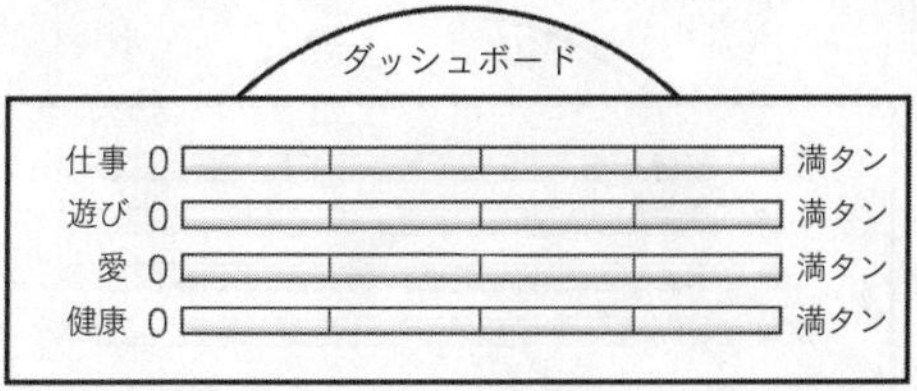

行きづまり思考→行き先なんてとっくにわかっている。
こう考えなおそう→現在地がわかるまで行き先は決められない。

　この演習では、あなたの健康、仕事、遊び、愛の現状を評価してもらう。健康がいちばん下——つまり土台の部分——にあるのは、一にも二にも健康でないと、人生のほかの部分を支えきれないからだ。仕事、遊び、愛は、健康という土台の上に築かれるもので、わたしたちはこの三つこそ人生で注目の必要な重要分野だと考えている。

　言うまでもなく、この四つの分野の完璧なバランスというものはない。人によってもちがうし、時期によっても変わるだろう。大学を出たばかりの若い独身者は、肉体的には元気満々で、遊びや仕事は充実していても、恋愛面はまだ模索中かもしれない。子どもをもつ若い夫婦は、（子どもと）遊ぶ機会はたくさんあるが、独身者や子どものいない夫婦と同じようには遊べないかもしれない。歳を重ねると、こんどは健康が大きな問題になってくる。あなたがどういうライフ・ステージにいるとしても、あなたにふさわしい四つのバランスは、あなた

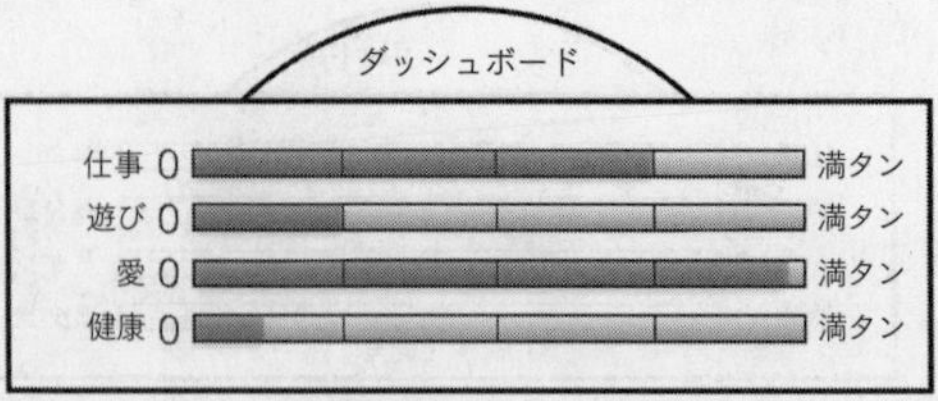

フレッドのダッシュボード

にしかわからないのだ。

健康について考えるときは、健康診断の結果だけで判断してはならない。理想のライフデザインは、健康な肉体、意欲的な心、そして多くの場合（絶対ではないが）なんらかのスピリチュアルな活動によって支えられる。「スピリチュアル」といっても必ずしも宗教的なものを意味するわけではない。人間より上位の存在を信じておこなう活動はすべてスピリチュアルと呼んでいる。評価は「健康面は問題なし」「なにかが物足りない」というあなたの主観的な感覚でかまわない。

この図を見るだけでなにかがおかしいと気づくこともある。自動車のダッシュボードの警告ランプと同じで、この図は「いったん止まって不具合をチェックしよう」というサインになるのだ。

例として、フレッドという起業家をとり上げてみよう。彼は自身のダッシュボードを描いてみたところ、「健康」と「遊び」のゲージがゼロに近いと気づいた（上の図）。

起業は家族関係にひびを入れることもあるので、フレッドは家族サービスの時間をきちんととるよう注意してきた。なので、彼は「愛」については満足している。彼は自身の立ち上げた会社に

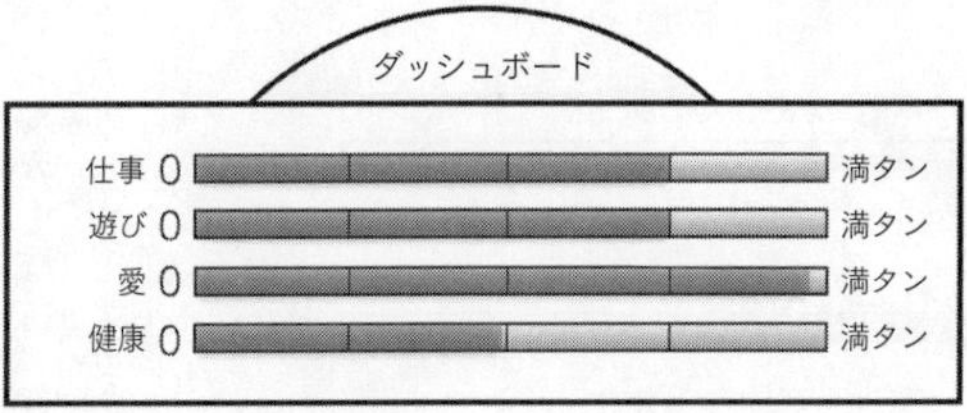

デビーのダッシュボード

全身全霊を捧げるため、遊びの時間は喜んでなげうってきた。そのため、遊びのゲージが低いことには納得している。

ところが、自身の評価を見てみてちょっとやりすぎだったことに気づいた。とくに健康面は赤ランプだ。

「起業という巨大なストレスのなかで、起業家としてバリバリやっていくためには、病気になっている余裕なんてありません。会社を立ち上げたいまとなっては、いっそう健康管理が必要だと気づきました」

そこで、フレッドはいくつか変更をおこなった。パーソナル・トレーナーを雇い、週三回の運動を開始。週一回、通勤中にオーディオ・ブックを聴き、やりがいのある知的課題や精神的課題にとりくんだ。その結果、仕事の効率が増し、仕事や人生の満足度がアップしたという。

次の例はデビーだ。彼女はアップルのプロダクト・マネジャーだったが、つい最近、双子の子育てに専念するために休職した。彼女は自分のダッシュボードを見て安心した。

「もう〝仕事〟は辞めたので、仕事のアイデンティティを失ってしまったと思っていました。でも、家庭や子どものためにしている活動をきちんと評価してみると、いままでよりむしろ仕事をしていることに気づいたんです。それから、子どもとの貴重な時間を楽しめるよう、自分の心と体をきちんと管理できている気がします。子どもが小さいうちは仕事よりも子育てをとると決めたのは、まちがっていなかったとわかりました」

これがフレッドとデビーの物語だ。

さあ、いよいよあなたがダッシュボードを描く番だ。

健康のゲージ

前にも説明したとおり、健康とは肉体の健康だけではない。頭脳の健康、心の健康も考慮しよう。それぞれの分野がどの程度の割合で重要かは、あなた次第。あなた自身の健康をざっと評価し、ゲージを埋めてみよう。

四分の一？　半分？　四分の三？　それとも満タン？

著者のひとりのビルの例も載せたので、ぜひ参考にしてみてほしい。

ビルの例（健康）

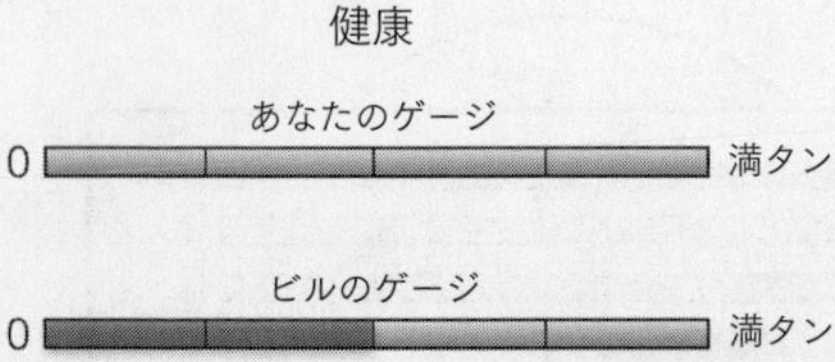

健康は全般的に問題なし。このところは体の調子もよい。ただし、コレステロールがちょっと高め。理想体重よりは六～七キロ重い。運

動していないので、体型が崩れ気味。電車に乗ろうとして走ると、しょっちゅう息切れする。人生、仕事、愛の哲学についてよく読み書きするし、心と体の関係に関する最新の研究にもよく目を通すが、昔と比べてどうも忘れっぽくて困っている。毎朝、ポジティブな言葉を自分に言い聞かせている（アファメーション）。この習慣のおかげで、人生観ががらりと変わった。二一年前に息子が生まれてから父親向けの討論グループに参加しているが、彼らがわたしの心の支えとなってくれている。総合すると、わたしの健康は「満タンの半分」くらいだと思う。

仕事のゲージ

あなたがしている「仕事」の種類をすべてリストアップして、仕事生活全体を「評価」してみよう。そのなかには有償の仕事もあるだろう。九時五時の仕事、副業、コンサルタントやアドバイザーの仕事など。定期的に組織のボランティアを務めているとしたら、それも入れること。先ほどのデビーのような主婦（または主夫）なら、子育て、料理、介護、家事もみんな「仕事」だという点をお忘れなく。

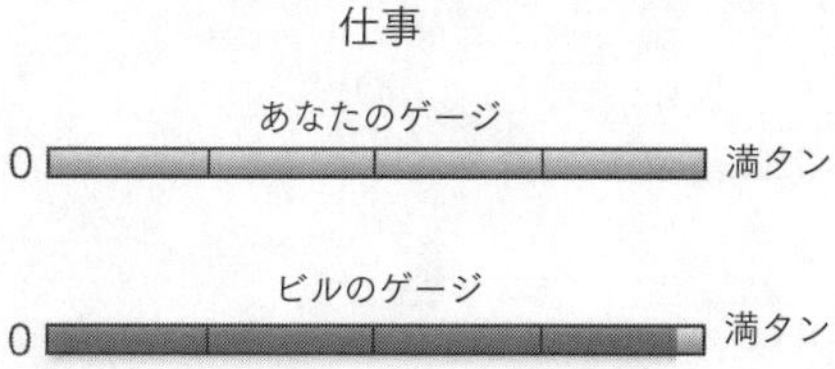

ビルの例（仕事）

スタンフォード大学勤務。プライベート・コンサルティング業も少し。「ライフデザイン」ワークショップを担当。社会的責任を追求するアパレル系新興企業「VOZ」の取締役（無償）。

遊びのゲージ

遊びとは純粋に楽しむための活動だ。組織的な活動や生産活動も含むが、見返りではなく楽しみを目的におこなう場合に限る。人生にはある程度の遊びが欠かせない。日々の生活に一定の遊びを組みこむことは、ライフデザインの重要なステップだ。あなたの遊びをざっとリストアップして、ゲージを埋めてみよう。四分の一？　半分？　四分の三？　それとも満タン？

ビルの例（遊び）

友人に手料理を振る舞ったり、野外で盛大なパーティーを開いたりするのが好き。だけど、半分仕事みたいなものかも？（ちなみに、ビルはこの点を〝赤ランプ〟ととらえている。）

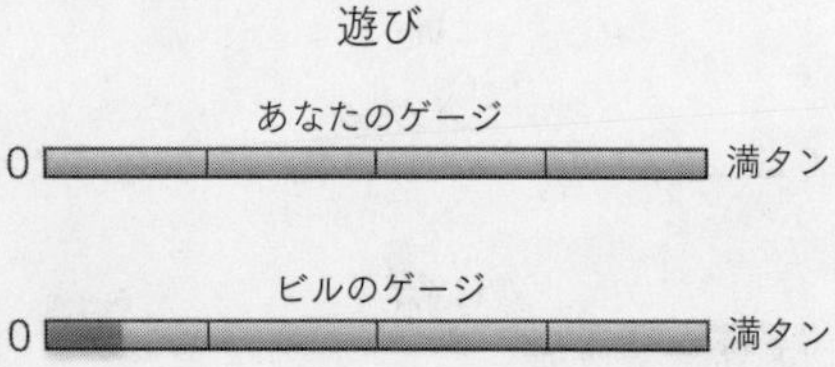

愛のゲージ

愛は世界の潤滑油。愛がなくなると、暗くて生気《せいき》のない世界になってしまう。愛といってもいろいろな形がある。恋愛はわたしたちが最初に愛を求める場所だ。ふつうはその次が子ども。そしてその次は、愛情の対象となるさまざまなひとびと、ペット、コミュニティ。そして、愛されているという感覚は、愛することと同じくらい重要だ。愛は双方向なのだ。あなたの「愛の相関図」を描き、ゲージを埋めてみよう。

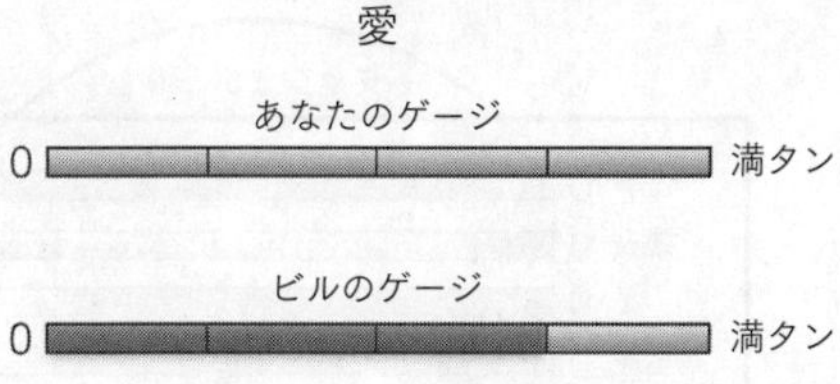

ビルの例（愛）

愛はわたしの人生のいろいろなところに登場する。妻、子ども、両親、きょうだい――わたしはみんなを愛しているし、みんなもそれぞれの方法でわたしを愛してくれている。芸術、とくに絵画が大好きで、ほかでは得られない感動がある。音楽もジャンルを問わず大好き。ウキウキしたり涙が出たりする。人工のものか自然のものかを問わず、世界の名所も大好きだ。思わず息をのんでしまう。

ビルのダッシュボードを振り返ってみると、遊びがそうとう不足していて、健康に少し問題があることがわかる。こうした〝赤ランプ〟は、注目が必要かもしれない分野を示している。

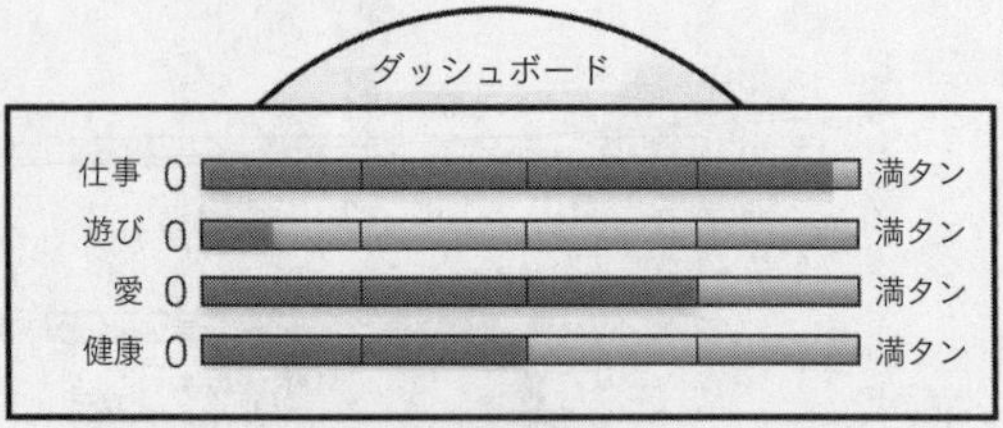

ビルのダッシュボード
（遊びと健康が赤ランプ）

人生のバランスを考えなおそう

あなた自身の健康、仕事、遊び、愛の現状を知れば、あなた自身についてのデータが一発で確かめられる。ただし、この評価でわかるのは、現時点でなにがじゅうぶんなのか、なにが不足しているのかだけだ。

このあとの数章を読み、いくつかのツールやアイデアを実践したら、もういちどこのダッシュボードを描き、どう変化したか確かめてみてほしい。ライフデザインは試行錯誤のくり返しだ。山もあれば谷もある。デザイナーの考え方が身につきはじめれば、人生に終点はないことに気づくだろう。仕事に終わりはなし。遊びにも。愛と健康にも。ライフデザインが終わるのは、人生を終えたとき。それまでは、人生という名の年輪を絶えず上書きしていくのだ。

そうなると、こんな疑問が残る。あなたは現在のダッシュボードに満足だろうか？　正直に自分のゲージを見つめただろうか？　対策が必要な分野は？　あなた自身の厄介な問題は見つかっただろうか？　早くも見つかったひともいると思う。もし見つかったなら、「重力問題」でないかどうかを自問してみよう。その問題は対処可能なのか？

また、ダッシュボードのバランスや釣り合いにも目を向けよう。それを考えることはライフデザインにとってとても大事だ。ただし、人生の四つの分野が完璧に対称になると考えるのは禁物。健康、仕事、遊び、愛がきっちり四等分ずつになるなんて考えにくい。それでも、人生のバランスがあまりにも崩れているときは、どこかに問題があるサインだ。

ビルは遊びのゲージだけが突出して低いことに気づいた。あなたはどうだろう？　仕事が満タンなのに遊びが四分の一？　愛は？　健康は？　健康といっても、心の健康は？　精神生活は？　たぶん、デザインや変革の必要な人生の分野がなんとなくわかりつつあるのではないだろうか？

デザイナーの考え方を身につけるうえで、大事な事実がひとつある。未来予測はできないということだ。裏を返せば、なにかをデザインするたび、起こりうる未来が変化する。

もちろん、未来を予言したり、はじめる前から理想のライフデザインを定義したりすることはムリだ。しかし、少なくともあなたの現在地を理解することはできた。

さあ、次は正しい方向へと歩みだす番だ。

正しい方向へと進むのに必要なものといえば？

そう、コンパスだ。

やってみよう

健康／仕事／遊び／愛のダッシュボード

①仕事、遊び、愛、健康の四つの分野について、現状を短い文章でまとめる。
②ゲージにスコア（0～満タン）を描きこむ。
③あなたが対処したいデザインの問題を考える。
④その問題が対処不能な「重力問題」でないか考える。

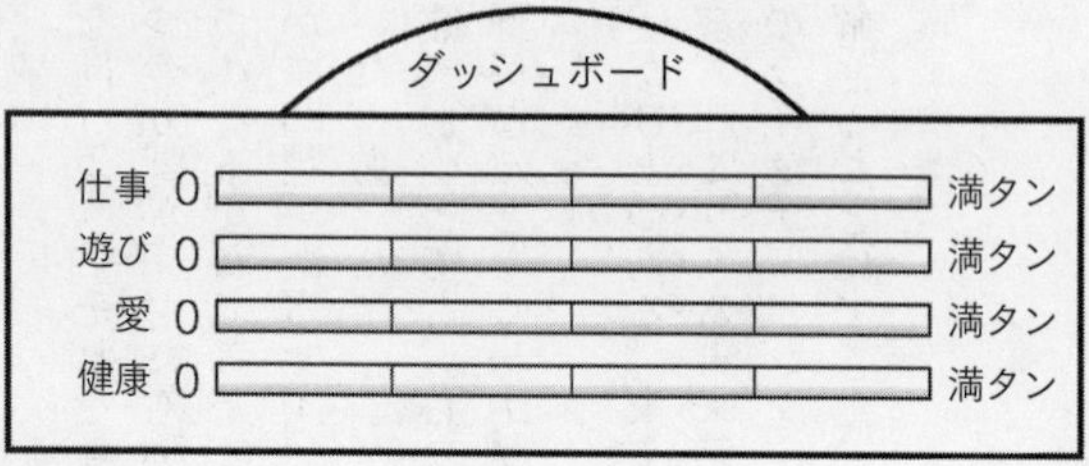

第2章　人生のコンパスをつくる

――なぜ、一流のひとは正しい方向に進めるのか？

三つの質問に答えてほしい。

- **あなたの名前は？**
- **あなたの人生の目的は？**
- **ツバメの飛ぶ速度は？**

ふつうの人なら、ふたつの質問に答えるのは簡単だろう。だれでも自分の名前は知っているし、ちょっと検索をすれば、三つ目の質問にも答えられる――時速四〇キロくらいだ。

では、このふたつよりもう少し難しい質問について考えてみよう――あなたの人生の目的は？　人生を探すことに費やした時間を足し合わせると、本当の意味で人生を生きた時間を大きく上回ってしまうというひとも少なくないと思う。

わたしたちはよく人生について心配する。分析する。推測さえする。心配、分析、推測は、最高の道しるべとはいえないし、この道しるべを使ったせいでとんでもなく道に迷い、混乱してしまうことも多い。いつまでも同じ道を回りつづけ、ソファや椅子に座りながら（または同じ恋愛関係から抜けだせないまま）何週間、何カ月、何年も「さてどうしたものか」と悩みつづけてしまう。まるで、マニュアルもなしで巨大工事を進めるようなものだ。

これでは人生をデザインしているとはいえない。ただ人生に気を揉んでいるだけだ。

わたしたちはそれを変えるためにいる。

そして、わたしたちがしようとしている究極の質問は、ギリシャ人が紀元前五世紀から抱きはじめた疑問と同じだ。よい人生とは？　よい人生をどう定義するのか？　それをどう生きるのか？

どの時代も、人間はずっと同じ疑問を抱きつづけてきた。

- わたしはなぜここにいるのか？
- わたしはなにをしているのか？
- それがなぜ重要なのか？
- 生きる目的は？
- 人生はなんのためにあるのか？

ライフデザインとは、こうした永遠の疑問に対して、あなたなりの答えを見つけ、あなたにとってよい人生を見つけだす手段のひとつだ。デイヴの答えはビルとはちがうだろうし、わたしたちの答えはみなさんとはちがうだろう。ただ、抱いている疑問は同じ。そして、だれもが自分の人生に合った答えを見つけられるのだ。

ひとつ前の章でダッシュボードを埋めたみなさんなら、どこが満タンでどこが空っぽなのかがわかったことだろう。そして、あなたの現在のダッシュボードを把握することこそ、ライフデザインの第一歩なのだ。

さて、次はコンパスをつくる番だ。

ブレない自分になる

コンパスをつくるのに必要な部品はふたつ――仕事観と人生観だ。

まず、あなたにとっての仕事の意味を知ろう。

- 仕事はなんのためにある？
- なぜあなたは仕事するのか？
- よい仕事とはなにか？

あなたの仕事の哲学を見つけ、はっきりと述べることができれば、もう他人にあなたの人生を決められることなんてなくなる。つまり仕事観は、あなたがつくろうとしているコンパスの第一部品といえる。

そして、第二部品は人生観。

人生観というと少し大げさに聞こえるかもしれないが、そんなことはない。だれでも人生観をもっている。いままではっきりと述べたことがなくても、生きているかぎり人生観はあるのだ。人生観とは、世界やその成り立ちに対するあなたの考え方だ。

- 人生に意味を与えるものは？
- 人生に生きがいや価値を与えるものは？
- あなたの人生は、家族、地域社会、世界とどう関係しているか？
- お金、名声、目標達成は満足できる人生とどうかかわっているか？
- 経験、成長、充足感はあなたの人生にとってどれくらい重要か？

仕事観と人生観を書き出し、このあとの簡単な演習を終えれば、コンパスが手に入り、理想の人生に向かって歩みだせる。

といっても、心配は無用――仕事観と人生観はつねに変わっていく。一〇代の若者、若い社会人、子どもがひとり立ちした親では、仕事観と人生観が大きくちがうのは当然。一生涯使えるコンパスを見つけようなんて気負う必要はない。しばらく使えるコンパスが見つかればそれでいいのだ。

有名な教育改革者で『人生に語らせよう（*Let Your Life Speak*）』の著者であるパーカー・パーマーは、あるとき突然、他人の人生を生きようとしている自分に気づいたという。パーカーは彼にとっての偉大な英雄であるキング牧師とガンジーの人生をなぞっていた。キング牧師とガンジーといえば、社会的正義を追い求めた一九五〇年代と六〇年代の偉大なリーダーだ。彼はふたりの思想や目標に心酔するあまり、自分自身ではなく彼らのコンパスを道しるべにし、内部から教育システムを変えようと必死に努力した。彼はカリフォルニア大学バークレー校で博士号を取得。尊敬される学長になるという目標に向けて順調に歩んでいた。それ自体はすばらしい目標だったが、彼はどこかもやもやした気持ちを抱えていた。

そんなとき、彼はふと気づいた――キング牧師やガンジーのような英雄から刺激を得るのはいいことだが、彼らと同じ道を歩む必要はない。結局、彼は人生をデザインしなおし、思想のリーダーや作家として活躍。最終目標は同じでも、人まねをやめ、自分らしさを大事にすることにした。

世界やわたしたち自身の頭のなかは、強烈な声であふれている。その声は、わたしたちにああしろこうしろ、こういう人間になれ、と訴えかけてくる。そして、世の中には人生の模範がたくさんある。すると、パーカーのように、無意識のうちに他人のコンパスを使って他人の人生を生きてしまう可能性はだれにでもある。それを避けるには、自分の仕事観と人生観を明確にし、自分だけのオリジナル・コンパスをつくるのがいちばんだ。

わたしたちがあなたの人生に与えたいものはいたってシンプル――「一貫性」だ。一貫性のある人生とは、次の三つが一直線に結ばれるような人生だ。

- **あなたの人間性**
- **あなたの考え方**
- **あなたの行動**

たとえば、「次世代のために住みよい地球を残してあげたい」というのがあなたの人生観だとしよう。なのに、あなたが地球を汚染しまくっている大企業に破格の給料で勤めているとしたら？　あなたの考え方と行動は一貫性が取れなくなってしまう。その結果、失望や不満は大きくなるだろう。

ほとんどのひとは、途中でいやいやながらも一定の取引や妥協をする。もし「世の中で追求する価値があるのは芸術だけ」というのがあなたの人生観で、「子どもたちに不自由させない程度のお金を稼ぎたい」というのが仕事観だとすれば、子どもが親元にいるあいだは、人生観のほうで妥協をしようとするだろう。

でも、それはそれでＯＫ。一時的に我慢するというのは意識的な決断であり、〝進路〟を逸《そ》れたことにはならないからだ。一貫性のある人生とは、つねになにもかもが完璧に調和している人生ではない。途中で一貫性を犠牲にすることなく、自分自身の価値観に沿って生きるというだけのことなのだ。

あなたを導いてくれる精密なコンパスさえあれば、こういう人生の取引を自分でできるようになる。「あなたの人間性」「あなたの考え方」「あなたの行動」の関係性が見えれば、自分が順調に進んでいるのか、少し道を逸れかけているのか、慎重な妥協が必要なのか、大がかりな方向転換が必要なのかがわかる。学生たちの指導経験からいえば、この三つの点どうしをうまく結びつけられるひとは、自分を深く理解し、生きがいを生みだし、より人生に満足することができる。

そこでいよいよ、あなたもコンパスをつくり、旅に出よう。

旅の目的はシンプルだ――人生をデザインすること。わたしたちが人生に求めるものはだいたい共通している――健康で長生きできる人生、楽しくてやりがいのある仕事、愛情豊かな関係、そしてその旅の道中をおおいに楽しむこと！　ところが、それを手に入れる方法となるとひとによってバラバラなのが現実だ。

仕事観がやりがいにつながる

自分の仕事観についてざっと振り返ってみよう。

論文レベルのものを求めているわけではないが（もちろん成績もつけない）、真剣に書きだしてほしい。頭のなかだけですませないこと。三〇分くらいかけて、A4用紙一枚以内にまとめよう。

仕事とはなにか？　あなたにとってどういう意味をもつのか？　よい仕事とはなにか？　こうした疑問に答えるのが仕事観だ。仕事に求めるもの、仕事で手に入れたいものをリストアップするのではなくて、仕事に対するあなたの考え方全般をまとめよう。

たとえば、次のような質問に答えてみるといいだろう。

- なぜ仕事をするのか？
- 仕事はなんのためにあるのか？
- あなたにとっての仕事の意味は？
- 仕事とあなた個人、ほかのひとびと、社会との関係は？
- よい仕事や価値ある仕事とは？
- お金と仕事の関係は？
- 経験、成長、充足感と仕事の関係は？

長年この演習を指導してきて、仕事観がほとんどのひとにとってまったく新しい概念だということに気づいた。この演習で行きづまるひとは、仕事に求めるものや雇用条件――一言でいえば「職務記述書」のようなもの——を書きだそうとしてしまう。ここでは、どういう仕事をしたいかではなくて、なぜ仕事をするのかに注目してほしい。つまり、あなたの仕事の哲学や意義について考えよう。これはいわばあなたの仕事のマニフェストにあたる。

仕事観は、他者や世界への貢献、報酬や生活水準、成長、学習、スキル、才能……などなど、どういうテーマを盛りこむかでずいぶんと内容が変わってくる。先ほど挙げたのはどれも仕事観の一部。あなた自身にとって重要だと思う項目をピックアップしてほしい。

他者への貢献や社会的問題との関係については必ずしも触れる必要はないのだが、ポジティブ心理学者のマーティン・セリグマン[1]によれば、自分の仕事を社会的な意義と明確に関連づけられるひとは、仕事に満足感を覚え、社会で働くことにつきものであるストレスや妥協にうまく適応できる傾向があるという。ほとんどのひとは有意義で満足できる仕事を求めているので、ぜひ先ほどの質問についても考え、あなたの仕事観を書きだしてみてほしい。仕事観なしではコンパスは完成しないのだから。

人生観について考える

仕事観と同様、人生観についても考えてみよう。

今回も三〇分間、Ａ４用紙一枚以内でまとめること。参考までに、人生観に関する一般的な質問を以下に挙げてみた。大事なのは、あなたの人生観を決定づける重要な価値観なり考え方なりを書きだすことだ。人生観とは、あなたにとっていちばん重要なことを定義するものなのだ。

・あなたはなぜここにいるのか？
・人生の意味や目的は？
・あなたと他者の関係は？
・あなたと家族、国、世界の関係は？
・善や悪とはなにか？
・人間より上位のもの、神、超越的な存在はいると思うか？　思うとすれば、あなたの人生にどんな影響を与えているか？
・喜び、悲しみ、公正、不公正、愛、平和、対立は人生にどうかかわっているか？

いくぶん哲学的な質問が多い。「神」という言葉は触れるにとどめた。神は人生にとってまったく重要でないと思う読者もいるだろうし、最重要問題として真っ先に挙げてほしいと思った読者もいるかもしれない。お察しのとおり、デザインには正しい価値観もまちがった価値観もないし、わたしたちはどちらに肩入れするつもりもない。先ほど挙げた質問は、神やスピリチュアルに関する質問も含めて、単に発想を刺激するためのもの。どの質問に答えるかはあなたの自由だ。宗教討論や政治討論の論点ではないし、まちがった答えなんてない

――もちろんまちがった人生観も。唯一の不正解があるとすれば、それは無回答だ。先ほどの質問に答えるもよし、自分で質問を練るもよし。好奇心をもち、デザイナーのように考え、答えを出してみよう。

そして、答えを書きだそう。

用意、はじめ！

仕事観と人生観を一致させる

あなたの書いた仕事観と人生観を読みなおし、以下の質問について考えを書き出してみてほしい（三問いっぺんではなく一問ずつ答えてほしい）。

- あなたの仕事観と人生観はどの部分で補い合っているか？
- あなたの仕事観と人生観はどの部分で食いちがっているか？
- あなたの仕事観と人生観に因果関係はあるか？　あるとすれば、どんな？

しばらく時間をかけて、仕事観と人生観の一貫性について、考えを書きだしてみてほしい。学生たちいわく、ここがいちばん「なるほど！」と思う瞬間だそうだ。なので、ぜひこの演習には真剣にとりくんでみてほしい。この演習をおこなうと、たいていは仕事観と人生観の少なくともどちらかを修正することになる。仕事観と人生観を調和させれば、視界が明瞭になり、意識して一貫性のある有意義な人生が送れるようになる。つまり、

・あなたの人間性
・あなたの考え方
・あなたの行動

——この三つがぴたりと揃うわけだ。正確なコンパスさえもっていれば、長く道から逸れることはなくなるのだ。

ブレない一点に向かって

さて、これで仕事観と人生観を明確にし、一致させることができた。一言でいえば、この仕事観と人生観こそがあなたにとっての「北極星」、つまり正確なコンパスの役目を果たす。北極星との相対的な位置を見れば、いつでも自分が道から逸れているかいないかがわかる。絵に描いたように美しい人生を一直線に進むひとなんてほとんどいない。実際、船乗りならみんな知っているとおり、一直線の航路を描くこと自体ムリだ。風向きや状況によって針路は変わる。真北《まきた》をめざしつつも、時には一方に舵を切り、また別の方向に舵を切り、そし

てまた反対方向に舵を切るということもあろう。荒い海を避けるために海岸線の近くを進むこともある。時には、嵐に襲われて完全に道に迷ったり、船が真っ逆さまに転覆したりすることもあるだろう。

こういうときに針路を立てなおすには、仕事観と人生観というコンパスを携帯しておくのがいちばんだ。「人生がどうもうまくいっていない」「人生が大きく変化しようとしている」と感じはじめたら、コンパスをとり出して針路を調整するのがいい。わたしたちの場合、年に一回はそうしている。

状況が変わりそうなとき、新しい物事をはじめようとしているとき、仕事で次にどうしようかと考えているときは、いったん停止！　出発する前に、コンパスをチェックして針路を定めなおすべきだ。

さて、コンパスが手に入ったら、次は「道を探す」番だ。

人生は旅なのだから。

行きづまり思考↓行き先を知らないと！

こう考えなおそう↓必ずしも行き先はわからないが、正しい方向に進んでいるかどうかならわかる。

やってみよう

仕事観と人生観

①あなたの仕事観についてざっと書きだす。三〇分間、Ａ４用紙一枚以内が目安。
②あなたの人生観についてざっと書きだす。三〇分間、Ａ４用紙一枚以内が目安。
③あなたの書いた人生観と仕事観を読み、次の質問にひとつずつ答える。
・あなたの仕事観と人生観はどの部分で補い合っているか？
・あなたの仕事観と人生観はどの部分で食いちがっているか？
・あなたの仕事観と人生観に因果関係はあるか？　あるとすれば、どんな？

第3章　熱中できる道を探す
——消耗しない働き方

人生の迷いは突然訪れる

マイケルは幸せだった。カリフォルニア州中部の小さな大学町で暮らす彼は、周囲の人気者。スポーツ万能で、友人たちにも恵まれ、悩みなんてひとつもない人生を送っていた。そんな彼は将来について深く考えたことも計画したこともなかった。ただ目の前のことをやり、人生は順調そのものに見えた。

ところが、彼の母親には計画があった——数えきれないくらいの計画が。母親はマイケルの大学進学の計画を立て、出願先を選び、専攻まで決めてしまった。結局、マイケルはカリフォルニア州立ポリテクニック大学に進学し、土木工学を専攻。とり立てて土木技師になりたいわけでもなかった。母親の計画に従っただけだ。

彼はまあまあよい成績で大学を卒業すると、アムステルダムで企業コンサルタントになろうとしていたスカイラーという女性と恋に落ちた。マイケルはスカイラーのあとを追い、アムステルダムで希望どおりの土木技師の職につき、まともに働いた。

マイケルはふたたび、だれかが選んだ人生の道を幸せに歩みはじめた。彼はじっくりと立ち止まって、「なにがしたいのか」「なにになりたいのか」と考えたことなどいちどもなかった。人生観や仕事観を明確にしたこともなく、いつも他人にハンドルを任せ、進む道を決めさせてきた。いままではそれでうまくいっていたのだ。

アムステルダムで暮らしたあと、マイケルはスカイラー——いまでは彼の妻——とともにカリフォルニアに帰郷した。スカイラーはそこで大好きな仕事を見つけ、マイケルは地元の土木系の会社に就職した。

歯車がくるいはじめたのはそんなときだ。彼は土木技師の見本そのものだったが、人生に退屈し、そわそわし、惨めな気持ちでいっぱいだった。彼は自分の不幸に気づいて戸惑った。これからどこへ向かえばいいのか？　なにをすればいいのか？　人生ではじめて、彼の計画にほころびが生じはじめた。方向もわからず、マイケルは完全に道に迷ってしまった。

行きづまり思考↓仕事は楽しくなくて当たり前。だからこそ仕事なのだ。
こう考えなおそう↓「楽しさ」はあなたに合った仕事を見つける大事な指針。

みんながマイケルにアドバイスした。友人は、「自分で土木事務所を開いてみたら？」と勧めた。他人のもとで働くのが不満だと思ったからだ。彼の義父は、「おまえは頭がいい。エンジニアだから数学もわかる。金融分野に進むといい。株式ブローカーなんかどうだろう」とアドバイスした。

マイケルはさまざまな提案に耳を傾け、計算しはじめた。いまの仕事を辞めて、金融の学校やビジネス・スクールに戻ることなんてできるのか？　彼がこうした選択肢を検討したのは、正直、自分の問題がよく見えていなかったからだ。

僕は土木技師として失敗したのか？

土木工学が僕を見捨てたのか？

我慢していまの仕事をつづけるべきなのか？

だって〝仕事〟なわけだし……。

すべてまちがいだ。

地図ではなくコンパスをもって進む道を探す

道探しは、目的地がわからないときに進むべき道を見つけだす昔ながらの技術だ。道探しに必要なのは、コンパスと方角。地図ではなく方角なのだ。

一八～一九世紀の探検家、ルイスとクラークについて考えてみてほしい。ジェファーソン大統領がルイジアナ買収で取得した土地から太平洋までの陸路横断へとふたりを派遣したとき、ふたりは地図をもっていなかった。太平洋までの道探しをしながら、彼らはその道のりを一四〇枚もの地図に描いていった。

人生の道探しもそれと似ている。人生に唯一の目的地はないので、目的地をGPSに入力して、曲がり角に来るたびに指示を受けることなんてできない。あなたにできるのは、目の前の手がかりに注目し、手元にある道具を使って最善の道を選ぶことだけ。

その最初の手がかりが、「熱中」と「エネルギー」だ。

熱中する瞬間を知ると知らないとでは大違い

土木工学がマイケルを見捨てたわけではない。彼はただ自分の人生にしっかりと目を向けていなかった。彼がわかっていたのは、なにかがおかしいということだけ。三四歳の彼は、なにが好きでなにがきらいかもよく自覚していなかった。わたしたちのもとに相談に来たとき、彼は確たる根拠もないままそれまでの人生とキャリアをなげうつ寸前だった。

そこで、わたしたちは数週間、彼に仕事終わりに簡単な記録をつけてもらった。

一日の仕事のなかで、「退屈」「落ち着かない」「つまらない」と感じたタイミングは？

そのときどんな仕事をしていたのか？　つまり、熱中していない時間帯は？

また、「ワクワクする」「集中している」「楽しい」と感じたタイミングは？　そのときどんな仕事をしていたのか？　つまり、熱中している時間帯は？

この記録のことを、わたしたちは「グッドタイム日誌」と呼んでいる。

なぜわたしたちはマイケルにこんなことをしてもらったのか？（もちろん、あなたにもしてもらうが。）自分が楽しんでいる瞬間に気づいてもらいたかったからだ。自分がどういう活動に確実に熱中できるかを知れば、ライフデザインに役立つとても貴重な発見をしたことになる。

前にも説明したとおり、デザイナーは行動を重視する——物事について考えるだけでなく、実際にやってみることを重視するのだ。自分が熱中しているのはいつか？　エネルギーに満ちあふれているのは？　その逆は？　それを記録することで、あなた自身の行動に着目し、うまくいっている部分を見つけることができるわけだ。

いきいきと働くひとはフローを体験している

フロー状態とは、いわば熱中のパワーアップ版だ。

時間が止まっているように感じ、目の前の活動に完全に熱中していて、その活動の難易度とあなたの能力がちょうど一致している。だから、易しすぎて退屈なわけでも、難しすぎて不安なわけでもない——そんな状態がフロー状態と呼ばれる。

ひとびとはこういう熱中状態を、「ハイ」「ゾーンに入っている」「超気持ちいい」など、いろいろな言葉で表現する。フロー現象を発見した教授のミハイ・チクセントミハイは、一九七〇年代からフロー現象について研究している。彼ははじめてフロー状態を提唱したとき、数千人のひとびとの日常生活の詳しい活動を調査し、この非常に特殊な熱中の状態を探りだすことに成功した。[1]

フロー状態にあるひとびとは、自身の体験をこう表現する。

・目の前の活動に完全に没入している。
・恍惚《こうこつ》感や高揚感を覚える。
・心に迷いがなく、なにをどうすべきかがはっきりとわかっている。
・完全に心が落ち着いている。
・時間が止まっている、またはすぐに消失してしまうように感じる。

フロー状態は、ほぼどんな肉体活動や精神活動でも起こりうるもので、とくにそのふたつが組み合わさったときに起こりやすい。デイヴは授業のレッスン・プランの細部を修正したり、帆船に乗り、風で傾く帆を調整したりしているときにフロー状態になる。ビルはみずから認めるフロー中毒者で、学生にアドバイスしたり、アイデアをスケッチしたり、愛用のナイフで玉ねぎを切ったりしている瞬間にフロー状態になりやすい。

フロー状態は「説明は難しいがその状態になればそうとわかる」ような体験であり、あなた自身にしかわからない。熱中の究極の状態であるフロー体験は、ライフデザインのなかで特別な地位を占めている。だから、グッドタイム日誌にフロー体験をうまく記録できるようになることが大事だ。

フロー体験は大人の遊びだ。先ほど、ダッシュボードで健康、仕事、遊び、愛を評価してもらったが、忙しい現代生活のなかでいちばん置き去りになりがちな要素が「遊び」だ。「やらなきゃならないことが多すぎて遊ぶ暇なんてない」と思うかもしれない。自分の得意なスキルを仕事になるべく活かすことはできても、仕事は仕事。遊びとはちがう。

その点、フロー状態は「大人の遊び」の重要な要素のひとつだ。そして、本当にやりがいや満足感のある仕事は、多くのフロー状態を含む。遊びの本質は、結果について絶えず気を揉んだりすることなく、目の前の活動に没頭し、楽しむことだ。フロー状態のときはまさにそれが起きている。目の前の活動に没入していて、時間がたつのも忘れてしまう。そう考えると、フロー状態を仕事生活――そして家庭生活、運動生活、恋愛生活――の一部にすることをめざすべきなのだ。

エネルギーを高める仕事VS消耗しやすい仕事

道探しのふたつ目の手がかりは「エネルギー」だ。

人間は、ほかの生物と同じで、生きて成長していくのにエネルギーが必要だ。人類誕生以来、人間はエネルギーを酷使する狩猟、採集、子育て、作物の栽培といった肉体労働にほとんどの時間を費やしてきた。

ところが現代はどうだろう？　多くのひとびとが知識労働者で、脳を使って重労働をしている。脳はエネルギーを酷使する器官だ。一日に消費する約二〇〇〇キロカロリーのうち、五〇〇キロカロリーが脳の運転に回される。びっくりだ。脳は体重の二パーセントくらいしか占めていないのに、一日の消費カロリーの二五パーセントを占めるのだから。そう考えると、脳をどう使うかで、エネルギーが満タンだと感じるのか、空っぽだと感じるのかが決まるのも不思議ではない。[2]

わたしたちは一日じゅう肉体活動や精神活動をしている。わたしたちのエネルギーを保ってくれる活動もあれば、吸いとる活動もある。グッドタイム日誌をつけてもらうのは、そうしたエネルギーの流れを追いたいからだ。毎週毎週、あなたのエネルギーはどこへ流れているのか？　それがわかれば、あなたのバイタリティが最大になるよう、日々の活動をデザインしなおすことができる。

忘れないでほしいのだが、ライフデザインの目的は、あなたの現在の人生からより多くのものを引きだすことであって、必ずしも新しい人生をまるまるデザインしなおすことではない。人生を大きく変えるべきか？　そう悩んで本書を手にとったひともいるかもしれないが、ライフデザインの主な目的は、あなたの現在の人生を調整して、理想へと近づけることにある。必ずしも転職、移住、大学院への再入学などをして、人生を根底からつくり変える必要はないのだ。

あなたはこう思うかもしれない。

「エネルギー・レベルを記録するのは、熱中度を記録するのと同じことでは？」

答えは半分イエス、半分ノーだ。

確かに、熱中していればエネルギーも高まることが多い。しかし、絶対とはいえない。デイヴの同僚に、ものすごく頭の回転が速いコンピューター・エンジニアがいる。彼は議論の達人だ。自分の意見を主張するとき、ついつい熱中してしまう。頭が急速に回転するからだ。職場の同僚から「わたしに代わって主張を述べてくれ」と頼まれることもある。

ところが、彼はそういう議論をすると、たとえ議論に勝ったとしても決まってクタクタになることに気づいた。彼は争い好きな人間ではないし、そのときは相手を言い負かすのが愉快でも、議論が終わるとぐったりとしてしまうのだ。

もうひとつ、エネルギーが熱中度とちがうのは、マイナスの値をとりうる点だ。なかには、次のことをする体力も残っていないくらい生気を吸い尽くしてしまう活動もある。退屈はエネルギーを大きく奪いとるが、退屈から抜けだすよりも、エネルギーを消耗した状態から抜けだすほうがよっぽど難しい。だからこそ、あなたのエネルギー・レベルに注目することは大事なのだ。

仕事で消耗しきった男性が気づいた本当に大切なこと

マイケルはグッドタイム日誌をつけ、

・自分が熱中しているタイミング
・自分がフロー状態にあるタイミング
・自分のエネルギーを高めてくれる活動

に着目した。

その結果、マイケルは難しくて複雑なエンジニアリングの課題にとりくんでいるとき、土木技師の仕事を楽しんでいることに気づいた。生気を吸いとられ、憂うつな気分になるのは、厄介な人物に対処したり、他人とコミュニケーションをとろうとしたり、複雑なエンジニアリングの課題とは無関係な管理業務や用事をこなしたりしているときだった。

こうして、マイケルは人生ではじめて、自分に本当に合う物事にじっくりと注目した。効果は絶大だった。職場で楽しいと感じるのはいつなのか？　エネルギーが上がったり下がったりする活動は？　それがわかると、マイケルはむしろ土木技師の仕事が好きなのだと気づいた。彼がきらいなのは、人間関係の問題、提案書の作成、料金の交渉だった。

彼に必要なのは、好きな仕事をする機会を増やし、きらいな仕事をする機会を減らす方法を見つけることだった。ビジネス・スクールに進学するかわりに（そうしていたらきっと大惨事だっただろう。しかも高くついたはずだ）、マイケルはエンジニアリングに努力を集中することにした。

結局、彼は博士課程に進学し、いまでは上級レベルの土木技師・構造エンジニアとして、彼が心から楽しめる複雑なエンジニアリングの問題にとりくんでいる――たいていはひとりきりで。そして、彼は技術的に価値のあるエンジニアになったので、もう彼に管理業務を頼むひとはいなくなった。時には、出社したときよりもエネルギーに満ちあふれて帰宅する日もある。理想的な仕事だ！

これも、人生の道探しにとって大事な要素だ――「楽しいこと」「熱中できること」「ワクワクすること」「生き生きとさせてくれること」に従うのだ。常識では、仕事はつらくて苦しいものとされている。もちろん、どんな仕事や職業にも、つらくて厄介な面はあるだろう。ただ、仕事でしていることのほとんどに生きがいを感じないとしたら、生きていないも同然。なんといっても、それをすることに生涯で膨大な時間を費やすわけだから。肝心のその部分が楽しくなければ、人生の大部分がつまらなくなってしまう。

では、なにが仕事を楽しくしてくれるのだろう？

朝までつづく社内パーティー？

目が飛び出るようなボーナス？

数週間の有給休暇？

実はちがう。仕事が楽しいと感じられるのは、あなたが自分の強みを発揮し、仕事に心から熱中し、エネルギーに満ちているときなのだ。

人生の目的は？

この段階まで来ると、よくこう訊かれる。

「なるほど、納得です。ただ、人生の目的や理念はどうなるのでしょう？　人生は熱中とエネルギーだけでは語れないと思うのですが。わたしは自分自身が重要だと思える仕事がしたいんです」

大賛成だ。だからこそ第2章で、あなたの人生のコンパス――一貫性のある仕事観と人生観――をつくってもらったわけだ。あなたの仕事はあなた自身の価値観や優先事項とどのくらい噛み合っているのか？　あなたの人間性や考え方とどれくらい一致しているのか？　それを評価することは、あなたにとってとても重要だ。

わたしたちは熱中度とエネルギー・レベルだけを重視する人生を勧めているわけではない。熱中度とエネルギー・レベルは、進むべき道を探しだすひとつの貴重なヒントになると言いたいのだ。

ライフデザインは、柔軟に連動し合うさまざまなアイデアやツールからなる。わたしたちはこれからたくさんの提案をしていくが、どの提案を実行に移すか、あなた自身のライフデザインをどう組み立てるかを最終的に決めるのはあなたたなのだ。
さあ、いよいよあなた自身の「グッドタイム日誌」をつけてみよう。

自分の情熱に気がつくグッドタイム日誌をつけよう

あなたも、マイケルと同じようにグッドタイム日誌をつけてみよう。どうつけるかはあなたの自由。日記帳に手書きでつけるもよし、バインダーとルーズリーフを使うもよし、パソコンに入力するもよし。お勧めするのは、気軽にスケッチできる手書きだ。ただ、いちばん大事なのはとにかく定期的につけること。もっとも楽しくてつけやすそうな形式を用いるのがいいだろう。

グッドタイム日誌にはふたつの要素がある。

- 行動記録――熱中している状況、エネルギーに満ちている状況を記録する。
- 考察――行動記録からわかることを考察する。

行動記録

行動記録はいたってシンプルだ。あなたの主な活動をリストアップし、その活動でどれくらい熱中したか、エネルギーがわいてきたかを記録すればいい。

行動記録は、貴重な情報をたくさん記録するためにも、できれば毎日つけてほしいが、数日おきにまとめてつけるほうがラクならそれでもOK。ただし、週に二回未満だと、情報が抜け落ちてしまうので少なすぎると思う。バインダーをお使いなら、章末のワークシートを印刷して使うといいだろう（www.hayakawa-online.co.jp/designingyourlife/ からもダウンロード可能）。ワークシートの右側に熱中度とエネルギー・レベルを示す小さなゲージがついているので便利だ。日記帳に自分でゲージを描いてもよい（熱中度とエネルギー・レベルがわかればなんでもOK）。あなたに合った方法を使ってほしい。大事なのはとにかく情報を書き留めること！

仕事のなかでモチベーションが上がる活動はひとそれぞれだ。行動記録の目的は、モチベーションが上がる活動を見つけだすこと——それもなるべく具体的に。ふつうのひとはこんなことをやり慣れていないので、慣れるまでしばらく時間がかかるだろう。だれしも、一日が終わって帰宅するとき、「今日は最高だった」「最悪の日だ」と感想を漏らすことがあるだろう。でも、なぜそう感じたのかを細かく分析することはめったにない。一日は最高の瞬間、最悪の瞬間、ふつうの瞬間など、無数の瞬間の連続で成り立っている。行動記録の目的は、一日の出来事を細かく掘り下げ、あなたが楽しんでいる瞬間を知ることにある。

考察

グッドタイム日誌のふたつ目の要素が「考察」だ。

行動記録を振り返り、パターン、洞察、意外な点を見つけだそう。あなたに合っていることとは？　合っていないことは？　それを知るヒントになるものならなんでもいいので、とにかく見つけだそう。

あなたが現在の生活のなかでおこなうすべての活動をもれなく記録できる期間——最低でも三週間くらい——は行動記録をつけてみてほしい。数週間にいちどしかおこなわない活動もあるだろうから。そうしたら、ある程度の量ずつまとめて考察できるよう、週一回日誌を見なおすことをお勧めする。

毎週の考察内容は、グッドタイム日誌の余白に書きこもう。

ビルの例

参考として、ビルの最近の行動記録から一ページを抜粋してみた。

ビルの考察内容は次のとおり。

彼は絵のクラスやオープン・ドアの時間になると確実にフロー状態になると気づいた。授業や夜のデートもエネルギーを一段とアップさせてくれる。こうした活動を増やせば、まちがいなくその週を生き生きと過ごせるだろう。毎週の職員会議は、おもしろい会話が飛び交うこともあれば、そうでないこともある。そのため、ゲージには二種類の矢印が描いてある。予算会議で一日のエネルギーが吸いとられるのは予想どおり。彼はお金の話がきらいなのだ（重要なことだとはわかっているが）。

そこで、ビルはあまり熱中できない活動を熱中できる活動でサンドイッチするようスケジュールを調整し、「エネルギーを吸いとる」活動を終えたときは自分にちょっとしたご褒美をあげることにした。エネルギーを吸いとる活動に対処するコツは、その前にじゅうぶんな休みをとり、さっさと終えられるようエネルギーを蓄えておくことだ。そうしないと、二度手間になってしまうかもしれない。エネルギーは奪われる一方だ。

意外なことに、ビルは修士課程の学生——彼が大好きで大半の時間を一緒に過ごす学生——の指導で毎週クタクタになっていることに気づいた。この件でもう少し日誌をつけつづけたところ、彼はふたつの点に気づいた。

①教える環境が悪い（大学院の騒がしいスタジオ）。

②学生に指導がうまく伝わっていない。

そこで、ビルは火曜夜の授業の環境を見なおし（教室を変更）、指導スタイルを一対一から少人数制に変え、学生がお互いに助け合えるようにした。この変更は大成功し、数週間後には授業でしょっちゅうフロー状態に陥るようになった。もちろん、予算会議は相変わらずうんざりだったが、仕事全体から見ればほんの一部だし、授業が楽しくなったおかげで少しだけ耐えられるようになった。

ビルは主に現在のライフデザインを改善するためにグッドタイム日誌を用いた。マイケルは戦略的なキャリアを見つけだすために日誌をつけた。目標と結果はちがっても、ふたりが用いた手法はまったく同じだ——自分の熱中できる活動やエネルギーがわいてくる活動を詳しく観察したのだ。

- 絵のクラス

  人物画を描くのは楽しい

- 予算会議

  新年度の計画

- オープン・ドアの時間

  機械工学の新入生がたくさん来る

- 職員会議

  うーむ……テーマによる

- 講義

  楽しい

- 修士課程の学生の指導

  計画や進め方の面でいろいろな苦労

- ランニング

  今日は３キロ

- 夜のデート

  早めに帰宅して夕食の準備

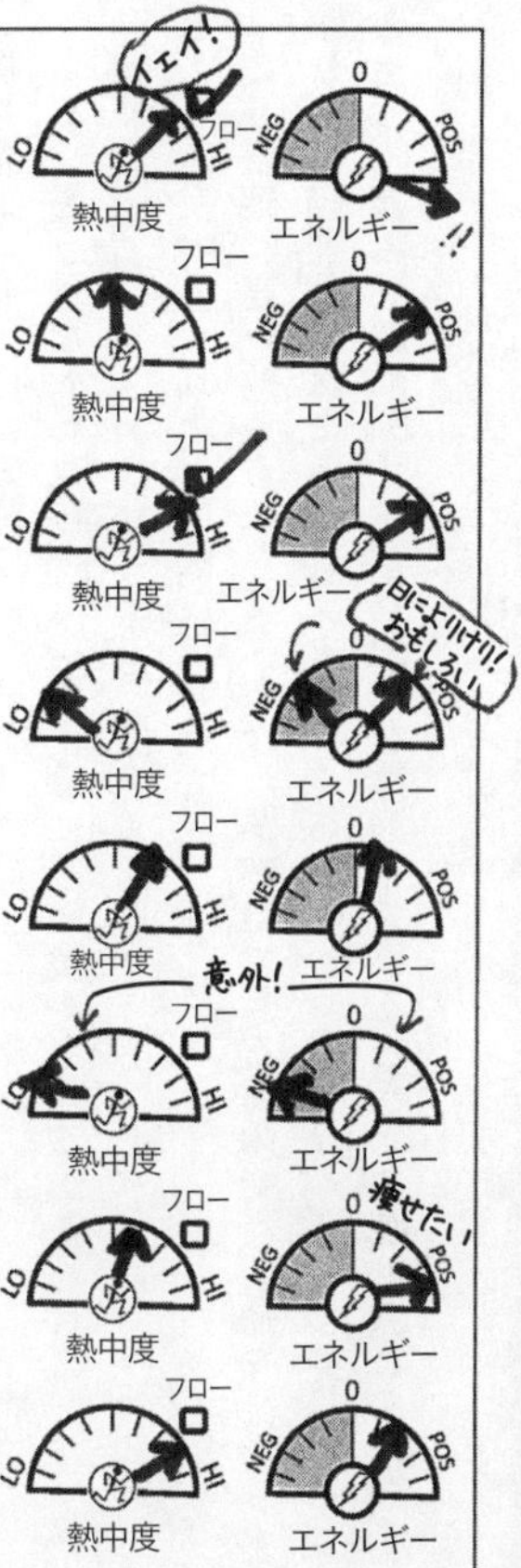

「ズームイン」を使って貴重な発見にたどり着く

一、二週間たって、グッドタイム日誌の内容がたまり、おもしろい点に気づきはじめたら、「ズームイン」して、次の段階へと進む番だ。

ふつうは、日々の活動を細かく観察することに慣れてくると、もっと具体的に書ける項目があることに気づく。そんなときはズームインして、なるべく正確に書くよう努めてみよう。あなたになにが合っていてなにが合っていないかが明確になれば、道を探す方角をより正確に定められるからだ。

たとえば、最初にこう記録したとしよう。

「職員会議。今日ははじめて楽しめた！」

もういちど見なおしたら、もっと正確に言い換えられるかもしれない。

「職員会議。ジョンの発言を僕がわかりやすく言いなおしたら、みんなが〝ああ、なるほど！〟と言ってくれた。爽快な気分だ」

こう正確に言い換えることで、あなたが熱中できる具体的な活動や行動がずっと詳しくわかり、自己理解が深まる。日誌をこのくらい細かく書けば、多くの発見につながるのだ。たとえば、職員会議に関する行動記録を考察しているとき、あなたはこう自問するかもしれない。

「僕はジョンの発言を絶妙に言い換えたことに興奮したのか？　それとも、みんなの理解をまとめたことに興奮したのか？」

もし絶妙な表現が職員会議を楽しめた理由だとわかれば、グループをまとめる機会よりも、コンテンツを創作するような機会を探したほうがいいと気づくかもしれない。

こうした観察や考察を、貴重な発見にたどり着くまで掘り下げてみよう（ただし、深追いは禁物。日誌でいつまでも足踏みしていてはいけない）。

自分の新しい面を知るためのAEIOUメソッド

そうはいっても、グッドタイム日誌から貴重な発見を引っぱりだすのは必ずしも簡単ではない。そこで、デザイナーが詳しく正確な観察をするのに用いるツール――「好奇心」というマインドセットの一部――をご紹介しよう。

AEIOUメソッドだ[3]。

AEIOUは、行動記録を振り返るときに使える五つの質問の頭文字を表わしている。

活動（Activity）

あなたはなにをしていたのか？　それは決まった形式をもつ活動か？　それとも自由気ままな活動か？　あなたは特別な役割（チーム・リーダーなど）を果たしていたか？　それと

も一参加者（会議のメンバーなど）にすぎなかったのか？

環境（Environment）

環境は心の状態に大きな影響を及ぼす。サッカー場と教会では感じ方がちがう。その活動をしていたとき、どこにいたかを思い出そう。どんな場所だったのか？　その場所はあなたをどういう気分にさせただろう？

やりとり（Interaction）

やりとりした相手は人間？　機械？　新しいタイプのやりとりなのか？　おなじみのやりとりなのか？　正式なやりとりなのか？　自由なやりとりなのか？

モノ（Object）

モノやデバイス（iPad、スマートフォン、ホッケー・スティック、ヨットなど）は使ったか？　そのときのあなたの気分を生みだした（または強めた）モノは？

ひと（User）

ほかにその場にいたひとは？　そのひとはあなたの体験にとってプラスだっただろうか？　それともマイナスだっただろうか？

ＡＥＩＯＵメソッドを使えば、効果的にズームインし、あなたになにが合っていてなにが合っていないのかが具体的にわかる。

ＡＥＩＯＵメソッドを用いた例をふたつ紹介しよう。

例①

リディアは契約ライターだ。彼女は専門家たちの手順をマニュアル化する手助けをしている。彼女は自分が人間ぎらいだと思いこんでいた。会議に出たあとは決まって憂うつな気分になるし、一日じゅう書くことに専念できたときは最高の気分だったから。一生会議に参加せずに生計を立てていくにはどうしたらいいだろう？　そう悩んでいたとき、彼女はグッドタイム日誌をつけ、ＡＥＩＯＵメソッドを試してみた。

自分の行動にズームインした結果、彼女は本当は人間ぎらいではないことに気づいた。会う相手がひとりかふたりで、一緒になにかを書いたり、新しいプロジェクトのアイデアを出し合ったりしているときは問題なかった（＝活動）。彼女がきらいだったのは、計画、スケジュール、ビジネス戦略についての会議や、七人以上での会議だった。いろいろな意見が出るせいで頭がついていかないからだ（＝環境）。彼女はひとつのことに集中して働くタイプなので、一緒に作業する相手（＝ひと）や共同作業の形式（＝やりとり）によって、集中力が増したり削がれたりするとわかった。

例②

バスラは大学教育に心酔していた。仕事はなんでもよかった。とにかく大学で仕事ができれば大満足（＝環境）。そこで、彼女は自分が卒業した大学に就職した。初めの五、六年間は、資金調達から新入生のオリエンテーションまで、なにをしても楽しかった（＝活動）。ところが、あるとき急にやる気がなくなりはじめ、彼女は教育熱が冷めてしまったのではないかと心配になった。そんなとき、彼女はグッドタイム日誌をつけてみた。

その結果、まだ大学を愛していることに気づいた。ただ、引き受けた仕事がまちがっていた。三〇歳が近づくにつれ、働く環境だけでなく役職も大事だと思った彼女は、学生たちとの交流が多い学生課から、法務課へと移る昇進話を引き受けた。そのせいで、管財人や弁護士（＝ひと）と会う機会や、書類（＝モノ）を扱う機会が増えてしまっていた。

そこで、彼女はあえて少しだけ降格し、住居課の職を引き受けることにした。おかげで、もういちど学生たちと建設的な交流ができるようになり（＝やりとり）、書類仕事も少なくなった。

あなたも、グッドタイム日誌について考察するときは、ぜひこのＡＥＩＯＵメソッドを使って、貴重な発見を探りだしてみてほしい。思いついたことはなんでも記録しよう。ただ、自分自身を評価しないことが大事だ――あなたの感情に正解も不正解もないのだから。とにかく、この情報がライフデザインに驚くほど役立つという点だけを念頭に置いておこう。

過去のピーク体験を掘り起こす

貴重な発見は、あなたの過去——とくにあなたの「ピーク体験」——にも眠っている。過去のピーク体験は、遠い昔のものであっても、大きなヒントになる。しばらく時間をかけて、仕事に関連する過去のピーク体験を記憶から引っぱりだし、行動記録をつけ、考察してみよう。なにがわかるだろう？

その記憶が頭に残っているのにはそれなりの理由があるはず。そのピーク体験をリストアップするか、文章や物語として書きだしてみよう。いまだに「伝説の営業会議」と呼ばれている会議を計画したチームのメンバーだったことは？　いまでも新人ライターにテンプレートとして配られている手順マニュアルを書いた経験は？　そういう輝いていた時代のエピソードを言葉にするのは快感だ。あなたのピーク体験を物語として書きだせば、そのなかからあなたがいちばん熱中し、エネルギーのわいてくる活動を抜きだしやすくなる。そう、現在に応用できる発見が見つかるのだ。

過去の体験は、現在あなた自身がグッドタイム日誌をうまくつけられないような状況——たとえば転職活動の最中——にいるときに使うととくに便利だ。

また、仕事をはじめたばかりで、まだその仕事の経験があまりないときにもいいだろう。

その場合、人生が順調だと感じていた時代（数十年前でもＯＫ）にしていた別の分野の活動を思い浮かべてみよう。たとえば、

・学校の課題
・サマー・プログラム
・ボランティア活動

など、なんでもかまわないから、あなたが本気で熱中した活動について、過去のグッドタイム日誌を書くと役立つかもしれない。

ただし、歴史を塗り替えないよう注意。古き良き時代を美化しすぎたり、暗黒の時代を悪く描きすぎたりしてはいけない。過去を正直に見つめよう。

人生の旅を楽しもう！

この新しい気づきの手法は、次の一歩を決める道しるべになる。探検家のルイスとクラークと同じように、あなたはいままで歩んできた道のりの地図を描き、目の前に広がる道のりの新たな可能性を見出そうとしている。ひとつの認識レベルから次の認識レベルへと進み、両親、上司、パートナーではなく、あなた自身がさまざまな物事に対してどう感じるかを深

く探ろうとしているところだ。

そう、あなたは現在地から次の場所へと進むための「道探し」をはじめたのだ。コンパスとグッドタイム日誌から得た発見があれば、きっと道探しはうまくいくはずだ。

マイケルは道を見つけた。

ルイスとクラークも道を見つけた。

きっとあなたも見つけられる。

そこでいよいよ次のステップ。なるべく多くの選択肢を生みだし、たくさん実験やプロトタイプづくりをおこなう段階だ。

その準備として、次章ではちょっとした「マインドマッピング」をしてみたいと思う。

やってみよう

グッドタイム日誌

①次のページのワークシート（自作のノートでもOK）を使って、あなたの毎日の活動を記録する。

・あなたが熱中しているタイミングは？

・エネルギーに満ちあふれているタイミングは？

・そのときなにをしていたか？

できれば毎日、最低でも数日おきに日誌をつけること。

②日誌を三週間継続する。

③毎週末、考察を書きだす。熱中している活動やエネルギーがわいてくる活動と、そうでない活動を見分けよう。

④考察で意外な発見はあったか？

⑤ズームインして、熱中している活動やエネルギーがわいてくる活動、そうでない活動を具体的に掘り下げる。

⑥必要に応じて、AEIOUメソッドを使って考察する。

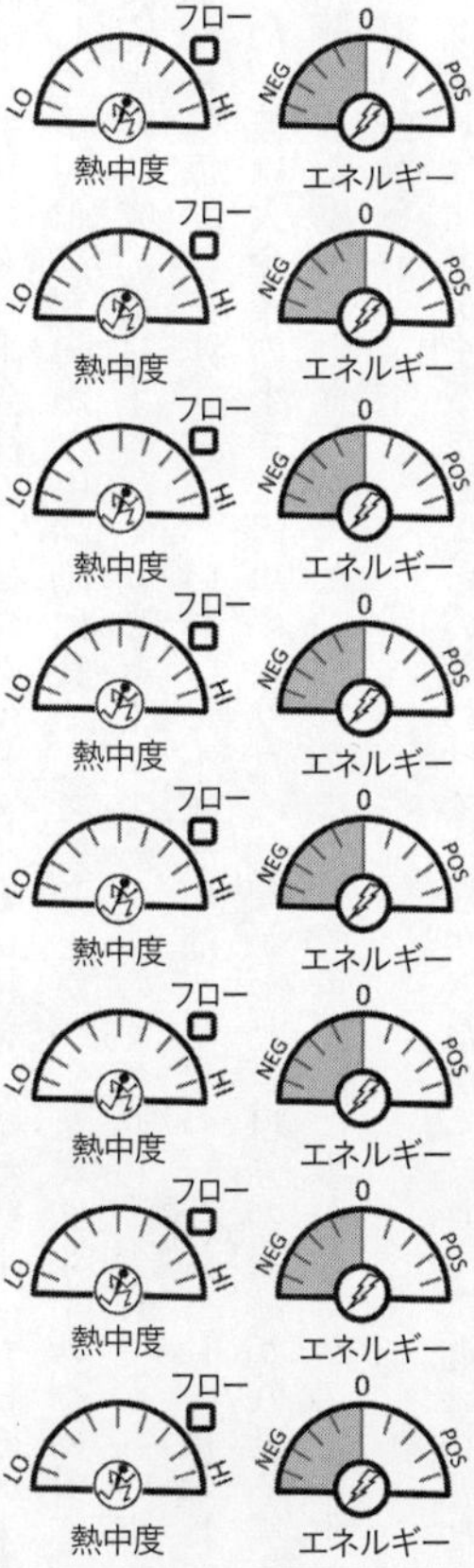
フロー
0
LO
HI
NEG
POS
熱中度
エネルギー
フロー
0
LO
HI
NEG
POS
熱中度
エネルギー
フロー
0
LO
HI
NEG
POS
熱中度
エネルギー
フロー
0
LO
HI
NEG
POS
熱中度
エネルギー
フロー
0
LO
HI
NEG
POS
熱中度
エネルギー
フロー
0
LO
HI
NEG
POS
熱中度
エネルギー
フロー
0
LO
HI
NEG
POS
熱中度
エネルギー
フロー
0
LO
HI
NEG
POS
熱中度
エネルギー

第4章　行きづまりから抜けだす
——いつでも新たなキャリアは築ける

仕事にやりがいを感じられない男性の悩み

グラントは行きづまっていた。

彼は大手レンタカー会社の社員。グッドタイム日誌をつけた結果、一日の大半を熱中もしないしエネルギーもわかない活動に費やしていると気づいた。クレームへの対応。型どおりの契約書の作成。毎日まったく同じセールストークのくり返し。少しでも高い車を借りてもらうための毎度の交渉。でも、いちばん不満なのは、ただの一社員として扱われていることだった。彼は大企業の小さな歯車になりたくはなかった。自分の足跡《そくせき》が残せる場所、影響力を発揮できる場所で働きたかった。だれかにとって重要な仕事がしたかった——だれにとってでもいいから。

グラントは仕事がまるまるきらいなわけではなかったが、フローに近い状態なんていちども経験した覚えがなかった。仕事イコール退屈。彼はいつも時計を気にし、週一回の給料日を待ちわびた。週末はなかなかやってこず、あっという間に過ぎ去った。彼が好きなことといえば、ハイキング、友人とのバスケットボール、姪や甥の宿題の手伝いくらい。

どれもお金にはならない。

グラントはもうすぐ店長に昇進する予定で、いっそう行きづまりを感じた。レンタカー会社で働くのが夢の仕事だなんて思ったこともないが、どう考えても転職は非現実的だ。第一、なにから手をつければいいのか？　もちろん、ロックスターや野球のメジャー選手になれるものならなりたい。でも、歌は下手だし楽器も弾けない。一二歳で少年野球チームを逃げだした過去もある。

大学で文学を専攻した彼は、一回目の就職で最低賃金よりはマシな給料の仕事にありついた。そしていま、彼は行きづまっていた。一生レンタカー会社で我慢するつもりはなかったが、ほかの選択肢がどうしても思い浮かばなかった。「世の中には不幸な人間がいる――自分の足跡を残すことさえ許されない人間が」と彼は思った。

襲ってくる絶望感。俺は一生この仕事をつづけるしかないのか……？

グラントに欠けていたのは、デザイナーの考え方だった。デザイナーは最初のアイデアにこだわってはいけないことを知っている。選択肢が多ければ多いほど、よりよい答えが選びだせるからだ。世の中には、グラントのようなひとびとが多い。最初のアイデアをなにがなんでも成功させようとして、行きづまってしまうわけだ。

グラントにはデザイナーの考え方が必要だった。

行きづまり思考↓もう手づまりだ。
こう考えなおそう↓手づまりなんてありえない。アイデアはいくらでも生みだせるのだから。

シャロンは、ボストンにある有名な法律事務所でパラリーガル（弁護士の補佐）として働いていたが、突然クビになった。もう一年も前から、一日六時間ネットで職探しをしている。彼女はずいぶん前に自信をズタズタにされ、完全にやる気を失った。そもそも、パラリーガルになるのも本当の目標ではなく、予備のプランだった。彼女はビジネス・スクールに通ったが、彼女が卒業した二〇〇九年は不況の真っ只中。結局、ＭＢＡが〝すべき仕事〟と言われてきたマーケティング幹部の仕事も見つからなかった。

多くのひとと同じように、彼女も〝すべき仕事〟をしていれば幸せになれると思いこんでいた。しかし、彼女は幸せとは程遠かった。正直、彼女はなんのためにビジネス・スクールに通ったのかもよくわかっておらず、その冷めた態度が面接官に伝わってしまったのだろう。シャロンはずっと、自分に合っていることではなく、自分がすべきことをしようとしてきた。

職探しをはじめて一年、彼女は選択肢につまり、絶望を感じていた。しかし、実際には選択肢につまっていたわけではなく、そもそも本当の選択肢をじゅうぶんに生みだしていなかっただけなのだ。

行きづまり思考↓唯一の正しいアイデアを見つけないと。
こう考えなおそう↓未来のさまざまな可能性を探るためには、たくさんのアイデアが必要。

いままでと同じことをつづけることしか考えられなくなった結果、シャロンはグラントと同じく行きづまってしまったわけだ。

職探しでシャロンと同じことをしてしまうひとは多い——求人情報に目を通し、自分がゲットできそうな仕事を探すのだ。これは職探しの方法としては最悪で、いちばん成功率が低い（詳しくは第7章で）。

これはデザイン思考の考え方とは正反対だ。手の届きそうなものを手当たり次第につかんでも、長い目で見れば満足できる見込みは薄い。もしあなたの子どもがお腹を空かせていて、自宅が差し押さえ寸前で、借金が山ほどあるなら、どんな仕事でも受けるべきだろう。でも、オオカミが少し遠ざかったのなら、いまが道探しのタイミングだ。あなたが本当にやりたい仕事を見つけよう。

行きづまるのが怖い？　心配は無用。デザイナーは年じゅう行きづまる。むしろ、行きづまったときこそ、創造力が燃え上がる。デザイナーのように考えれば、アイデアを創造する方法がわかる。そうして、さまざまな選択肢、さまざまな未来を思い浮かべられるようになる。

理屈はシンプルだ。あなたが本当にほしいものは、ほしいと思う可能性があるものを知るまではわからない。だからこそ、なるべくたくさんのアイデアや可能性を生みだす必要があるのだ。

だから、目の前の問題を受け入れよう。

おおいに行きづまろう。

そして、行きづまりを乗り越え、ひたすらアイデアを出そう！

「正解」よりも大胆なアイデアを！

現実という狭い檻のなかから抜けだして、「あなたがほしいと思う可能性があるもの」で満ちた広い世界へと旅立とう。

まずは、行きづまっているという状況を受け入れるべきだ。グラントは行きづまった。シャロンも行きづまった。だれもが人生のなにかで行きづまっている。そんなときにこそ必要なのが、アイデアの創造、つまり大胆なアイデア、クレイジーなアイデアをたくさん生みだすことだ。

ここでは、あなたの想像以上に多くのアイデアを生みだす方法を紹介したいと思う。実に多くのひとびとが、

- 最初に思いついたアイデア
- 完璧なアイデア
- 問題を一発で解決してくれるビッグ・アイデア
- あなたが現在はまりこんでいる穴から引っぱり出してくれるようなアイデア

を追い求めるあまり、行きづまってしまっている。「正解はひとつだけ」と思うと、大きなプレッシャーがかかり、優柔不断になってしまう。

「確信がもてない」
「失敗したくない」
「今回こそは成功させなきゃ」
「もっといいアイデア（正解、名案）さえ見つかれば、なにもかもうまくいくのに……」

そう心配しているあなたに、ぜひ伝えておきたい衝撃的な事実がある――なにもかもうまくいくのだ。

必ず。

ある程度の選択肢、自由、移動手段、教育、テクノロジーに恵まれている現代社会で暮らすひとびとは、つねに最高の結果にこだわる。探そうと思えば、つねにもっとよいアイデア、もっとよい方法、そして最善の方法さえ見つかる。でも、この種の考え方はライフデザインでは危険だ。

実際は、だれもがふたつ以上の人生を内に秘めている。わたしたちが学生に「きみが生きてみたいと思う人生をすべて生きるとしたら、一生の何回分が必要だと思う？」と訊くと、平均で三・四回という答えが返ってくる。

そう、あなたが実際に生きられる人生はたったひとつでも、理想のライフデザインは何通りもあるのだ。この考え方を受け入れれば心がぐっと自由になる。正しい人生はひとつではない。たとえいまあなたが何歳でも、幸せで実りのある人生の形は何通りもある。そして、そういうまったく別々の人生を生きるための道のりもまた、たくさんあるのだ。

理想の人生が何通りもあり、その一つひとつに至る道が山ほどあるとすれば、無数のアイデアが考えられるはず。わたしたちがこれから紹介しようとしているのは、そういうアイデアを生みだすための道具だ。

ライフデザインでは、「量」についておもしろい性質がある——多ければ多いほどよいという性質だ。思考の幅を広げればアイデア創造のスキルがアップし、イノベーションが生まれやすくなる。アイデアを出せば出すほど、あなたのエネルギーをぐっと高めるものが見つかる可能性が増すし、あなたにふさわしいもの——あなたが心から愛せるもの——が生みだしやすくなる。そして、アイデアが多ければそれだけ新たな発見にもつながる。

デザイナーは幅広く大胆にアイデアを創造する。デザイナーはまともなアイデアと同じくらい——いやそれ以上に——クレイジーなアイデアを愛してやまない。なぜか？　ほとんどのひとは、デザイナーが単なる〝変わり者〟だからだと思っている。流行の先端を行き、前衛的で、黒いサングラス、ベレー帽、おしゃれな靴を身につけ、こじゃれたレストランに行くようなひとたちだから、当然クレイジーなアイデアが好きなのだと。それも半分正しいが、ポイントがずれている。

デザイナーが大胆なアイデアを次々と出せるのは、「よし悪しの判断」が創造力の最大の敵だと知っているからなのだ。わたしたちの脳はすぐさま物事を批評し、問題を見つけ、判断に飛びつくようにできている。そう考えると、アイデアが出てくること自体、奇跡なのだ！

だから、アイデアを出し尽くしたいと思うなら、よし悪しの判断を先送りし、心のなかの評論家の口をふさがないといけない。そうしなければ、いくつかよいアイデアは出ても、大多数のアイデアは黙殺されてしまうだろう。脳の理性がわたしたちを失敗や愚行から守るために建てた塀《へい》の内側に、アイデアが密かに閉じこめられてしまうのだ。

デザイナーが最終的に選ぶのは必ずしもクレイジーなアイデアではないが（むしろそのほうが珍しい）、クレイジーなアイデアをたくさん出せば、創造力に満ちた新しい世界へと進んだことになる。そして、うまくいく可能性のある斬新で画期的な選択肢が見えてくるのだ。だからあなたもぜひ、クレイジーなアイデアを引っぱりだそう。

あなたはクリエイティブなタイプ？　そうでないタイプ？　あなた自身がどう思うかは関係ない。あなたの「現在地」――あなた自身のいまの創造力――をスタートラインにすることが大事だ。わたしたちの目標は、ライフデザインの途中で生じる無数の問題の解決策をとにかくたくさん出す力を刺激し、広げていくことなのだ。

ライフデザイナーとして、次のふたつの信条を守ってほしい。

①優れたアイデアが多ければ多いほど、そのなかからよりよいアイデアを選べる。
②どんな問題であれ、絶対に最初に思いついた解決策を選ばない。

ふつう、わたしたちの脳は怠け者なので、なるべく早く問題をとり除きたいと考える。そのため、最初のアイデアを媚薬《びやく》漬けにして、〝恋〟に落ちようとする。しかし、最初のアイデアに恋をしてはいけない。この恋愛関係はまずうまくいかないからだ。たいていの場合、最初の答えは平凡で、あまりクリエイティブではない。人間はまず当たり前のことを指摘する傾向がある。これから紹介する優れたアイデア創造のツールを使えば、「当たり前」を抜けだし、創造力への自信を手に入れられるだろう。

自分がクリエイティブでないと思うひとも、そうは思わなかった時代を覚えていると思う。幼稚園時代、または小学一年生か二年生のころを思い出してほしい。歌、踊り、絵を自然な自己表現の手段だと感じていたと思う。自分の絵が芸術的かどうか、歌がプロ顔負けかどうか、踊りがみんなの注目の的かどうかなんて、意識もしていなかっただろう。なんの縛りも受けず、あなたなりの自然な自己表現の形を生みだしていたはずだ。

一方で、こんな瞬間も鮮明に覚えていることだろう。

「そんな絵じゃ画家はムリね」と言う先生。

「ヘンな踊り方！」と言うクラスメイト。

「きみは口パクにしなさい。みんなの歌が台無しだよ」と言う大人。

ガーン！

こうした「創造性を殺す」瞬間をあなたも味わったことがあるとしたら、本当に残念だ。そして、創造性を殺す瞬間は中学や高校では日常茶飯事だ。「社会規範」が「叱る大人」にとって代わると、わたしたちは批判を恐れて自分の個性を押し殺してしまう。そう考えると、大人になるまで創造性が少しでも生き残るのは奇跡的なことなのだ。

でも、信じてほしい。創造性はあなたのなかにちゃんと残っている。わたしたちにその創造性をとり戻すお手伝いをさせてくれませんか。

どんどんアイデアがわくマインドマッピング

アイデア創造のひとつ目のツールが「マインドマッピング」だ。

言葉を次々と自由連想しながら、アイデアを切り開き、新しい解決策を次々と考案していくマインドマッピングは、ひとりきりでアイデアを創造し、行きづまりを抜けだすのに打ってつけのツールだ。言葉を図式化するので、アイデアやその関係性を自然にとらえられる。豊富なアイデアを生みだせるうえ、視覚的なツールなので、あなたの心のなかにいる論理や言葉の番人と出会わなくてすむのがメリットだ。

マインドマッピングは三つのステップからなる。

①テーマを選ぶ。
②マインドマップを描く。
③いくつかの単語をピックアップして混ぜ合わせ、コンセプトを導きだす。

次ページの図は、グラントのマインドマップ。彼が〝完璧〟な仕事を探して行きづまっていたときに描いたものだ。

グラントはグッドタイム日誌を振り返ったとき、よい体験はすべて自宅近くの林でのハイ

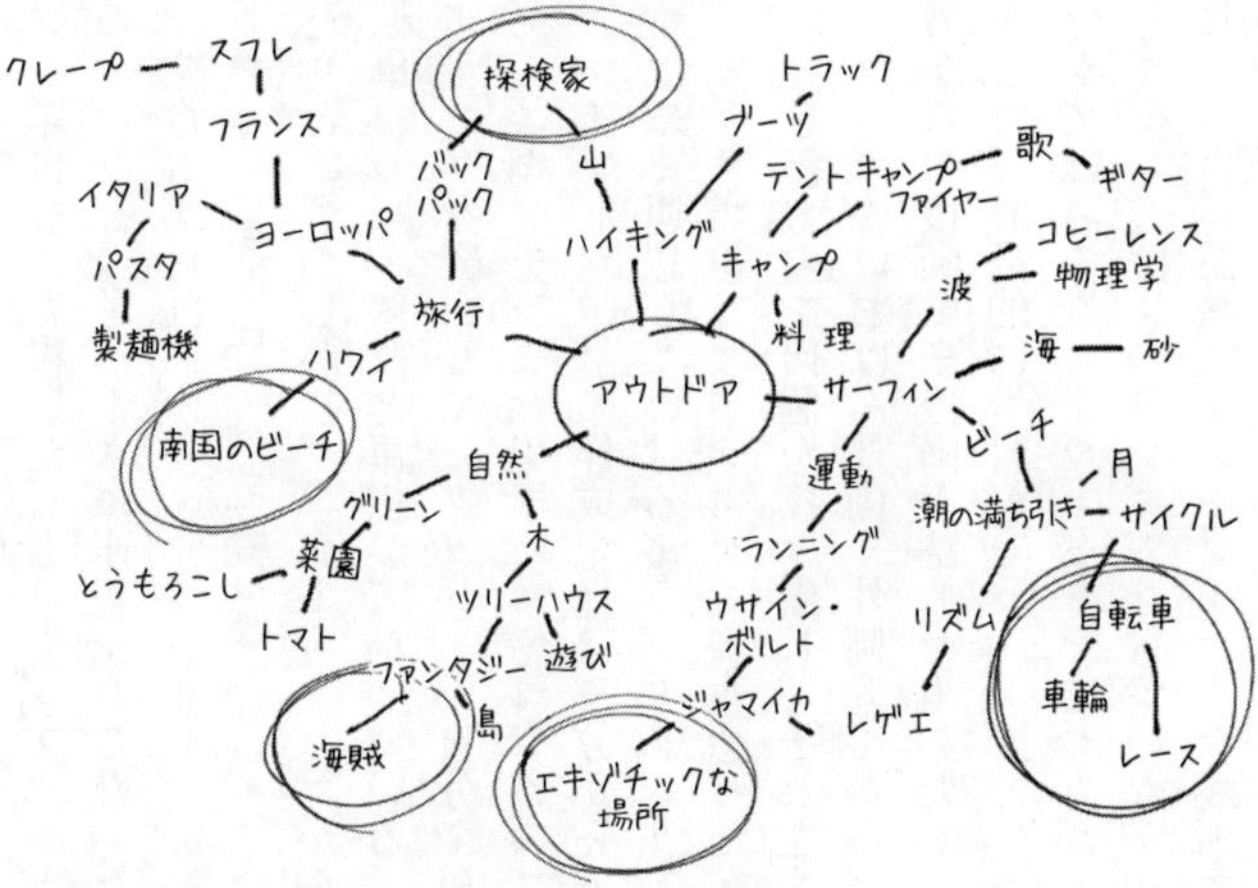

キングと結びついていることに気づいた。そこで、彼はそのテーマを中心にマインドマップを描くことにした。ご覧のとおり、彼は「アウトドア」をマインドマップの中心に置き、円で囲った。これがステップ①。

ステップ②はマインドマップの作成。まず、最初のアイデア（「アウトドア」）と関連する五、六個の概念を書きだす。頭に浮かんだ言葉から順番に書きだすこと。できたら、こうして書きだした二巡目の言葉の一つひとつについて、同じプロセスをくり返そう。各単語から三本か四本の線を引き、新しい言葉を自由に連想していく。連想する言葉は、二巡目の言葉と関係さえしていれば、真ん中に書いた言葉や疑問と関係していなくてもかまわない。同じプロセスを、最低でも三巡、四巡くらいはくり返そう。

グラントを例にとると、彼は二巡目で「旅行」「ハイキング」「キャンプ」「サーフィン」「自然」と書いた。どれも「アウトドア」と直接の関係がある。次に、この五つの言葉の一つひとつをベースに連想をおこなった。「ハイキング」からは「山」、そして「探検家」。「旅行」からは「ハワイ」「ヨーロッパ」「バックパック」、「ハワイ」からは「南国のビーチ」。「ヨーロッパ」からは「フランス」と来て、おもしろいことに「クレープ」でぱったりと終了。しかし、「サーフィン」からは「ビーチ」「潮の満ち引き」「サイクル」「自転車」「レース」と連想が広がっている。また、「サーフィン」からはなんと「ウサイン・ボルト」を経由して（グラントが自分で思う以上に発想豊かな証拠）、「ジャマイカ」、そして「エキゾチックな場所」へもつながっている。

マインドマップの作成全体は三分から五分で終わった。あなたの心のなかの番人を避け、すばやく連想していけるよう、タイムリミットを設けるのがコツだ。

ステップ③では、ランダムに連想した言葉のなかから、おもしろそうなもの、目に飛びこんできたものを何個か抜き出し、それをまとめていくつかのコンセプトをつくろう。マインドマップのいちばん外側や外側近くから選ぶといい。そのあたりの言葉はあなたの意識的思考から二段階や三段階飛躍したものだからだ。グラントの場合、「アウトドア」からスタートして、最終的に「自転車レース」や「ウサイン・ボルト」を連想したが、彼の潜在意識のなかではみんな「アウトドア」とつながっているのだ。

グラントはこのランダムな言葉のなかから、おもしろそうなもの──「探検家」「南国のビーチ」「海賊」「エキゾチックな場所」「自転車レース」──をピックアップした。そして、これらを混ぜ合わせていくつかのアイデアを導きだした。

・アウトドア好きの子どもたちのために、探検キャンプのアルバイトをする（グラントは姪や甥の手助けが大好き！）。
・いっそのこと、海賊キャンプにしてしまってビーチでやる。
・ビーチ近くの支店に異動させてもらうという条件つきで、昇進の話を受け入れる（検索してみると、実際にそういう支店があると判明！）。
・ハワイのようなエキゾチックな場所で、子ども向けの海賊サーフ・キャンプを指導する（ハワイ支店もあることが判明）。
・昇進を受け入れれば、週四日労働でも暮らしていけるくらいの給料がもらえるので、空いた時間でこうしたアイデアを〝探検〟してみる。

画期的だ。

グラントはもう行きづまっていない。それどころか、もて余してしまうくらい多くの名案を得た。なにより、完璧な仕事を見つけることよりも、いまの仕事を〝完璧〟にすることのほうが大事だと考えはじめている。なんといっても、世界じゅうに支店をもつ国際的なレンタカー会社で働くことは価値がある。マインドマッピングのおかげで、グラントは自分にできることが思った以上に多いこと、そしていまの仕事を次へのジャンプ台にできることに気づいたのだ。

マインドマッピングで重要なのは、自分自身の言葉を検閲《けんえつ》しないこと。だからこそ、すばやく作業するよう勧めている。頭に真っ先に思い浮かんだ言葉から書きだしていこう。自分自身の言葉を検閲してしまうと、斬新なアイデアが生まれにくくなる。dスクール創設者のデイヴィッド・ケリーは、実行可能な名案へとたどり着くためには、大胆なアイデアを経由しなければならないことが多いと述べる。だから、どんどんクレイジーなアイデアを出そう。現実的で斬新なアイデアへのジャンプ台になるかもしれない。それと、マインドマップは巨大な紙に描くほうがいい。豊富なアイデアを出そうとしているわけだから、なるべく図式的で巨大なマップをつくるべきだ。巨大な紙やホワイトボードを買ってきて、ビッグなアイデアを出そう。

アイデアは大きければ大きいほどいいのだ。

新規プロジェクトで行きづまった女性を救った発想の転換

問題にはいろいろなレベルがある。そのなかでも、その場に居座ってなかなかどいてくれない問題のことを、わたしたちは「イカリ問題」と呼んでいる。

船のイカリと同じように、イカリ問題はわたしたちを一カ所に固定し、動きを止める。グラントやシャロンがキャリアの問題で行きづまったように、わたしたちをえんえんと行きづまらせるのだ。理想のライフデザインを実践しようと思うなら、自分がイカリ問題で行きづまっているかどうかに気づくことが大事だ。

著者のひとりのデイヴは、気づくとイカリ問題を抱えていた。といっても、グラントやシャロンのようなキャリアの問題ではなく、もっと家庭寄りの問題だ。デイヴは自宅に作業場をもっている。父親が一流の職人で、立派な作業場をもっていたので、当然デイヴもおしゃれな作業場がほしかった。ただし、デイヴは職人というよりも修理屋タイプなので、父親と同じようなレイアウトの作業場は不要だった。そこで、入念な計画とメンテナンスにより、彼は一石二鳥のガレージをつくり上げた――車も停められる究極の作業場だ。

まあ、ひとの趣味はそれぞれだ……。その点は目をつむってほしい。

で、彼はその作業場が気に入り、どこへ住もうと同じようなガレージだけは一生手放すまいと誓った。そんなとき、ビーチ沿いの家に引っ越した。引っ越してみて、モノをしまう収納スペースが以前の家の五分の一しかないと気づいた。こうして、彼は何年も消えないイカリ問題につきまとわれるはめになる。

最初の数年、デイヴはガレージを満杯にしてもなお三つの収納庫を借りるはめになった。毎年、ひとつずつ収納庫を減らしていったが、自動車も停められないほどガレージを埋め尽くすガラクタの山は最後まで片づかなかった。作業場をきちんとレイアウトするなんて夢のまた夢。彼はごみ屋敷のようなガレージをもう五年以上も放置しつづけ、すっかりその状態に慣れてしまった。四年間、毎年夏になると、「今年こそガレージを片づけて作業場をつくろう」と誓うのだが、毎回ガラクタの山に圧倒されてしまう。かつての完璧に近いガレージのレイアウトはまだ頭に残っているが、永遠に実現しなさそうだ。彼は覚悟を決め、古い自転車の部品やVHSテープを片づけはじめるが、いっこうに減っていかないガラクタの山にやる気をなくし、ついつい自分にできそうなトラックのオルタネーターの交換などに気が向いてしまう。修理屋デイヴに戻るのだ。そうこうしているとあっという間にクリスマス・シーズン。屋根裏からプレゼントの空き箱がガレージに降りてくる……。

あきらめよう。

なぜデイヴはこの問題にとらわれているのか？　彼は唯一の解決策——駐車場プラス作業場という完璧なレイアウト——にとらわれているからだ。それはあまりにも遠い目標なので、デイヴは挑戦すらしていない。そのため、家族はガレージのガラクタの山を縫うように進むのにすっかり慣れきっている。そのあいだ、外に停めた車は海辺の強烈な日差しと潮風で色あせていく一方だ。

この身動きのとれない状況から抜けだすには？　唯一の方法は、解決策を見なおし、少しプロトタイプをつくってみることだ。たとえば、

①せめて作業台を設置し、バイクとキャンプ用品だけでも収納する。
②小型の収納庫を（恒久的に）借り、月額一〇〇ドルで元のガレージを買いなおすと考えてみる。

③プロセスに注目し、目標全体を小さな作業に分けてみる。

・いらなくなった本やCDを売る。
・バイクは四台に減らす。
・床の空き箱を捨てる。
・作業台から過去の日曜大工の残骸を片づける。

ポイントは、完璧なガレージのイメージを捨て去り、その途中にある別の結果やステップを思い描きなおしている点。デイヴがかつての完璧なガレージのイメージ――唯一の解決策――にこだわりつづければ、いつまでたってもどこにもたどり着けないだろう。難しすぎるからだ。難しすぎるとうまくいかない。

これは「重力問題」とはちがう――不可能ではないからだ。デイヴが行きづまっているのは、とうていうまくいかない解決策にみずからを縛りつけているからなのだ。

小さな文科系の大学で社会学を教えるメラニーは、急成長するソーシャル・イノベーションや社会的起業といった分野の発展に感心した。起業やベンチャー・キャピタルの手法を用いることで、非営利組織の可能性はおおいに広がりつつあった。学生たちが社会に影響を及ぼす新しい手法に興味をもっていると知って、彼女はその分野のクラスを教え、ソーシャル・イノベーション・プロジェクトを支援しはじめた。それがうまくいくと、欲が出た。彼女は大学に長期的な影響を与えるため、「ソーシャル・イノベーション協会」の新設を夢見るようになった。

必要なのは、協会を適正に運営するための資金、一五〇〇万ドルだった。そこで、彼女は資金調達を開始。戦略を練り、最高のセールストークを考えた。学生は好意的。大学の執行部も協力的。難色を示したのが大学の募金室だった。

小さな大学はたいていそうだが、メラニーの大学も慢性的な資金不足を抱え、運営に苦労していた。卒業生に大金持ちは少なく、募金室は大学が獲得した数少ない寄付者との関係を大事にしてきた。メラニーは大学の主要な寄付者や寄付団体がずらっと並んだ「接近禁止」リストを渡された。このリストにない人物には好きに寄付を求めてもよかったが、リストにある人物には絶対に手を出すなと言われた。

それは大きな妨げだったが、彼女は自分の夢に時間を費やすだけの価値があると信じ、活動をはじめた。その後の展開はご想像のとおり。彼女は二年間かけて人脈を築き、ひっきりなしにアイデアを売りこんだが、成果はなし。いくつか寄付は獲得したものの、どれも少額で、せっかく見つけた大口の寄付者も大学の募金室に別の目的でかすめとられる始末。目標ははるか先だった。大学への数少ない寄付者にも接触できないとすると、一五〇〇万ドルなど絶対に調達できそうもない。

彼女は行きづまった――その必要もなく。

メラニーは、ソーシャル・イノベーション協会の設立資金、一五〇〇万ドルをどう調達するかが唯一の問題だと信じていた。しかし、実際はちがった。一五〇〇万ドルの調達は、問題解決の最初のアイデアにすぎなかったのに、彼女はそのアイデアにこだわるあまり、行きづまり、失敗してしまった。

ちなみに、彼女は何度も拒絶にあって意気消沈し、資金調達のことを気にするあまり教師の仕事にまで支障が出るようになった。彼女の同僚は、いつもお金の愚痴を漏らすメラニーに嫌気が差し、彼女を避けるようになった。的外れな解決策に自分を縛りつけてしまうと、日に日に状況は悪化していくことがよくわかる。

では、メラニーの本当の問題とは？　協会の設立資金を集めることではなく、ソーシャル・イノベーションを通じて大学に長期的な影響を与えることのはずだ。しかし、彼女はあまりにも性急《せいきゅう》にひとつの解決策に飛びついてしまった。古典的なミスだ。

そんなとき、彼女は支援を得て、デザイン思考のマインドセットをとり入れた。彼女は自分の本当の問題を思い出し、いくつかのプロトタイプを試すことで、行きづまりから抜けだした。彼女は突然ひとりきりで協会の設立（と一五〇〇万ドルの調達）を思いつき、それ以来まったく別の案を検討していなかったことに気づいたのだ。彼女は「好奇心」というデザイナーのマインドセットを自身の状況に適用し、これからどうするか最終決断する前に、もう少し調査をしてみることにした。

彼女はキャンパス内の多くのひとに興味深い質問をしてみた。

「ソーシャル・イノベーションをこの大学に根づかせるにはどうすればいいでしょう？　な

にから手をつけたらいいと思いますか?」

彼女はキャンパスのリーダーたちにインタビューし、貴重な会話を交わして、豊富なアイデアを得た。ソーシャル・イノベーションに興味のある学生向けの寮、春休みのプログラム、夏のインターンシップ制度、新しい卒業論文のカリキュラム。新しい協会を設立しなくても——そして設立資金を調達しなくても——大学の制度に影響を及ぼす方法はいくらでもあった。もちろん、協会を設立するほうが格好いいし、規模も大きく、魅力的だ。たぶん影響も大きいだろう。でも設立できるチャンスは限りなくゼロだ。ほかのアイデアのほうがずっと安上がりだし、新しい支援者もつけられる。メラニーはもう一匹狼ではなくなった。彼女は学生と教員の共同チームをつくり、ソーシャル・イノベーションに特化した寮をつくるのがベストだと結論づけた。

そこで、彼女たちはプロトタイプをつくってみた。いまある寮をひとつ残らず調査して、うまくいっている部分とそうでない部分を観察した。その過程で、彼女たちは新しい寮のアイデアに賛同してくれた学生たちを誘い、まずはキャンパス内にソーシャル・イノベーションのクラブをつくった。クラブは二年間の運営期間のあいだ、さまざまなプロジェクトを試し、ソーシャル・イノベーションを大学の文化に根づかせ、信頼を築いていった。すると、このクラブの四人の四年生のメンバーが、共同で寮の相談係となり、翌年、寮の責任者の許可をとってソーシャル・イノベーションの実験プログラムを実施した。大成功だったので、翌年もおこなわれた。次の年、寮は正式にソーシャル・イノベーション寮となり、メラニーが寮の担当顧問に就任した。

好奇心、プロトタイプ、少し過激なコラボレーションという道具を使って、問題を別の視点でとらえなおしたことで、メラニーは大学の文化や寮のシステムに恒久的な変化をもたらした。彼女は協会の設立資金を調達することなく、大学に長期的な影響を与えたのだ。

夢の旅行を実現できなかった父親から学べること

ジョンも「イカリ問題」を抱えていた。彼は子どものときに噂を聞いて以来、グランド・キャニオンの縁《へり》から谷底までラバで旅をするのが夢で、いつか行こうと心に誓った。その夢の前に立ちはだかったのが仕事と家庭だった。

「問題ない。妻と子どもを連れて旅行に行き、最高の想い出をつくればいいさ」

ところが、やっと五人家族で休暇をとる余裕ができると、こんどは別の問題が立ちはだかった——体重だ。彼は現在一〇〇キロ。ラバ乗りの体重制限が九〇キロだ。五年連続で、ジョンは春になると夏の旅行に向けて九〇キロ切りのダイエットを決意した。ある年は九六キロまで減り、別の年には九四キロ。いっときは九二キロまでいった（うーむ、水のボトルを含めるとまだ九五キロだ）。

彼はどんどんダイエットが得意になっていったが、なかなか目標には到達しなかった。そうこうするうちに子どもは大きくなり、夏休みに家族で三日間ラバを乗り回すことになんて興味を示さなくなった。

結局、旅行は実現しなかった。家族の想い出もない。なにがなんでもラバの旅だったのだ。一歩引き、ジョンは自分のアイデアに縛りつけられていた。なにがなんでもラバの旅だったのだ。一

歩引き、ジョンは自分のアイデアの実現が不可能ではないにせよ、時間もかかるし成功の見込みも薄いと気づいていたら、夢をいったん保留できていただろう。目標を「グランド・キャニオンをラバで旅する」から「グランド・キャニオンを上から下まで見学する」へと切り替えることができていたはずだ。その方法はいくらでもある——ヘリコプター、川下り、徒歩。体重を九〇キロ未満まで落とすのと比べれば、山歩きの訓練をするほうが、成功率は一〇倍くらい高かっただろう。

デイヴ、メラニー、ジョンのエピソードの教訓はこうだ——うまくいきそうもない解決策に自分を縛りつけ、対処可能なはずの問題を「イカリ問題」へと変えてはいけない。ほかの可能性へと視点を切り替え、そのアイデアを試し、行きづまりから抜けだすべきだ。イカリ問題がわたしたちを行きづまらせるのは、うまくいかないとわかりきっているたったひとつの解決策しか見えなくなるからだ。

イカリ問題の本質とは、単に現在のやり方がまちがっているということだけではない。その根底には実は恐怖がある。

「ほかになにをやってもうまくいかないのでは?」

「自分が永久に行きづまっていると認めざるをえなくなるんじゃないか？」

「失敗を認めるくらいなら永久に行きづまっているほうがマシだ」

時には、いままでどおりのムダなやり方をつづけているほうが、大きな変化を試して余計に悪化するリスクを冒すよりも、気分的にラクなこともある。これは矛盾しているがよくある人間の行動だ。変化というものはつねに不確かだし、がんばったからといってうまくいく保証はない。恐れるのは当然だ。

では、どうすれば前に進めるのか？　小さなプロトタイプをつくってテストをくり返し、失敗のリスク（と恐怖）を和らげるのがひとつの手だ。プロトタイプが失敗するのはＯＫ。プロトタイプはそのためにあるのだから。しかし、練り上げられたプロトタイプは、未来について貴重なヒントを与えてくれる。

プロトタイプは不安を和らげ、おもしろい疑問を提起し、あなたが起こそうとしている変化の成功の可能性について、データを与えてくれる。デザイン思考の原則のひとつに、「早めに失敗し、失敗を前進の糧《かて》にせよ」というものがある。イカリ問題を抱えて身動きがとれなくなったら、ひとつの奇跡的なステップで巨大な問題を解決しようとするのではなく、さまざまな可能性を探り、あなたが起こそうとしている変化のプロトタイプ――つまり変化の安全な〝ミニチュア版〟――をいくつか試してみよう。きっと行きづまりから抜けだし、もっとクリエイティブな問題解決のアプローチが見つかるはず。プロトタイプについては、第6章で詳しく説明したいと思う。

イカリ問題の話を終える前に、第1章でお話しした「重力問題」とのちがいについて説明しておきたい。どちらもひとびとを動けなくする厄介な問題なのだが、その性質はまったく異なる。

イカリ問題は現実的な問題だ。ただ難しいというだけで、対処は可能。ただ、あまりにも長く（またはしょっちゅう）はまりこんでいるせいで、克服できないように思えてしまっている。だからこそ、問題を別の視点からとらえなおし、新しいアイデアを生みだし、プロトタイプをつくって問題を細かくする必要があるわけだ。

一方、重力問題は実際には「問題」ではない。あなたには変えられない「状況」なのだ。重力問題に解決策はない。受け入れて、発想を変えるしかない。自然の法則には逆らえないし、ここは詩人がみんな億万長者になれる世界でもない。ライフデザイナーは、対処不可能な問題は解決不能であることを知っている。視点の切り替えや発明は得意でも、自然や市場の法則に逆らえないことは承知しているのだ。

さあ、あなたも行きづまりから抜けだそう。

たくさんのアイデア、たくさんの選択肢を生みだそう。

たくさんのアイデアを生みだせば、あなたの人生のプロトタイプをつくって試すことができる。

あなたもそんなライフデザイナーになろう！

人生の可能性が広がるグッドタイム日誌の活用法

ひとつ前の章で「グッドタイム日誌」をつけていないみなさんは、いますぐ戻って日誌をつけはじめてほしい。このあとの演習では日誌が絶対条件だ。いまから三種類のマインドマップを描いてもらう。いずれも最低三、四巡、いちばん外側に十数個の項目ができあがるまでつづけよう。

マインドマップ①――熱中

グッドタイム日誌を振り返り、あなたがいちばん興味をもった分野、あなたが心から熱中した活動（「予算の帳尻を合わせること」「新しいアイデアを出すこと」など）をひとつピックアップし、マップの中心に書く。そうしたら、マインドマッピングの手法を使って、どんどん言葉や概念を連想していこう。

マインドマップ②――エネルギー

グッドタイム日誌を振り返り、仕事や人生でエネルギーがわいてきた活動（「絵のクラス」「同僚にフィードバックを返すこと」「仕事をうまく回すこと」など）をひとつピックアップし、同じようにマインドマップを描こう。

マインドマップ③──フロー

グッドタイム日誌を振り返り、あなたがフロー状態に達した体験（「おおぜいの前で話をすること」「クリエイティブなアイデアを出すこと」など）をひとつピックアップし、マインドマップの中心に書き、フロー体験のマインドマップを完成させよう。

三つのマインドマップが完成したら、それぞれについて、あなたがおもしろいと思う人生プランを考えてみよう。必ずしも現実的でなくてもＯＫ。

手順は以下のとおり。

海賊キャンプ

①マップのいちばん外側を見て、目を惹かれた項目を三つピックアップする。直感的に「これだ！」と思うもの──文字どおり目に飛びこんできたもの──を選ぼう。

②その三つを組み合わせて、あなたにとって楽しくておもしろく、他人の役に立つ仕事を記述する（現実的でなくてもＯＫ。「そんな仕事をするひとがいるのか？」「そんな会社はあるのか？」などと考える必要はなし）。

③右の図のように、あなたの役割に名前をつけ、簡単にスケッチする。たとえば、レンタカ

―会社で悶々としていたグラントの場合、彼の熱中できる活動（ハイキング、バスケットボールをして遊ぶこと、姪や甥の手助け）に基づいてマインドマップを描き、子ども向けの海賊サーフ・キャンプのリーダーを務める様子をスケッチした。

④これを各マインドマップにつき一回ずつ、計三回おこなう。三つが似たり寄ったりにならないよう注意。

クリエイティブな発想を身につける

あなたはこう感じているかもしれない。

「これはすごい！　おかげでまちがいなく役立つ最高のアイデアが見つかった！」

もしそうだとしたらすばらしい。ただ、みんながそう思う保証はないし、むしろそのほうが珍しい。

または、こんな独りごとを言っているかもしれない。

「なんだ、くだらない！　こんな適当なアイデアを出してなんの意味があるのか？」

そう思ったとしたら、この本の値段分の価値を引きだせていない証拠だ。

この演習のポイントは、よし悪しの判断を先送りして、問題解決が大好きな心のなかの評論家を黙らせることだ。それができなかったとしたら、くだらないと思うのもムリはない。

もしそう思ったとしたら、あなたも正解を一発で見つけだそうとする頭でっかちな現代人のひとりだ。もういちど演習の結果を振り返り、新しい視点でとらえられないか考えてみてほしい。それがダメなら、数日後にもういちど演習にチャレンジしてみよう。

あるいは、あなたはこう考えているかもしれない。

「うん、けっこうおもしろかった。でも、これでなにがわかるのか、まだよくわからないな……」

もしそう感じたとしたら、ビンゴだ！　この演習の目的は、具体的な結果を出すことではない。心の筋肉を緩め、よし悪しの判断をせずにアイデアを創造することなのだ。異なる要素をクリエイティブに組み合わせ、意外な役割や仕事へと結びつけることができたとすれば、あなたは問題解決（「次になにをするべきか」）からデザイン思考（「なにを想像できるか？」）へと視点を切り替えられたことになる。いまやあなたは、デザイナーのマインドセットを身につけ、重要なアイデアをクリエイティブな形でたくさん書きだせるようになったのだ。

さあ、次の章では、いよいよあなたの三通りの人生を描きだしてみよう。

それがあなたの「冒険プラン」と呼ばれるものだ。

やってみよう

マインドマッピング

①グッドタイム日誌を読みなおし、次の三つの活動に着目する。

・熱中した活動
・エネルギーがわいてきた活動
・フロー状態に達したときの活動

②先ほどの三つの活動についてそれぞれひとつずつ、計三つのマインドマップを描く。

③マップのいちばん外側の項目のなかから、目に飛びこんできたものを三つピックアップし、その三つを組み合わせた仕事の説明を書く。

④それぞれの仕事について、あなたの役割を簡単にスケッチする。

第5章　人生プランを描く

――「最高の人生」を諦めるまえに考えるべきこと

「第一希望」以外の人生はダメなのか？

あなたという人間はひとりではない。

人間はだれもが多重人格だ。

いまあなたが生きている人生は、あなたが生きる何通りもの人生のひとつにすぎない。といっても、輪廻転生のような宗教的な話ではない。あなたが一生のなかで何通りもの人生を生きるというのは厳然たる事実なのだ。いまのあなたの人生が「ちょっとちがう」と感じているとしても、心配は無用。ライフデザインは無制限の「打ちなおし」権を与えてくれる。ボールが変な方向へ飛ぶたび、もういちど球を打ちなおせる。そう、ライフデザインはいつでもやりなおしがきくわけだ。

あらゆる年齢の大人と接してみて、わかったことがある。年齢、教育、キャリアを問わず、人生につまずいてしまうひとびとは、きちんとした人生計画さえ立てれば、あとは順風満帆に行くと思いこんでいる。適切な選択——唯一最善の正しい選択——さえすれば、未来の自分、行動、生き方の青写真が手に入ると。まるで「ここをこの色で塗れば必ず美しい絵が完成する」という塗り絵みたいな人生観だが、現実の人生はむしろ抽象画に近い。絵はひとつでも、何通りもの解釈ができるものなのだ。

チャンはストレスに押しつぶされていた。大学で必死に学業に励み、優秀な成績で卒業。最終的には大学院に進学するつもりだったが、大学院時代を最大限に活かし、すぐさま第一線で働けるよう、まずは自分の選んだ職業を少し体験してみたかった。選択肢を残すため、彼は期間が一年から三年までバラバラな六つのインターンシップ・プログラムに応募した。

するとたいへんなことになった。六つのプログラムのうち、希望していた上位三つを含む四つに合格したのだ。いったいどのプログラムを選べばいいのか？　彼は典型的な問題にはまりこんでいた。完全なる優柔不断だ。

上位三つにすべて合格するとはまったく想定しておらず、しかも厄介なことに、その三つはまったく異なるタイプのプログラムだった。ひとつはアジアの地方で教える仕事。ひとつは性的奴隷の撲滅《ぼくめつ》を掲げるベルギーの非営利組織のパラリーガル（弁護士補佐）の仕事。もうひとつはワシントンDCにある医療シンクタンクでの調査の仕事。どれもすばらしそうな仕事だ。でも、いったいどれを選べばいい？

チャンはこれがとてつもなく重大な決断だとわかっていた。どこでインターンシップをするかで大学院の研究内容が決まる。大学院の学位でキャリアが決まる。キャリアで人生の道筋が決まる。正解を選びそこねたら、〝第二希望〟の人生を送るはめになるかも。しかし、彼には肝心の第一希望――最善の選択――がわからなかった。

チャンはよくある思いちがいをしていた。

「ベストな人生はひとつしかない。正解を見つけなければ、第二希望の人生、またはそれ以下の人生を送るはめになる」

この考え方は正しくない。だれにでも、何通りもの人生を送るだけのエネルギー、才能、興味がある。そのどれもがまともで、楽しくて、有意義だということはじゅうぶんにありえる。だから、どの人生がベストかと問うのは愚問なのだ。

そのチャンが相談にやってくると、デイヴはこう訊ねた。

「ずいぶんと選ぶのに苦労しているようだけど、ひとつを選ぶ必要はあるのかな？　三つのインターンシップを順番に試せるとしたら、どう思う？」

「できるものならぜひそうしたいですよ！　でも、そんなことができるでしょうか？　どうやって許可をとれば？」

「訊いてみればいい。訊くだけならタダだしね」

彼は訊いてみた。するとびっくり――ふたつの組織が待つと言ってくれたのだ。これで、やろうと思えば、五年間で三つすべてを試すことができる。

こうしてチャンはようやく、正解がわからなかったのはそもそも正解などなかったからだと気づいた。三つのすばらしい――それでいてまったく性質の異なる――選択肢が目の前にあっただけなのだ。まだ若かった彼は、三つすべてを試す余裕があった。そして、彼は実際にそうした。

案の定、最後に待ち受けていたのは、チャンが想像だにしない結末だった。最初の二年間のインターンシップのあいだ、彼は大学時代の仲間としょっちゅう会話やスカイプをしていた。九カ月くらいして、チャン以外の全員が大学卒業後の人生に不満や幻滅《げんめつ》を抱いていた。ムリもない。大学卒業はかなりのストレスだ。チャン自身も仕事である程度の苦労はしていたが、みんなとちがうのは人生のとらえ方だった。チャンはライフデザインを学んだ。ライフデザインのツールを手に入れ、幸せな人生の道筋はたった一通りでないことを受け入れていた。彼の友人はそういう自信を得ていなかったので、チャンは一人ひとりに次の行動を見つけだす手助けをしはじめた。友人を手助けするのがあまりにも楽しかったので、彼はそれを仕事にできないかとさえ考えた。こうして、最初のインターンシップを終えると、彼は残りのふたつをキャンセルし、大学院でキャリア・カウンセリングを学んだ。

そう、チャンは三通りの楽しい人生があることを受け入れた結果、第四の人生を見つけたわけだ。〝正解〟探しをやめ、前進する道をデザインしはじめれば、えてしてこういうことが起こるものなのだ。

行きづまり思考↓ベストな人生を見つけ、プランを立て、実行しなければ。
こう考えなおそう↓わたしのなかには、楽しい人生が何通りもある。そのなかのひとつを選んで、次へと進む道を築けばいい。

何通りものベストな自分を受け入れよう

あなたの人生をデザインするもっとも有力な方法のひとつはなにか？ それはあなたの人生たちをデザインすることだ。

この章では、あなたの今後五年間の三通りの人生——それを「冒険《オデッセイ》プラン」と呼ぼう——を想像し、書きだしてもらおうと思う。

あなたの今後五年間の三通りの楽しい人生が、あなたの頭のなかのシネマコンプレックスのスクリーンにパッと映しだされるかどうかはともかく、あなたのなかに、まったくタイプが異なり、それでいて現実味のある人生の可能性が少なくとも三通りあるのはまちがいない。だれだってそうだ。わたしたちが指導した何千人というひとはもれなくそうだったから。だれのなかにもたくさんの人生が眠っている。あなたがどんなライフ・ステージにいるとしても、三通りくらいなら確実にあるだろう。もちろん、いちどに生きられるのはひとつだけだが、クリエイティブで建設的な選択をするためには、何通りもの人生を思い描くことが必要なのだ。

三通りのまったく異なる人生プランを思い描くのは、たいへんだと思うかもしれないが、必ずできる。わたしたちが指導してきたひとびとはみんなできた。だからあなたにもできるはずだ。

すでにこれというプランがあるひともいるだろう。それはそれでＯＫ。すでに実行に移していて、順調に行っているプランがあるひともいるだろう。それもそれでＯＫ。

それでも、だまされたと思って、三通りの「冒険プラン」を立ててみてほしい。すでに人生の唯一のプランができあがっていて、答えがみんなわかっていると思いこんでいるひとにこそ、この演習が最大の効果を発揮することもあるからだ。

三通りの冒険プランのように、複数のプロトタイプを並行して考えることのメリットは、スタンフォード大学教育大学院の研究で実証されている。ダン・シュワルツ教授のチームは、ふたつのグループを評価した[1]。一方のグループは三つのアイデアを並行して出し、次にふたつのアイデアを出して、最後にひとつのアイデアを選んだ。もう一方のグループはまずひとつのアイデアを出したあと、もう四回アイデアを出していった。両グループとも五回アイデアを出したわけだが、並行グループのほうが結果は良かった。アイデアも豊富で、あきらかに最終案も優れていた。ひとつのアイデアから出発した順次グループは、同じアイデアを磨いていくばかりで、画期的なアイデアは生まれなかった。

結論——最初に複数のアイデアを並行して考えると、性急にひとつのアイデアに絞ることがなくなる。いろいろな可能性に心を開きつづけ、より斬新なアイデアを受け入れたり考えたりできるのだ。デザイナーはこの事実をずっと知っている。最初からひとつのアイデアに絞ってはいけない。行きづまる可能性が高いからだ。

冒険プランは、優先順位をつけて考えてはいけない。「プランAが最高のプラン、プランBがまあまあのプラン、プランCがいざという場合の予備のプラン」というふうに格づけしてはいけない。どの冒険プランもプランAなのだ。どの人生も本当のあなただし、等しくありえるものだ。

冒険プランとは、いわば人生のさまざまな「可能性」を描くスケッチだ。あなたの想像に命を吹きこみ、次の一歩を選ぶ助けになる。

とはいっても、そのなかからどの人生を選べばいいのか？　心配は無用。「選択」という難題に対処するためのアイデアやツールについては、第9章で紹介する。

次の一歩を選ぶ基準は、

- 資源——距離、時間、お金
- 一貫性——その人生があなたの人生観や仕事観と一致する度合い
- 自信——あなた自身がその人生を送れると思うか
- 興奮度——あなたにとってその人生はどれくらい望ましいか

によって変わってくる。

ただ、その話はまたあとで。まずは三通りの人生プランを立ててみよう。

いまの仕事がなくなると想定した人生プラン

わたしたちはなぜこの演習を「冒険プラン《オデッセイ》」と呼ぶのか？　人生とは未来への冒険の旅だからだ。希望と目標。仲間、愛するひと、敵。未知の出来事と予期せぬ幸運。出発時のプランどおりに進む部分もあるし、行く先々で新しい展開が待っていることもある。ホメーロスはこの「人生という旅」を象徴するように、古代のオデュッセウスの物語を描いた[2]。さあ、あなたも人生の次章へと旅立つ時だ。ここではそのためのプランをいくつか想像してみよう。具体的にいうと、あなたの今後五年間の三通りの人生プラン――それもまるきり異なるプラン――を考えてもらう。

なぜ五年間なのか？　二年間だと短すぎるし（長期的な視点で考えられなくなる）、七年間だと長すぎる（七年もたてば状況自体が変化してしまう）。実際、ひとびとの話を聞いていると、ほとんどのひとの人生は二～四年間単位が連なって成り立っている。「子育て」のような人生の長い時期も、だいたい二～四年間のかたまりに分けられる――幼児期、入学前の時期、小学校高学年、反抗期など。五年間なら、人生の一単位である四年間をじゅうぶんにカバーできるうえ、プラス一年間の余裕もある。全年代のひとと何千回とこの演習をくり返した経験から、わたしたちは五年間がベストだと確信している。ぜひ試してみてほしい。

なぜ三通りなのか？　ちゃんと選択肢が与えられている気になるし（二者択一よりはだいぶ多く感じられる）、よく考えたうえで選んだと自分で納得できるくらい、創造力を広げることができるからだ。

大事なのは、三通りのまったく異なる選択肢を考えること。細部を少しだけ変えて三通りにしてはダメだ。たとえば、「バーモント州のコミューンで暮らす」「イスラエルのキブツ（生活共同体）で暮らす」はふたつの選択肢とはいえない。ひとつの選択肢の二通りのバージョンにすぎない。まったく異なるアイデアを三つ考えるようにしよう。

必ず、あなたにもできる。わたしたちは何千人ものひとびとがこの演習をうまくやり遂げるのを見届けてきた。そのなかには、「自分のこれからの人生を三通りも思い浮かべるなんて絶対にムリ」と最初は言い張っていたひとびともいた。

もしあなたもそのひとりだとしたら、「三通りの人生」を手軽にイメージする次の方法を試してみてほしい。

人生①――現状

プラン①は、いまあなたが頭に描いていることを中心とした人生だ。現在の人生の延長線上にある人生でもいいし、しばらく前から温めているアイデアでもいい。つまり、現状あなたが抱いているアイデアだ。この演習では注目に値するよいアイデアのひとつだ。

人生②――プラン①が突然ダメになった場合のプラン

こういうことはよくある。いままでの仕事が急に不要になることも。馬車用のムチやインターネットブラウザを売るひとはもういない。前者は時代遅れだし、後者はOSに無料でついてくる。だから、馬車用のムチやインターネットブラウザの開発は仕事としては成り立たない。

人生①のアイデアが急に無用になったり、選択肢のひとつでなくなったりしたら？　どうするだろう？　その仕事では生計は立てられない。なにもできない。どうするだろうか？　わたしたちの経験から言うと、現在の仕事以外で生計を立てるしかないと想像すると、ほとんどのひとはなにかしらアイデアをひねりだすものなのだ。

人生③――お金や世間体を無視するとした場合の仕事や人生

不自由のない暮らしが送れるとわかっていて、その仕事をしてもだれにも笑われたり見下されたりしないとわかっていたら、なにをする？　もちろん、現実にそれですぐに生計を立てられるとはかぎらないし、だれにも笑われないという保証もない（実際にはまずないだろうが）。ただ、こういう選択肢を想像するのも、あなたのライフデザインを探るうえでおおいに役立つということが言いたい。

デイヴが最近話をした若いMBAの学生は、三通りの人生なんて考えられないと言い張った。

「じゃあ、なにをしようと思っているの？」とデイヴは学生に訊いた。

「経営コンサルティングです」

「すばらしい。それがきみの人生その①だ。じゃあ、こう考えてみてほしい。世界じゅうのCEOが話し合って、コンサルティングに数十億ドルをかけてもちっとも意味がなかったと結論づけたとする。もうコンサルティングは不要だと。コンサルティング業は存在しなくなった。さて、どうする？」

学生はショックを受けた。「えっ！　コンサルティングはなし？」

「なしだ。いっさいね。別のことをするしかない。どうする？」

「コンサルティングができないとしたら、大手のメディア会社で戦略やマーケティング・コミュニケーションに携わってみたいですね」

「よし、それが人生その②だ！」

次に、お金や世間体を気にしないとしたらどうするかと訊いた。だれにも笑われたりバカにされたりしないという前提で、彼は三つ目の人生を提案した。

「ワインの販売にすごく興味があるんです。ずっとくだらないと思ってあきらめていましたが、実は興味があって、試してみたいと思っているんです」

「OK。ほら、これで三つだ」

わたしたちは何度も、人生でひとつのアイデアに凝《こ》り固《かた》まってしまっているひとびとと似たような会話をしてきた。三つのアイデアがパッと浮かばないなら、先ほど紹介した方法を試してみてほしい。きっと、じゅうぶんすぎるアイデアが思い浮かぶはずだ。

思考停止に陥ってはいけない。考えすぎは禁物《きんもつ》だ。ただし、真剣にとりくもう。あなたの人生を変える演習なのだから。

必ず。

冒険プランの描き方

以下の手順で、あなたの今後五年間の人生について三通りのアイデアを出してみよう。

①図やグラフを使って五年間の時系列表をつくる。

プライベートな出来事や仕事以外の出来事も盛りこもう。「いつ、いつまでに結婚する」「スポーツ大会で優勝するためにトレーニングする」「念力でスプーンが曲げられるよう訓練する」など。

②その人生の本質を表わすような短いタイトルをつける。

③その人生について思い浮かぶ疑問をふたつか三つ書きだす。

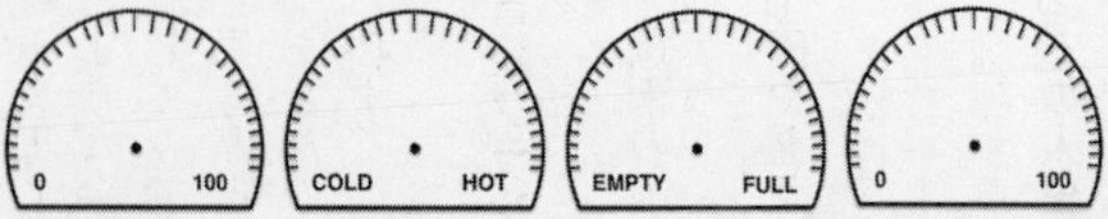

資源　興奮度　自信　一貫性

優秀なデザイナーは、仮説を検証し、新しい発見を導きだすために疑問を掲げる。それぞれの時系列表を見ながら、さまざまな可能性を探り、あなた自身や世界についていろいろなことを学びとろう。それぞれの人生でなにを試し、探求してみたいか？

④ダッシュボードにゲージを書きこむ。

・資源（そのプランを実現するための客観的な資源――時間、お金、スキル、人脈――はあるか？）
・興奮度（そのプランにどれくらいワクワクするか？）
・自信（成功させる自信は満々か？　かなり不安があるか？）
・一貫性（そのプランに矛盾はないか？　あなたの仕事観や人生観と一致しているか？）

▼考えるポイント

・場所（どこで暮らすことになるか？）
・得られる経験や知識
・その人生を選んだ場合の影響や結果
・どういう人生が待っているか？　あなたが属することになる役職、業界、会社は？

▼注意点

・キャリアやお金以外のことも念頭に置こう。キャリアやお金は、今後数年間の方向性を決めるうえで大事な要因だが、注目すべき重要な要因はほかにもある。

・先ほど挙げたポイントは、今後五年間の人生を思い描く参考になる。行きづまったら、先ほどのポイントのいずれかを中心にしてマインドマップを描いてみよう。考えすぎは禁物だが、この演習を飛ばしてはダメだ。

冒険プランは、わたしたちの人生でやり残した大事なことを定義し、忘れかけていた夢を思いださせてくれる。一二歳の宇宙飛行士はいまでもあなたのなかにいる。好奇心を全開にして、あなた自身を再発見してみよう。

最低でもひとつのプランでは、少し羽目《はめ》を外してみてほしい。正気なら絶対に実行しないような現実離れしたクレイジーなアイデアを書きだしてみよう。たとえば、

・財産をなげうって、アラスカやインドで自給自足生活を送る。
・俳優養成学校に通って、ハリウッド・デビューをめざす。
・プロのスケートボーダーになる。
・アドレナリン全開のエクストリーム・スポーツに人生を捧げる。

・長らく音信不通の大叔父を捜し出し、家族の想い出の空白を埋める。

など。

人生のそれぞれの分野——仕事、愛、健康、遊び——について人生プランを立ててもいいし、それを組み合わせるのもいいだろう。唯一の不正解があるとすれば、それはなにもしないことだ。

セカンドキャリアを考える女性の例

これからご紹介するのは、わたしたちの中堅社会人向けワークショップに参加したある女性の冒険プランだ。

マーサはテクノロジー企業の幹部。人生の折り返し地点を迎え、もっと有意義な活動をしてみたいと思っていた。そこで彼女は将来の三通りのプランを考えた。どれも斬新で少しリスキーだったが、コミュニティづくりと関係があるという点は共通していた。

彼女が立てたプランは、

・シリコンバレー流の起業に挑戦する

・助けの必要な子どもを救う非営利組織のＣＥＯになる

・**自分の暮らす地域に、ご近所向けの愉快で気さくなバーを開く**

の三つだった。

どのプランにも、プランの内容を示す短いタイトル、四種類のゲージ、そのプランに関する三つの疑問がちゃんと含まれている点に注目。

冒険プランを立てよう

さあ、こんどはあなたが今後五年間の三通りの人生プランを描く番だ。前ページのワークシート（www.hayakawa-online.co.jp/designingyourlife/からもダウンロード可能）にひとつずつ書きこんでみてほしい。

三通りのプランをだれかに発表する

完成したら、冒険プランをだれかに発表してほしい。ひるんではいけない。三通りのあなたを思い描くことには、劇的な効果がある――次の一歩にたったひとつの正解なんてないと気づくのだ。

資源、興奮度、自信、一貫性の面でスコアが高いのはどの人生か？

例①タイトル「シリコンバレー物語」

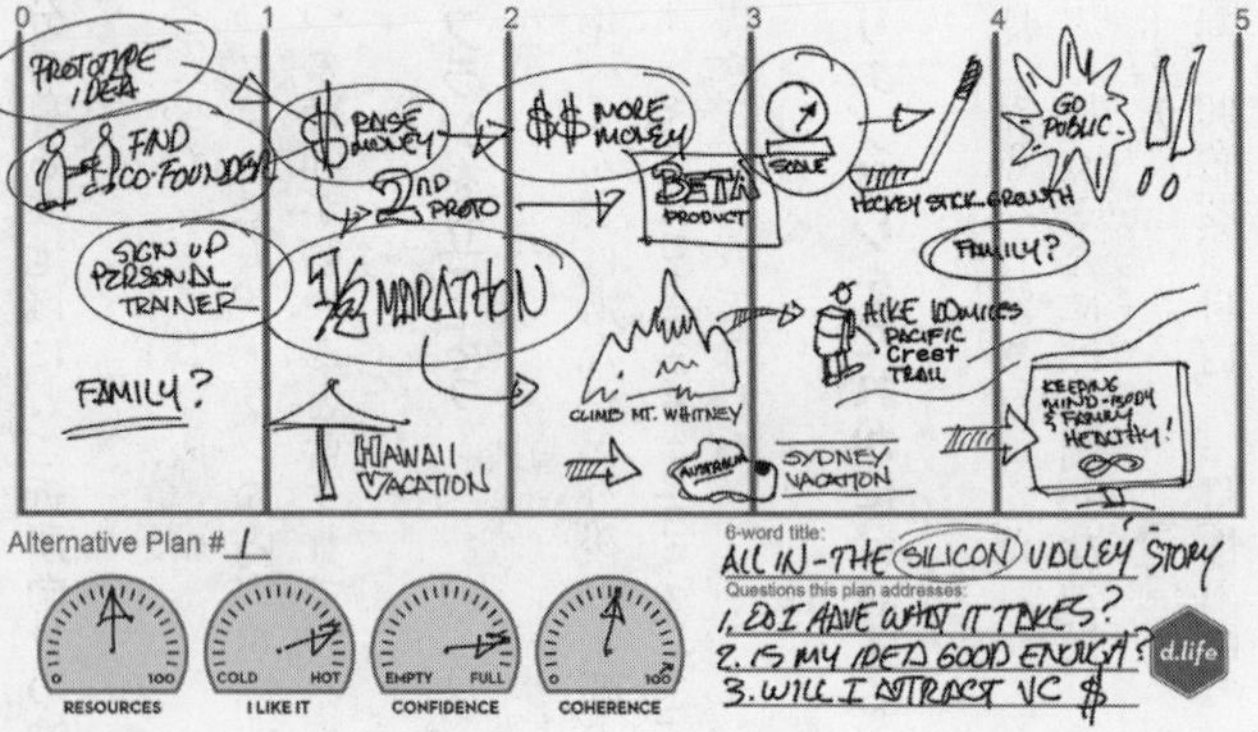

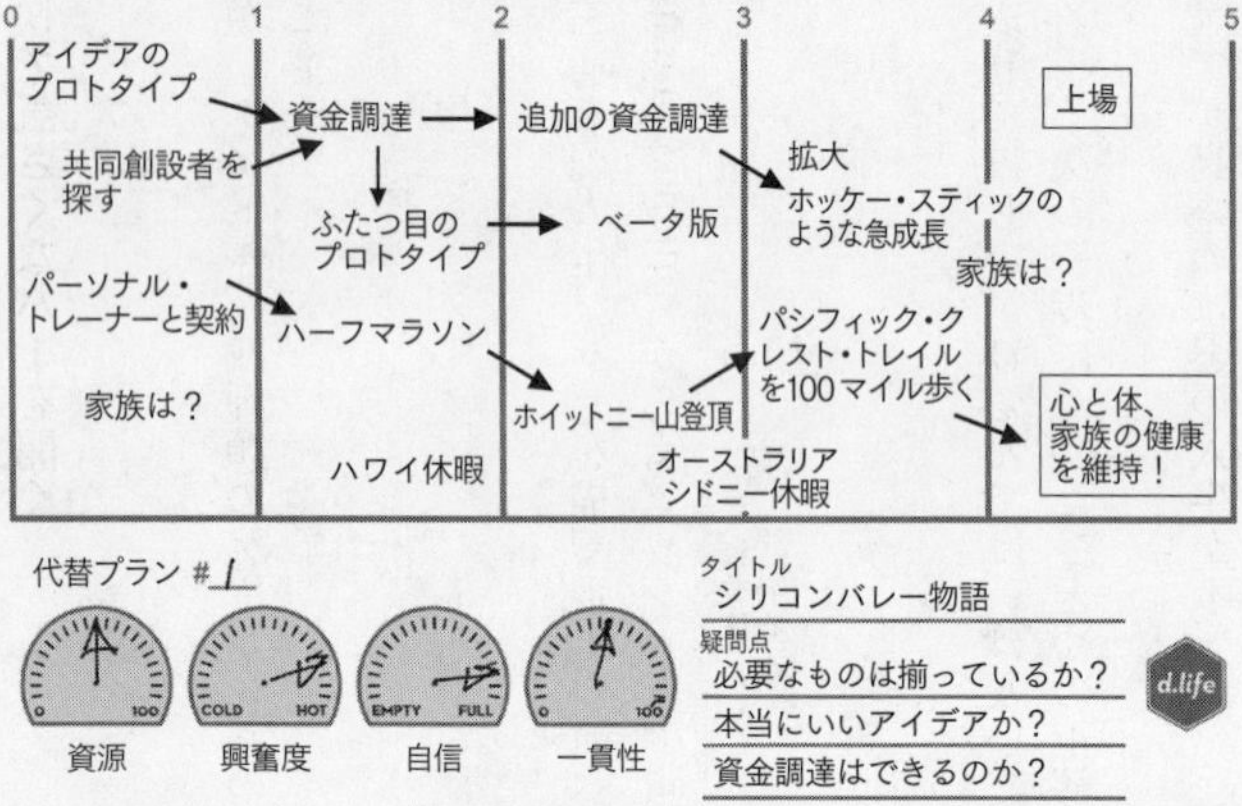

疑問

①「起業家に必要な条件は揃っているか？」
②「本当にいいアイデアだろうか？」
③「ベンチャー・キャピタルの資金を調達できるだろうか？」

例②タイトル「知識を活かして子どもを救う」

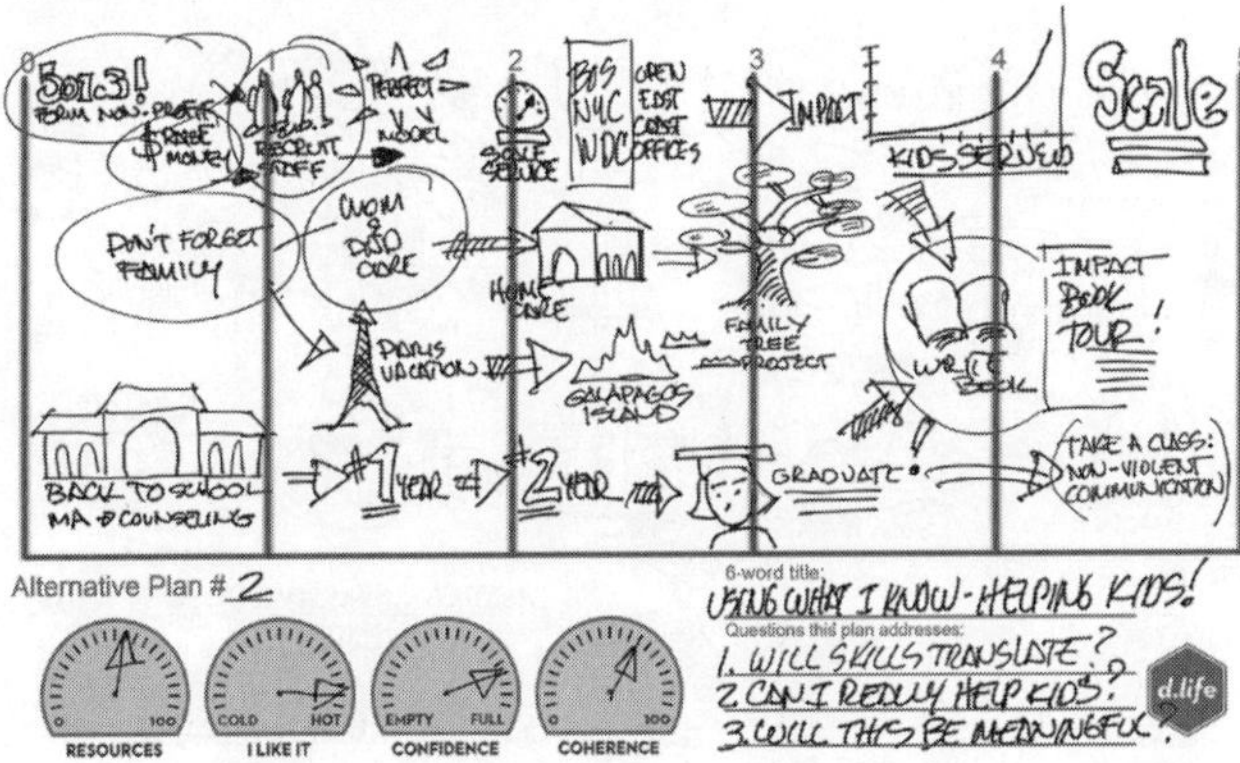

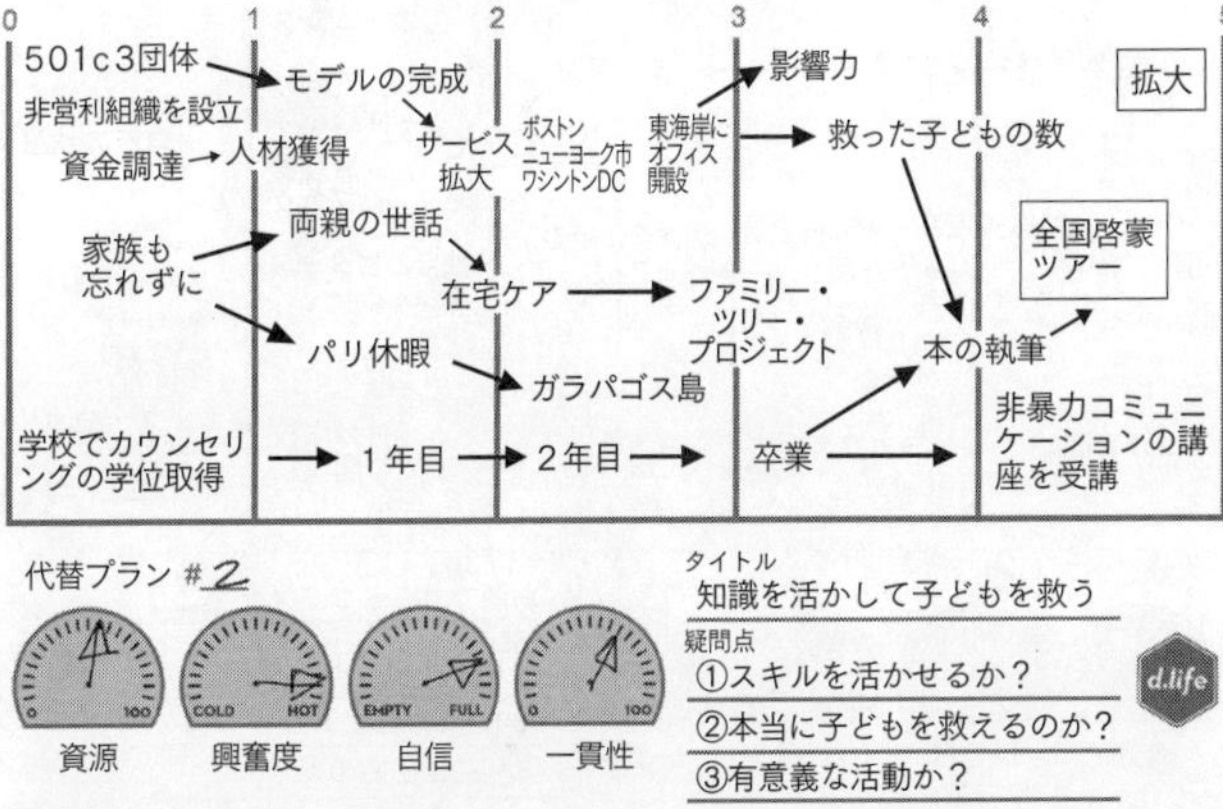

疑問

①「わたしのスキルを非営利組織の世界に活かせるだろうか？」

②「本当に非営利組織で助けの必要な子どもを救えるのか？」

③「これは有意義な活動なのだろうか？」

例③タイトル「お酒でコミュニティを築こう」

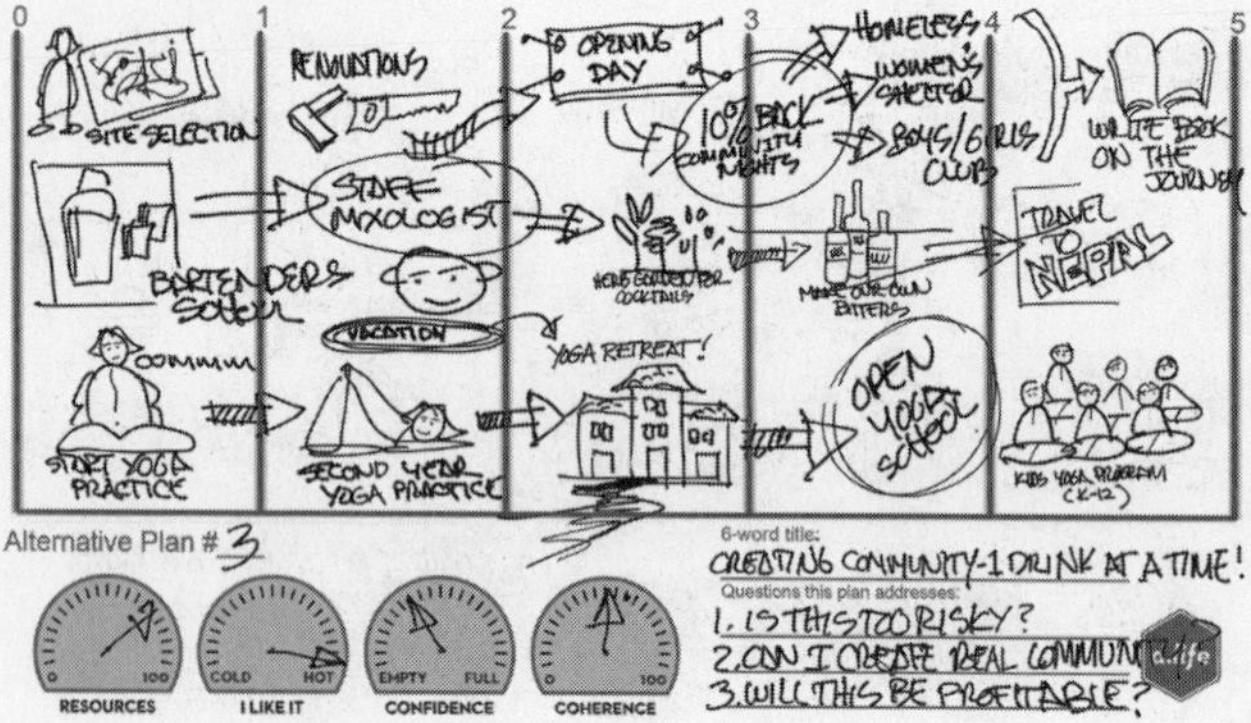

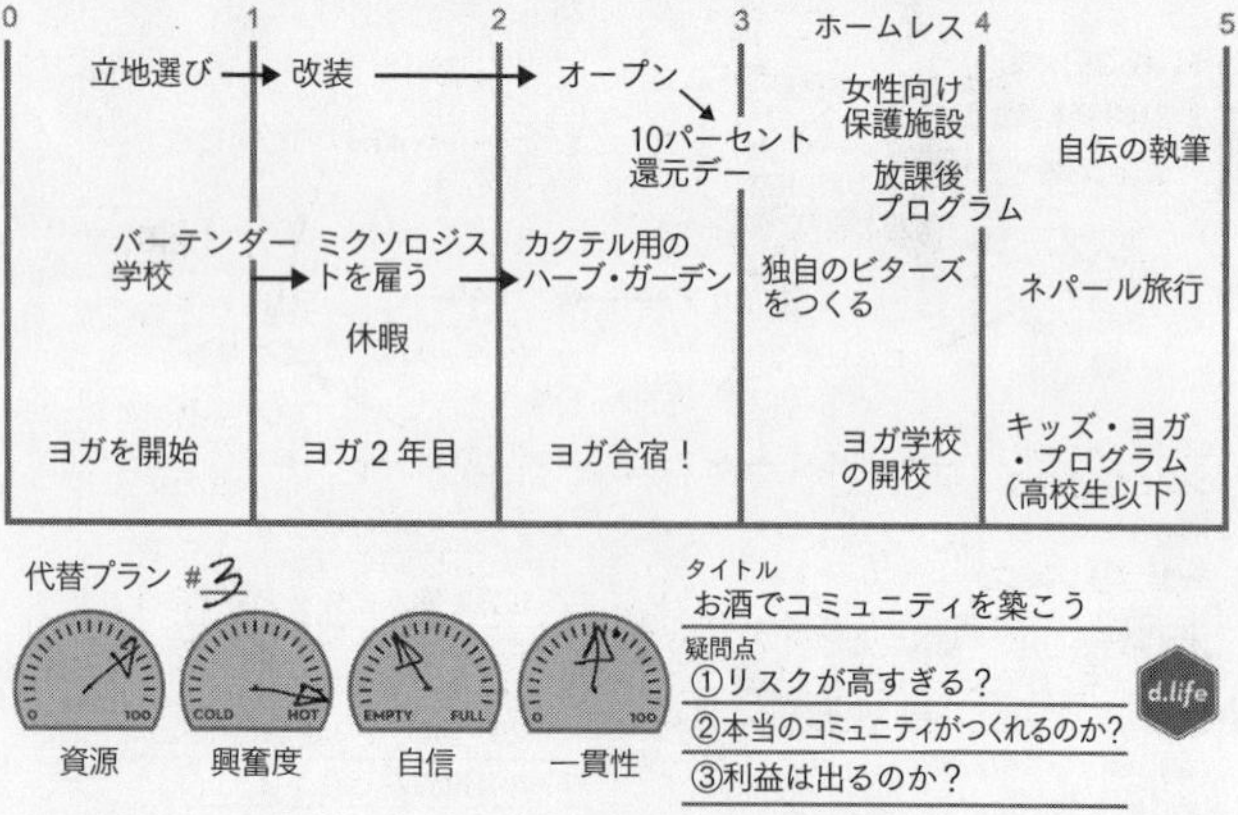

疑問

①「こんなリスクを冒す準備はできているのか？」
②「バーで本当のコミュニティが築けるのか？」
③「利益は出るだろうか？」

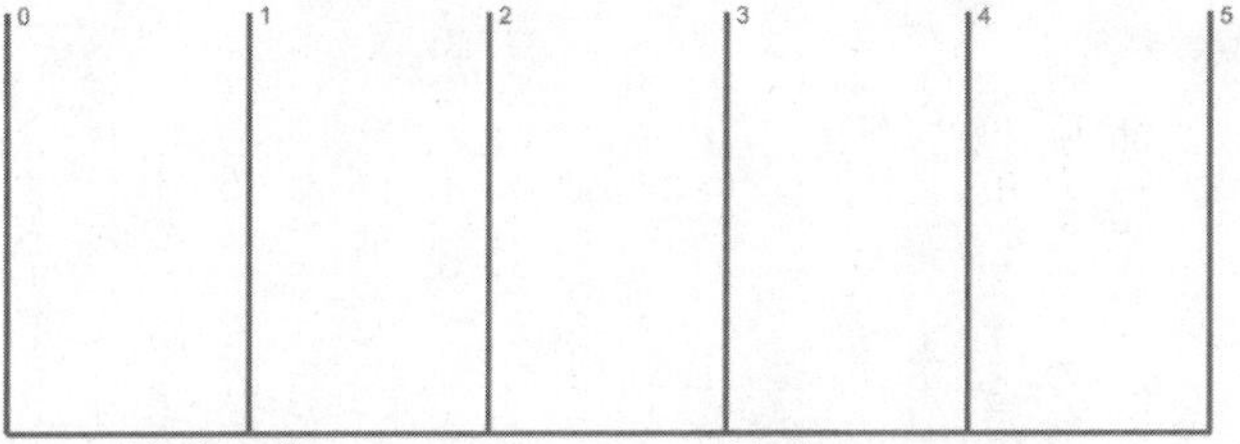

代替プラン #____

資源　興奮度　自信　一貫性

タイトル

疑問点

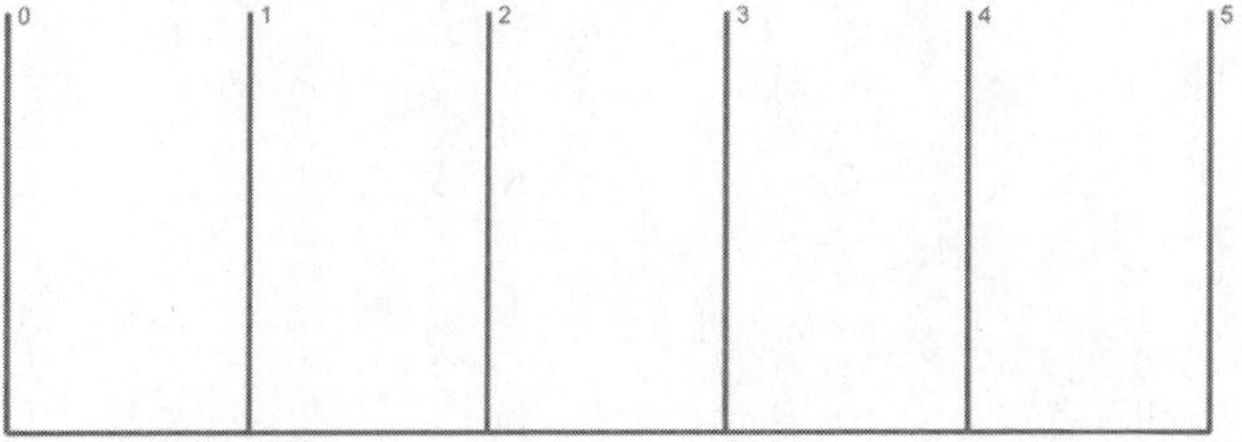

代替プラン #____

資源　興奮度　自信　一貫性

タイトル

疑問点

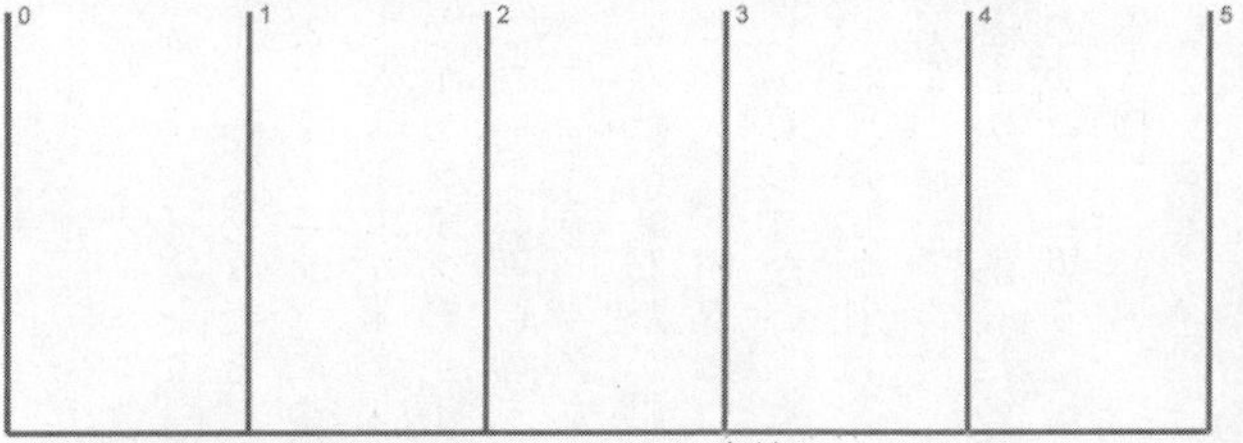

代替プラン #____

資源　興奮度　自信　一貫性

タイトル

疑問点

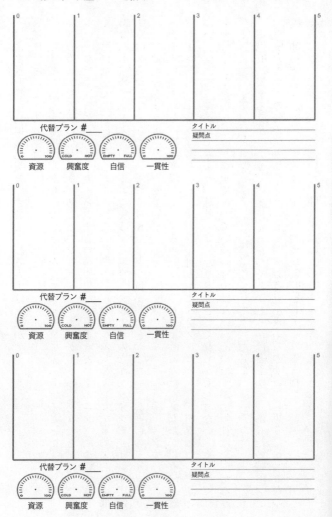

生き生きとして高揚した気分にさせてくれる人生はどれか？
逆にげんなりする人生は？

いちばんお勧めするのは、あなたのプランを友人グループに読み上げることだ。できれば、「はじめに」で説明したとおり、あなたのライフデザイン・チーム——あなたと一緒にこの本を読んでくれるグループ——に発表するのが理想だ（チームとコミュニティについて詳しくは第11章を参照）。ライフデザイン・プロセスがいちばん楽しくて、しかも効果的なのは、あなたも含めて三〜六人のチームで実践する場合。グループのなかでライフデザインを実践するのがあなたひとりでもいちおうOKだが、全員が演習をおこない、お互いのライフデザインを支え合うほうがいっそう効果的だ。

ライフデザインを一緒に実践してくれる仲間を二〜五人集めるのは、あなたが思うほど難しくないかもしれない。協力してくれそうな何人かに本をプレゼントし、内容について話し合い、反応をうかがってみよう。意外とすんなり参加してくれるかもしれない。もちろん、本をたくさん売ろうという魂胆《こんたん》で言っているわけではない（そのほうが出版社は喜ぶだろうが！）。ただ、本を渡して読んでもらったほうが、きっと会話は弾む。

定期的に集まるライフデザイン・チームをつくるかどうかはともかく、あなたの冒険プランを協力者たちの前で発表し、フィードバックや意見を求めるのがいいと思う。ベストなのは、批判や余計なアドバイスはせずに、的確な質問をしてくれる人物だ。

あなたが発表しているあいだ、聞き手には次のルールを守ってもらおう。

・批判、評価、アドバイスはしない
・じっくりと聞き、考え、話を広げる

あなたのライフデザイン発表会に参加し（それがムリなら少なくともこの章を読み）、あなたの力になってくれる相手を二～五人見つけよう。質疑応答の時間には、「○○についてもう少し詳しく聞かせて」と訊くと相手のためになるだろう。

グループ作業が苦手なひと――またはグループが見つからないひと――は、冒険プランを発表する自分自身を動画に撮り、第三者になったつもりで自分の話を聞き、自分自身への意見や感想を書き留めるといいだろう。

ライフデザインのキーポイントは選択肢を生みだすこと。そして、三通りの人生をデザインするというこの演習は、あなたが次にどんな一歩を踏みだしたとしても、きっと人生の道しるべになってくれるだろう。あなたがデザインしようとしているのは、残りの人生ではなくて、次の一歩なのだから。

どのあなたを選ぶにしても、未知の要素や妥協はつきものだし、その一つひとつに目に見える影響と想定外の影響がある。この演習で正解を見つけるというよりは、むしろ積極的に疑問を掲げ、探求し、あなた自身のさまざまな「可能性」に好奇心をもつことを心がけよう。忘れないでほしい――あなたのなかにはいくつものすばらしい人生が眠っている。

そう、あなたという人間はひとりではない。
そのなかから次にどの〝あなた〟を試すのかを決めるのは、あなた自身なのだ。

やってみよう

冒険プラン

①添付のワークシートを使って、今後五年間の三通りのプランを描く。
②それぞれのプランに短いタイトルをつけ、各プランについて思い浮かぶ疑問を三つずつ書きだす。
③資源、興奮度、自信、一貫性に関するゲージを書きこみ、各プランを評価する。
④完成したプランを別のひと、グループ、またはあなたのライフデザイン・チームの前で発表する。各プランを発表するときにどれくらいワクワクしたかを覚えておこう。

第6章　プロトタイプをつくる
——人生を成功へと導く魔法の道具

仕事ばかりの半生を後悔する女性がつくったプロトタイプ

クララは人生をデザインしなおしたかった。三五年間、ハイテク業界で営業幹部として華々しいキャリアを築き、彼女はすべてをやり終えた。クララは四半期ごとの営業ノルマを達成したりしなくていいような人生を送りたかった。いや、それどころか二度と「営業ノルマ」という言葉を聞きたくさえなかった。

この二〇年間、友人たちの多くが仕事以外の活動に励んでいた。趣味を仕事に変えたひと。空き時間でやっていた創作活動をいまではフルタイムでやっているひと。ボランティア活動にやりがいや生きる目的を見出したひと。友人はみんな仕事を辞めて別のなにかに打ちこんでいたが、クララには「別のなにか」がなかった。女手ひとつで子どもを育て、ひたすら営業の仕事をこなす毎日。しかし、その子どももようやく成人し、彼女自身ももうすぐ老後を迎えようとしている。さて、どこから手をつけよう？　次になにをすればいいのか？　そこで、クララが現在地からスタートし、前進する道をデザインできるよう、わたしたちが手を貸すことになった。

友人たちはクララにいろいろなアドバイスをした。ほとんどの意見はこうだ。「とにかくやってみなさい！　なにをしていいかわからないなら、適当に選んで飛びこんでみればいい。引退するなんて早すぎるんだから。まちがっても、家でボーッとするなんてダメ。とにかくなにかを本気でやってみるべき」

友人たちにとってはたやすいアドバイスだった。彼らは少なくとも時間の捧げ方を知っていたわけだから。でも、クララはわからなかった。では、どこから手をつけよう？

彼女はすばらしい決断を下した。「なにかをやってみる」というのはいいアドバイスだが、「とにかく飛びこんでなにかを本気でやってみる」というのは悪いアドバイスだと気づいたのだ。彼女は的外れなことにのめりこみすぎるクセがあるからだ。彼女は、早い段階でのめりこみすぎることなく、まずいくつかの候補を試し、具体的な体験をしてみたかった。

第二のキャリアについて具体的な目標があったわけではないが、興味のある分野がひとつだけあった。彼女はＩＢＭのメインフレーム・コンピューターを売る史上初の営業ウーマンのひとりで、長年自分のことをフェミニストだと考えてきた。

「まだまだ解決すべき女性の問題はある。女性を助けるためになにかできないか、探ってみよう」

その瞬間から、クララは女性を助ける方法を積極的に調べはじめ、自分にできそうなことを探しつづけた。数週間後、クララは近所の教会で、調停や非暴力コミュニケーションの手法を用いて、非行少年を抱える母親やDV被害に悩む妻を支援している女性の話を聞いた。クララはその女性に自己紹介し、彼女の仕事について質問した。その質問が鋭かったので、クララは調停の研修クラスに参加しないかと誘われた。研修は週に数時間だけで、最終認定試験に合格したとしても、なにか義務が生じるわけでもない。そこで彼女は、悩みを抱える女性向けの調停とはどういうものなのか、体験してみることにした。彼女はクラスを受講し、調停の認定を取得した。

すると、非常に難しい仕事に空きがあると知った。少年司法制度の枠組みのなかで若者に調停サービスを提供する仕事だ。その仕事の予算が組まれているのは年末までだったので、いつまで仕事がつづくか約束はできないと言われたが、クララにとっては渡りに船だった。

クララの仕事は、裁判所、学校、親、子どものあいだに立ち、問題のある子どもを施設送りにしなくてすむ方法を考えること。最初の仕事にしては厳しかったが、彼女はハイテク業界の気難しい販売員と何十年も接してきて、おのずと交渉や問題解決の達人になっていたことに気づいた。また、少年犯罪者の母親の多くはシングルマザーだったが、彼女は苦労するシングルマザーに特別な思いがあった。まさに自分にぴったりの仕事だと思った。やる気は満々。年末までのアルバイトでも問題はない。まだ模索中なのだから。

クララはその後も女性問題にとりくむ方法を探しつづけ、とうとうカリフォルニア女性財団という団体を見つけた。カリフォルニア女性財団自体はなんの活動もしない——女性に関連するさまざまな社会的公正の問題にとりくむ非営利組織に資金を提供する財団だ。さまざまな組織を「試してみる」にはぴったりの立場だったので、彼女は財団に連絡をとった。クララの調停の仕事に感心した財団は、彼女を雇い入れた。

財団で働いた三年間、彼女は助成金申請や非営利組織の資金調達について学び、社会問題の解決に必死でとりくむ地元の二七の非営利組織についてもいろいろと学んだ。

その過程で、クララは調停者として法制度にかかわりつづけることよりも（もちろんそれも大事な仕事だが）、女性にとってとくに厳しいホームレス問題にますます興味をもつようになった。カリフォルニア女性財団を通じて、彼女は地元のホームレス・シェルターの最大の支援者と出会い、シェルターの理事にならないかと誘われた。

その瞬間、彼女はついに第二のキャリアを見つけたと直感した。彼女はオファーを受け入れ、そのほかのすべての仕事をきっぱりと辞めた。彼女はいま、街のホームレスのひとびとを支援している。そして、ホームレス問題を地域的・全国的に解決するモデルを確立しようととりくんでいる。

初めからホームレスのひとびとのために働くというプランがあったわけではない。道しるべになる具体的な目標がまだ見つかっていないと自覚していたからこそ、彼女は小さいながらもタメになる体験や活動をじっくりと積み上げ、前進の道をデザインしていったのだ。彼女が熱心な「ホームレス支援者」になるまでの道のりは、決してまっすぐではなかった。

彼女はデザイナーのように考え、小さな実験――プロトタイプづくり――をくり返しながら前進の道を築くことで、一歩ずつ現在の人生をデザインしていった。彼女は慎重に選んだ実体験を積み重ねていけば、きっと次の道が見つかると信じていたのだ。

彼女は調停のクラスを受講した。少年司法制度の仕事を受けた。女性財団に参加した。非営利組織の世界について学んだ。ホームレス・シェルターの理事になった。黙々となにかを読んだり、日誌を見ながら「次になにをするべきか」「わたしになにができるのか」と考えたりするかわりに、クララは仕事をし、新しいひとびとと出会い、実体験を通じて選択肢を探った。そうして、とうとう第二のキャリアを見つけたわけだ。

彼女がいままで知りようがなかっただけでなく、想像すらできなかった未来を見つけられたのは、そう、ひとえにライフデザインを実践したおかげだ。

クララがやったようにあなたもやってみよう。

行きづまり思考↓自分の立てた人生プランのあらゆる側面について、徹底的にデータを調べれば、答えが見つかる。

こう考えなおそう↓実際にプロトタイプをつくって、自分の人生プランに関する疑問の答えを探ってみるべきだ。

なぜプロトタイプをつくるのか？　どうやって？

「つくることは考えること」

スタンフォード大学デザイン・プログラムでよく聞くフレーズだ。この考えと「行動主義」のマインドセットを組み合わせれば、「おおいにつくり、おおいに考える」ことができる。デザイン・プログラムのひとびとに「なにをしているのか」と訊けば、たいていは新しい製品アイデア、新しい消費者体験、新しいサービスのプロトタイプをつくっているという答えが返ってくる。スタンフォード大学では、物理的なモノから公共政策まで、なんでもプロトタイプにできると考える。プロトタイピングはデザイン思考に欠かせない要素なので、ここで一歩下がり、プロトタイプをつくる「方法」だけでなく「理由」についても理解しておきたいと思う。

どんな問題を解決しようとしている場合でも、ふつうはその問題に関する事実、つまりデータから出発する。なにがなにを引き起こしているのか？　別のことが起きたらどうなるだろう？　それが理解できるくらいの豊富なデータが必要だ。

しかし、人生はどうだろうか？　人生をデザインする場合、手に入るデータ――とくに未来に関する確実なデータ――は少ない。人生とは、従来の因果関係的な思考が成り立たない厄介な問題なのだ。まずはその事実を受け入れなければならない。幸い、デザイナーは未来にそっと近づく方法をもっている。

そう、それがプロトタイピングだ。

デザイン思考でいう「プロトタイピング」とは、あなたの導きだした答えが正しいかどうかを確認するためのモノをつくるという意味ではない。完成したデザインを形にすることでもなければ、たったひとつのモノをつくることでもない（デザイナーはひとつだけではなく、たくさんのプロトタイプをつくる）。

ライフデザインにおけるプロトタイピングとは、的確な疑問を掲《かか》げ、わたしたちの隠れた偏見や思いこみを排除し、すばやく実験をくり返し、わたしたちが試してみたいと思っている道へと進む勢いを生みだすことなのだ。

プロトタイプをデザインするときのポイントは、あなたが興味をもっていることについて疑問を掲げ、一定のデータを集めることだ。優秀なプロトタイプは、問題の一側面を抜きだし、あなたにとって楽しいかもしれない未来を〝お試し〟できるような体験をデザインする。つまり、人生のさまざまな選択肢を実体験という形で視覚化できるわけだ。

そうすれば、まるでその人生を実際に生きているかのような感覚で、未来を想像できる。新しいキャリアは実際にどういう感じなのか？　プロトタイピングを通じて新しい体験を生みだせば、それを一時間や一日だけでも実感することができる。

また、プロトタイピングは、早い段階でほかのひとびとを巻きこみ、あなたの人生の旅やライフデザインに興味をもってくれる仲間のコミュニティを築くのにも役立つ。プロトタイプは絶好の会話の糸口になるし、ふつうはドミノ倒しのように次のプロトタイプへとつながっていく。また、予想外のチャンスや予期せぬ幸運へと化けることも多い。そして最後に、プロトタイプをつくればすばやく試行錯誤をくり返せるので、データが集まる前に深入りせずにすむのだ。

あなたが興味をもっている仕事や人生のプロトタイプはいつでもつくれるというのが、わたしたちの信条だ。プロトタイプをつくるコツは、最初の数回はごくシンプルなプロトタイプにとどめておくことだ。そんなに精密でなくてOK。ひとつの疑問だけを抜きだして、その疑問に答えるプロトタイプをデザインするといい。あなた自身がもっているもの、または容易に借りられるものを使って、すばやく実験をくり返そう。

それから、プロトタイプは思考実験とはちがうので注意。必ず物理的な実体験が必要だ。的確な決断を下すためのデータは実世界にこそある。プロトタイピングは、その実世界で体験をし、前に進むのに必要なデータを手に入れる最高のツールなのだ。

他者への共感や理解を築くことも、プロトタイピングの目的のひとつだ。わたしたちのプロトタイピング・プロセスでは、必ずコラボレーション（他者との協力）が必要になるからだ。人間はだれしも人生という名の旅をしている。プロトタイプづくりを通じた出会いは、相手のライフデザインを知り、あなた自身の人生のアイデアを出す機会を与えてくれるだろう。

そういうわけで、プロトタイプをつくる目的をまとめるとこうなる。

・的確な疑問を掲げる
・実体験する
・自分自身の思いこみを暴く
・早めに失敗し、失敗を前進の糧にする
・未来にそっと近づいてみる
・自分自身や他者への共感を築く

これが前に進むのに必要なデータを手に入れる唯一の方法だと認めれば、プロトタイピングはあなたのライフデザイン・プロセスに欠かせない一部となる。

プロトタイプをつくるのはよい考えだ。でもそれと同じくらい、プロトタイプをつくらないのは悪い考えでもある。そして、時には大きな代償を伴うこともあるのだ。

開業に失敗した女性から学べること

エリスはプロトタイプなんてつくる必要もなかった——行く気で満々だったからだ。

長年、数々の企業の人事部で働いてきたエリスは、人生を変える覚悟ができていた。大きく。それもいますぐに。食通の彼女はイタリア料理が大好きで、トスカーナの小さなカフェやデリ（惣菜屋）での体験が忘れられなかった。彼女はもともと、美味《おい》しいコーヒーと本場のトスカーナ料理を提供するカフェ併設のデリを経営するのが夢だった。

そこで、彼女はその夢を追うと決心。開店資金も貯まったし、必要なレシピも揃っているし、自宅近くに最高の店舗スペースも見つかった。彼女はさっそく行動した。お店を借り、完璧に改装し、最高の商品をとり揃えて、鳴り物入りで開店。必死で働いた結果、店は大繁盛した。お店はみんなに愛され、彼女はいままで以上に忙しくなった。そして、すぐに憂うつになった。

彼女はまったくプロトタイプをつくっていなかった。未来にそっと近づいたりもしなかった。一、二の三で飛行機から飛び降りたのだ。朝から晩までカフェで働くのがどういう感じなのか、試したりはしなかった。彼女はカフェの経営がカフェの利用やカフェについての計画と同じだと思いこんでいることに気づかなかった。彼女はカフェのデザイナーや改装プランナーとしては優秀でも、デリの経営者としては不向きであることを、苦労の末に思い知った。ひたすらスタッフを雇ったり、在庫を管理したり、新しい在庫を発注したりする毎日。ちっとも楽しくない。メンテナンスなんて問題外。彼女は繁盛店を抱えたまま行きづまり、どうしていいのかわからなくなった。結局、彼女は店を売却し、レストランのインテリア・デザイナーの道に進んだが、そこに行き着くまではいばらの道だった。

彼女がプロトタイプをつくるとしたら、どんな方法があっただろう？　たとえば、

・まずは出前サービスを試してみる（開店や閉店がラク。家賃は不要、スタッフも少人数。立地や営業時間も流動的）。
・イタリアン・デリのウェイトレスをし、楽しいメニューの開発だけでなく、仕事のイヤな面もじっくり観察してみる。
・満足しているデリのオーナーと不満を抱えるオーナー三人に話を聞き、自分がどちら側に近いかを確かめてみる。

わたしたちがエリスと会ったのは、すべてが終わったあとだ。わたしたちは彼女が「ライフデザイン」ワークショップに参加したときにこの話を聞いた。ワークショップが終わると、彼女はこう嘆いた。

「まずは慌てず急がずプロトタイプをつくれということですよね。その道を選んでいれば、何年も時間をムダにしなくてすんだのに……」

そのとおり。たとえ急いでいるとしても、人生のアイデアをプロトタイプという形にしてみることをお勧めする。結果的には、よりよい人生をデザインし、大幅な時間と労力を省くことができるだろう。

なぜ、聞く力のあるひとは成功するのか？

では、具体的にどうすればいいだろうか？

いちばんシンプルで簡単なプロトタイプの形は、ずばり、会話だ。ここでは、わたしたちが「ライフデザイン・インタビュー」と呼んでいる特殊な会話のプロトタイプを紹介したいと思う。

ライフデザイン・インタビューは驚くほどシンプルだ――だれかの話を聞くだけ。もちろん、だれにどんな話を聞いてもいいというわけではない。あなたが検討している仕事や生活を実際にしているひとびとや、あなたが疑問をもっている分野の本格的な経験や専門知識のあるひとびとに話を聞くのだ。たとえば、

- どういう経緯でその仕事をすることになったのか？
- どうやってその専門知識を手に入れたのか？
- 実際のところどういう仕事なのか？
- その仕事の好きな点ときらいな点は？
- 一日はどういう感じで進むのか？

話を聞いてみて、あなた自身がその仕事を何カ月・何年と楽しくつづける様子をイメージできるだろうか？　自問してみよう。

相手の仕事や人生について訊ねるだけでなく、現在の仕事や人生に至った経緯――つまり

いままでの道のり——を訊ねることもできるだろう。たいていのひとは、能力不足ではなく想像力不足のせいで失敗してしまう。だれかの前に座り、話を聞くだけで、そういう貴重な情報がたくさん得られるのだから、利用しない手はない。

これが「ライフデザイン・インタビュー」だ。クララはこうした会話をたくさん交わし、おおいに助けられた。エリスはほとんどしなかったばかりに、痛い目にあった。

最大の注意点は、「就職面接」ではないということ。ライフデザイン・インタビューの最中に、相手の話を聞くかわりに、いつの間にかあなたばかりが質問に答えたり、自分の話をしたりしていることに気づいたら、いったん話をやめて、会話の流れを変えよう。これは重要だ。相手があなたとの会話を面接と勘ちがいすれば、なにもかも台無しになる。ライフデザイン・インタビューは失敗したも同然。すべてはマインドセットの問題なのだ。

考えてみてほしい。インタビューの約束をとりつけようとしても、「このひとは仕事を探しているようだ」と思われてしまえば、相手は真っ先にあなたとは無関係なことを考える。「仕事に空きはあったっけ？」。そして、ふつうはない。あなたが相手と会おうとしても、仕事を探していると勘ちがいされてしまったら、約束はとりつけられない。一言「ノー」と言われておしまいだ。人でなしだと思うかもしれないが、見ようによってはそれが最高の親切なのだ。事実、あなたが仕事を探していても、肝心の空きがなかったり、相手に採用の権限がなかったりすれば、あらかじめはっきりとそう伝えて、別のところを探してもらうほうが親切といえる。

たまたま仕事に空きがあったとしても、こんどは「このひとはうちの仕事に向いているだろうか？」という目で相手を見てしまう。就職面接のときの視点は「批評」や「評価」であり、相手に興味深い話や個人的なつながりを求めているときに必要な視点とはちがう。

ポイントは、あなたが興味をもっている仕事を現在しているひとびと、あなたが話を聞いてみたいひとびとを見つけだすこと。それは思うよりも簡単だ。たとえば、アンナがとても興味深い仕事をしている優秀な人間だと知ったとする。それだけであなたとアンナには共通点がある――「アンナ」と「アンナの仕事」という共通の関心や話題があるわけだ！　会いたいと申し入れるときは、こういうふうに切り出してみよう。

「アンナさん、はじめまして。連絡がとれてうれしく思います。実は、ジョンさんからぜひアンナさんと話をしてみたらと勧められて、ご連絡しました。アンナさんの仕事については前々からうかがっていて、とても感銘を受けています。もしよければ三〇分ほどお話を聞けないでしょうか？　時間と場所はアンナさんのご都合に合わせます。コーヒーをごちそうしたいと思いますので、仕事の経験談を聞かせてもらえないでしょうか？」

たったのこれだけだ。

ちなみに、この場合のジョンのように、できれば相手の信頼できる友人や同僚の名前を出すといいだろう。だれかの「紹介」があれば、会う相手を見つけやすくなるし、お茶の誘いに応じてくれる確率もアップする。紹介がなくてもお茶の誘いに乗ってくれるひとはたくさんいるだろうが、紹介があるほうがずっとスムーズだ。紹介を得るための人脈づくりについては第8章で説明する。もちろん、効果的なライフデザインには人脈づくりが欠かせない。詳しくはあとで。

成功に近づけるプロトタイプ体験

ライフデザイン・インタビューはいいことずくめだ。驚くほどタメになるし、手軽に実践できる。しかし、ライフデザインの情報源としては、ひとびとの話だけでは物足りない。実体験が必要だ。他人の仕事の様子を観察したり、できれば自分でその一部を体験したりしてみよう。「プロトタイプ体験」を実践すれば、自分自身の未来のひとつに直接触れ、情報を学びとることができる。たとえば、

・あなたがなりたいと思っているプロフェッショナルに一日同行させてもらう
・一週間、無償で働かせてもらう
・三カ月間のインターンシップに参加する（当然、この場合、より本格的な投資と努力が必要）

などが考えられる。

ライフデザイン・インタビューを通じてたくさん会話を交わしたとすれば、当然その途中

で観察や同行をしてみたい相手が見つかっただろう。とすれば、プロトタイプ体験をするのは簡単だ。お願いするだけ。そして、人間は人助けが大好きだ。わたしたちが指導するひとびとの大半は、ライフデザイン・インタビューが思いのほかうまくいくことに驚く。彼ら彼女らが会うひとびとは、インタビューを心から楽しんでくれるようだ。

その点、仕事に同行させてほしいと頼むのは、三〇分だけお茶に誘うよりもだいぶハードルが高い。でも、何十回とインタビューを重ねてきて、もう少し大きなお願いをしてみる心の準備はできていることだろう。ぜひ試してほしい。何回か断られるだろうが、いろいろと学べるはずだ。

なにかについて話を聞いたり観察したりするのではなく、実際に実践してみる、プロトタイプ体験は、さらに難関だ。それでも、実際に手を真っ黒にし、その仕事が自分に合うかどうかを確かめてみるのは、その労力に見合う価値がある。試乗しないで自動車を買ったりはしないでしょう？　ところが、転職や人生の変化のこととなると、わたしたちはいつも試乗もしないで決めてしまう。考えてみればバカらしい。エリスが店舗物件を購入してデリをオープンする前にできたことを思い出してほしい。何度か出前サービスを試してみるとか、短期でウェイトレスのバイトをしてみるなど。あなたに必要なのはそんなアイデアだ。こういうプロトタイプ体験を考えることこそが本当の「デザイン」作業であり、たくさんのアイデアが必要になってくる。

そこで紹介するのが「デザイン・ブレインストーミング」。たくさんのアイデアを見つけだすための共同作業のテクニックだ。さっそく説明しよう。

ブレインストーミング――プロトタイプ体験のアイデアを出す

前の章で立てた冒険プランを見なおしてほしい。きっとあなたが追求してみたい未来のあなたの姿が見え、答えの必要な疑問が見つかったことだろう。

・長年大企業に勤めたあと、小さな会社で働くというのはどんな感じなのか？
・フルタイムで有機農場を管理するのは、ボランティアで夏だけ有機農場で働くのとはどうちがうのか？
・実際のところ営業マン（ウーマン）は一日じゅうなにをしているのか？

一貫性があり、ワクワクし、ある程度できるという自信がある冒険プランをじっくりと見なおし、疑問点を洗い出してみよう。実体験を通じてもっと深く理解したい内容は？

そこでおこなうのがブレインストーミングだ。

ほとんどのひとは〝ブレインストーミング〟の経験をおもちだろう。ブレインストーミングほど乱用されている言葉も少ない。この言葉は、創造力をフルに発揮する体系的な演習から、会議室に座ってアイデアを出し合うだけの作業まで、なんでも指すようになった。独創的で常識破りなアイデアを次々と生みだす「ブレインストーミング」は、アレックス・オズボーンが一九五三年の著書『独創力を伸ばせ』で提唱したものだ。彼はふたつのルールに基づいてアイデアを生みだす手法を提唱した。

・アイデアの質より量を重視する

・よし悪しの判断を先送りし、参加者がアイデアを飲みこまないようにする

提唱されて以来、ブレインストーミングはアイデアやイノベーションを生みだす方法として人気を集め、オズボーンのふたつのルールを保ちながらも、いろいろと形を変えてきた。いちばん一般的なのが集団でのブレインストーミングだ。通常は四〜六人が集まり、ブレインストーミングのテーマとなる疑問や問題を選び、二〇分〜一時間をかけて、その問題の解決アイデアをなるべくたくさん出していく。目的は、プロトタイプ化して実世界で試すことのできるアイデアを出すことだ。

ブレインストーミングでは、ある程度この手法の訓練を積んでいる協力的なひとびとが必要だ。適切な参加者を見つけるのはそう簡単ではないが、いったん見つかれば、プロトタイプ化したいアイデアがたくさん生みだせるだろう。一流の即興ジャズ・ミュージシャンと同じように、ブレインストーミングの名手はひとつのテーマを守りながらも、創造力を解き放ち、目の前の瞬間に没頭して、即興で独創的なアイデアを練るすべを知っている。そのため

には練習と集中力が必要だが、いったんマスターすれば、二度とアイデアに困ることはなくなるだろう。

このブレインストーミングは、アイデアを量産するための非常に体系的なアプローチであり、四つのステップからなる。あなたがファシリテーター（進行役）を務める場合、ふつうはテーマをもう決めていることだろう。最適なのは三〜六人の協力的なチーム。人数が集まったら、以下の手順で進行しよう。

①的確な疑問を掲げる

ブレインストーミングに適した疑問を掲げることが大事。ファシリテーターは、的確な疑問を練るプロセスを通じて、グループのエネルギーを一点に集める。疑問を練る際のガイドラインがいくつかある。

▼疑問を自由回答形式にする

自由回答形式になっていないと、あまりおもしろい答えは出ないし、量も少なくなってしまう。わたしたちの場合、アイデアを狭めることのないよう、「〜する方法はいくつ考えられるだろう？」という疑問文でブレインストーミングをはじめる。

クララは、「女性のエンパワーメントに影響を及ぼす活動を体験する方法はいくつ考えられるだろう？」という疑問を掲げて、ブレインストーミングをすることができたはずだ。チャンなら、大学院に進学する前に、「キャリア・カウンセリングの仕事とはどういうものだろう？　実際の仕事の様子を理解する方法はいくつ考えられるだろう？」という疑問を掲げて、ブレインストーミングができただろう。

▼疑問にうっかり答えを含めない

ビルのクライアントはしょっちゅうこれをやってしまう。たとえば、「倉庫用のはしごをつくる一〇の方法は？」というふうに。これはあまりよい疑問の掲げ方とはいえない。はしごという答えを出してしまっているからだ（しかも一〇個という上限まで）。こういうときは、はしごの機能に着目するほうがよい。

「高い場所にある在庫商品を取れるようにする方法はいくつ考えられるだろう？」

「倉庫のスタッフが上下左右自由自在に動き回れるようにする方法はいくつ考えられるだろう？」

こうした疑問なら、はしごが唯一の答えだとは仮定していないし、はしごよりも独創的な解決策——たとえば倉庫用ドローン——を考える余地が生まれる。

▼疑問自体が無意味になってしまうほど漠然とした疑問を掲げない

ブレインストーミングを見学していると、「ボブが幸せになる方法はいくつ考えられるだろう？」というような疑問をたまに耳にする。

このような漠然とした疑問が失敗してしまう理由はいくつかある。第一に、「幸せ」の意味はひとそれぞれ。ポジティブ心理学によれば、幸せは「仕事」や「社会生活」といった文脈に依存するという。なので、文脈がなければどこから手をつけたらいいのかだれもわからない。考えるうえである程度の制約がなければ、プロトタイプ化できるアイデアも満足できるアイデアも生まれにくい。

「ブレインストーミングがうまくいかなかった」と言うひとびとの話をよくよく聞いてみると、たいていの場合は疑問の掲げ方がよくない。疑問に答えが含まれていたり、疑問があいまいすぎたりするのだ。わたしたちの四つのステップを使ってブレインストーミングをはじめるときは、まずこの点に注意しよう。

②ウォームアップ

ブレインストーミングを成功させるには、忙しく仕事をこなす受け身の日々から、創造力を解き放つリラックスした状態へと移行しないといけない。分析的で批判的な脳から統合的で自由奔放な脳へと頭を切り替えるためには、ちょっとしたきっかけや演習が必要だ。これは心と体の問題なので、そういう切り替えが上手になるまでにはある程度の訓練がいる。優秀なファシリテーターは、率先してウォームアップをおこない、全員の創造力をほぐす。みんながバリバリとたくさんアイデアを出せるよう、必ずウォームアップをおこなおう。

わたしたちが学生たちと毎回おこなっているウォームアップ用の演習や即興ゲームはたくさんあるが（詳しくはウェブサイト https://designingyourlife.jp で）、そのなかでも手軽でつねに効果抜群なのが「粘土」だ。ビルはおもちゃメーカーに勤めていた時代からの粘土好きなのだが、粘土は大人を童心に返らせる魔法の素材だ。ブレインストーミング中に粘土をいじってもらうだけでも、まちがいなくよいアイデアがたくさん出る。

③ブレインストーミング開始

先ほど触れたとおり、ブレインストーミングにはファシリテーター（進行役）が必要だ。ファシリテーターの役割は次のとおり。

- 静かで快適な部屋を準備する
- 参加者全員にペンと付箋紙または紙を配る
- 的確な疑問を掲げる手助けをする
- ウォームアップを実施する
- 全員の発言を記録する
- ルールを管理する

参加者全員がペンとメモ帳を手元に置き、出されたアイデアを書き留めるといいだろう。

そうすれば、ファシリテーターが参加者のアイデアを記録し終わるまで待たなくてすむし、名案をうっかり記録しそこねる可能性が低くなる。

ブレインストーミングのルールは以下のとおりだ。

ブレインストーミングの四つのルール

Ⅰ質より量を重視する
Ⅱよし悪しの判断を先送りし、アイデアを飲みこまないようにする
Ⅲほかのひとびとのアイデアを発展させる
Ⅳ大胆なアイデアを歓迎する

Ⅰ「質より量を重視する」は、グループ全体の共通の目標を定めるもので、前向きなエネルギーを刺激する。優秀なブレインストーミング・チームは、いつもぐつぐつとアイデアが煮えたぎっていて、アイデアが枯れることはめったにない。

Ⅱ「よし悪しの判断を先送りし、アイデアを飲みこまないようにする」は、心に浮かんだクレイジーなアイデアを安心して口に出してもらうためのルールだ。人間は愚か者と判断されるのを恐れる。そして恐怖は創造力をシャットアウトする。そういうことが起きないようにするためのルールだ。

Ⅲ「ほかのひとびとのアイデアを発展させる」は、四人組のジャズ・バンドの奏者がひとり前の奏者の音楽的アイデアを借用し、発展させるのと似ている。ブレインストーミングではグループの集団的な創造力を活かすべきであり、このルールはそうした創造力の相互作用を促す。

Ⅳ「大胆なアイデアを歓迎する」のは、大胆なアイデア自体が役立つからではなく（最終的には却下されることが大半）、型どおりの思考という檻から抜けだす必要があるからだ。檻から抜けだし、クレイジー・ランドでしばらく過ごせば、より革新的で独創的なアイデアが出てくるようになる。大胆なアイデアは、もっとも貴重なプロトタイプの種を含んでいることも多いのだ。

④結果に名前をつけ、解釈する

おそらくこれがブレインストーミングの最重要ステップなのだが、わたしたちが見ていると、ほとんどのグループが省略してしまっている。付箋紙だらけの壁をスマホで撮り、全員でハイタッチして、帰ってしまうのだ。

しかし、壁を埋め尽くす情報はたいへんはかない。その場できちんと処理してやらないと、アイデアの新鮮味や相互関係が失われてしまう。しばらく時間がたつと、参加者の多くはなにもしていないような気分になり、ブレインストーミングの成果などすっかり思い出せなくなってしまう。

では、どうすればいいのか？

まずはアイデアを数えよう。たとえば「一四一個のアイデアが出た」と言えるようにすること。テーマやカテゴリー別に同類のアイデアをまとめ、それぞれのカテゴリーに名前をつけ、最初に掲げた疑問と照らし合わせて結果を解釈しよう。独特のカテゴリーには、そのカテゴリーに分類されるアイデアの本質をずばり表わすような楽しい名前をつけるのがコツだ。わたしたちがよく使うのは次のようなカテゴリー名だ。

・いちばん興奮したアイデア
・お金を気にしなければやってみたいと思うアイデア
・大穴のアイデア（たぶん成功しないけど、成功したら万々歳）
・理想的な人生にいちばん近そうなアイデア
・物理法則を無視すればアリのアイデア

次は投票。投票は大事なステップなので、参加者が互いの影響を受けないよう、相談なしでおこなうこと。カラー・シールを貼って投票していくのがオススメだ。

投票が終わったら、みんなの選択について話し合い、場合によっては再分類し、解釈しなおす。そうしたら、まずどのアイデアをプロトタイプにするかを決めよう。

この四つのステップを終えたとき、こう言えるようにすることが目標だ。

「一四一個のアイデアが集まり、六つのカテゴリーに分類した。最初に掲げた疑問と照らし合わせ、プロトタイプにできそうな八つの有力な案を選んだ。そのリストに優先順位をつけた結果、最初のプロトタイプは……」

大胆なアイデアからほんの少し譲歩するだけで、名案に化けることもよくある。

たとえば、クララがブレインストーミングで、「女性向けの非営利組織に寄付する経験豊富なドナー一〇〇人と会う」というクレイジーなアイデアを思いついたとする。一〇〇人と会うのはムリだと内心では思っていたが、なるべく多くのひとの経験や知識に触れるというアイデアは捨てがたい。では、少し譲歩して、ドナー団体を探すというのはどうだろう？

そう、クララがカリフォルニア女性財団でしたのはまさにそれだ。

先ほどの四つのステップに従い、このような成果が出れば、あなたのブレインストーミングは大きな価値をもつ。プロトタイプ体験を考えだすという目標に向かって突き進むエネルギーと勢いが得られる。ブレインストーミングは、新しいアイデアが必要なとき、他者の力を借りたいとき、あなたの信頼するひとびとと一緒にもう少しだけ人生を楽しみたいときにはいつでも使えるツールなのだ。

第5章で説明した冒険プランの発表会と、プロトタイプ体験のアイデアを練るライフデザイン・ブレインストーミングを組み合わせると効果的だ。あなたのプランにフィードバックを返すだけでなく、一緒にアイデアやプロトタイプを練り、あなたのライフデザインに直接貢献できるとしたら、あなたの協力者はいっそう楽しんでくれるにちがいない。

やってみよう

プロトタイピング

①あなたが書いた三通りの冒険プランとそれぞれに関する疑問点を見なおす。
②その疑問の解決に役立ちそうなライフデザイン・インタビューのリストをつくる。
③その疑問の解決に役立ちそうなプロトタイプ体験のリストをつくる。
④行きづまったら、協力してくれるひとびとを集めてブレインストーミングをおこない、さまざまな可能性を探る（チームがないなら、マインドマッピングを試そう）。
⑤ライフデザイン・インタビューや実体験の機会を積極的に探し、プロトタイプをつくる。

第7章　仕事探しの落とし穴

——ほかの応募者を出し抜く就活術

エリートでも就活に全滅する

スティーブ・ジョブズとビル・ゲイツは、履歴書を書いたことも、合同就職説明会に行ったことも、完璧なカバー・レター（履歴書に添える自己PRのための挨拶状のこと）の完璧な第一文や完璧な文体に悩んだこともない。ライフデザインの辞書に完璧という言葉はないし、アメリカの求職者が職探しに用いる標準的なモデル——成功率五パーセント未満ともいわれる方法——もまちがいなく完璧とは程遠い。そう、アメリカ人の九割が、成功率五パーセントにも満たない職探しの手法に頼っているわけだ。

カートは、イェール大学で持続可能建築の修士号、スタンフォード大学のわたしたちのプログラムでデザインの修士号を取得し、二年間フェローを務めた直後、妻のサンディの初の妊娠を知った。ふたりはサンディの実家近くで家庭を築くため、シリコンバレーからジョージア州アトランタに引っ越した。カートはとうとう輝かしい学位を引っさげ、家族を養える楽しい仕事を探すことを決意する。

当然、彼はデザイナーの考え方を身につけていたが、ジョージア州に着くなり、大忙しで就職活動をはじめた。本気で仕事を探すという意志を、自分自身はもちろん、妻や義理の両親に示したいと思ったからだ。

彼は自分の履歴書に合う地域の求人情報にじっくりと目を通した。その結果、現実味の高い求人を見つけ、印象的な履歴書と一通一通丁寧に書いたカバー・レターを添えて、三八社の職に応募した。

ふつうなら、採用担当者たちをうならせ、数えきれないくらいのオファーをもらってもおかしくなかったが、そうはならなかった。応募した三八社のうち、八社からぴしゃりとお断りのメールが届いた。残りの三〇社は？　音沙汰なしだ。そう、八社に断られ、残りの三〇社に無視されたわけだ。面接も、オファーも、電話もなし。彼はガッカリし、やる気をなくした。なにより、生まれる赤ちゃんを養っていけるのか心配になった。

これがイェール大学とスタンフォード大学を卒業した優秀な男の話なのだ。ほかのひとはどうしろというのだろう？

カートの最初のアプローチ――職探しの標準モデル――は、ほとんどのひとが使うものだ。ネットや企業のウェブサイトで求人情報を探し、職務記述書を読む。それが自分に〝ぴったり〟な仕事だと判断したら、履歴書とカバー・レターを送り、人事責任者から面接の連絡が来るのを待つ。

待つ。

まだ待つ。

ひたすら待つ。

問題は、雇用者の実に五二パーセントが、応募者の半数以下にしか返信しないと認めていることだ。[1]

この標準モデルがこれほど失敗するのは、あなたにとってぴったりな仕事がどこかであなたを待ち受けているという誤解が前提にあるからなのだ。

ネットは本当に究極の就活ツールか？

どういうわけか、インターネットが究極の就活ツールという考えが主流になったが、これも行きづまり思考のひとつだ。この思いこみは大きな失望につながる——やる気の喪失とセットで。

夢の仕事といわれるような最高の仕事はまず公開募集されない。いつか次世代のグーグルやアップルに化けるような新興企業のもっともおもしろい職は、ネットに公開される前に埋まってしまう。社員五〇人未満で、まともな人事部もないような企業は、ワクワクする職場であることも多いのだが、定期的に求人募集はしない。大企業の場合、もっとも興味深い職は社内のみで求人募集がおこなわれるので、外部には公開されない。そのほかの多くの職も、口コミや人脈を通じて埋まらなかったときにはじめて公開で募集される。そう、だからネットでは最高の仕事は見つからないのだ。あなたのいとこの友人の兄がネットで仕事を見つけたといくら熱弁を振るっても、それが事実だ。

ネット就活に頼っていると、見栄えのよいカバー・レターをつくったり、応募する職に合わせて履歴書を修正したり、何十件ものオンライン応募を管理したりするのに膨大な時間をとられてしまう。それだけの時間と労力をかけても、返ってくるのはせいぜい耳をつんざくような無言ばかりだ。ネット就活で前向きなフィードバックが返ってくることはあまりにも少ないので、就活というただでさえつまらない活動がもっとつまらなくなってしまう。ネットだけで職を探すのは究極の骨折り損なのだ。

そのため、ネットだけに頼って職を探すのはお勧めしないが、そうはいってもネットには毎週無数の求人情報が掲載される。ネットの求人情報をかき分け、仕事の選択肢を広げたいひとのために、ネット就活の成功率を上げるヒントを――関係者目線で――いくつか紹介しておこう。

職務記述書のカラクリ

ただし、誤解しないでほしい。世界の人事責任者に悪意があるわけではない。プロセスに問題があると言いたいのだ。中・大規模の平均的な企業は、年に何百回も求人募集、面接、採用をおこなうので、一回一回にそんなに時間をかけられない。だれだって有望な候補者を逃したくはないので、企業はかなり一般的な説明をつけてネットに求人情報を出し、なるべく多く応募を集めようとする。こうした採用活動は、人事責任者の日常業務に加えておこなわれるので、正確な情報の掲載に時間と注目が費やされることは少ないのだ。

「わたしの履歴書はこの職務記述書にぴったりだ！」と思って応募したのに、履歴書を受けとったという確認の連絡さえ来ないなんて経験は何度あるだろう？　関係者目線で採用プロセスについて理解していれば、より納得がいくと思うし、余計な気苦労をしなくてすむだろう。

①ふつう、ウェブサイトに公開されている職務記述書は、人事責任者や、実際の仕事についてきちんと理解しているひとが書いているわけではない。

②職務記述書を読んだだけでは、採用に必要な条件はまずわからない。

具体的に説明するため、ネット上の実際の職務記述書から抜粋した（または参考にした）文章について分析してみよう。ほとんどの募集要項には、企業の求める人材について説明するふたつか三つのセクションがある。

セクション1：導入部分

これは職務記述書の冒頭部分であり、次のような内容を含むことが多い。

X社では次の条件を満たす候補者を探しています。

・高い文章力とコミュニケーション能力
・高い分析スキル
・ビジネスプランや報告書の高い作成スキル
・高いモチベーションと創造力
・物事に優先順位をつけ、すばやく行動する能力
・高い自発性、行動力、細部への注意力
・イノベーション能力と市場の知識
・顧客の役に立ちたいという情熱

こうした条件はとても一般的なものなので、その仕事については実質的になにもわからない。優秀な従業員のもつスキルではなく、特徴にすぎない。履歴書を見ただけでそういう人材をふるい分けるのはほとんど不可能でもある。

セクション2：スキル

その次に、ふつうは必要な学歴やスキルを非常に細かく記したセクションがある。

応募者に必要な経験

・（その企業と同じ分野における）一〇年間の経験と学士号、修士号、または博士号
・（その企業で使用されている古いソフトウェア・プログラムに関する）五～一〇年間の使用経験
・（その企業の従業員しかやり方を知らない業務に関する）三～五年間の実務経験

職務記述書のこの部分は、つねに前任者のもっていたスキル、つまり前例をもとにしている。職務内容が将来的に変わる可能性や、半年後に会社が別のソフトウェア・プラットフォームに移行し、条件に指定されている知識が不要になる可能性は考慮していない。また、健全な成長企業では事務手続きや業務の手法が絶えず変化していくという事実も無視している。

セクション3：候補者に必要な特別な資質

待ってほしい。まだ終わっていない。職務記述書をよくよく見てみると、おもしろい部分が隠れている。この記述書を書いている人事担当者や管理者が、忙しさのせいか、説明のなかにうっかりと真実を漏らし、次のような条件を加えてしまうのだ。

・この役職は気弱なひとには向きません。根性のあるひとだけ応募してください。

つまり、「どうしてもこの仕事がしたいひとだけ応募してください」という条件だ。「この仕事は最悪なので、イヤな仕事にも耐え抜いてきた根性のあるひとだけ応募してください」という意味だ。

・理不尽なほど厳しいスケジュールのなかで、信じられない量の仕事をこなせるスーパーヒーローを求む。

「スーパーヒーロー」という条件は、「この仕事は不可能なのでだれにもできません」と読み替えられる。

・エレガントで刺激的な解決策を生みだせるだけでなく、戦略を分析し、同僚と話し合う際に、発想力や説得力を発揮できる人物を求む。

わたしたちはこれを「希望的観測」条件と呼んでいる。求職者はだれしも、自分は発想力や説得力があり、エレガントで刺激的な人間だと思っている。全員がそう考えているということは、候補者をふるい分けるのにはあまり役立たない。

これらはわたしたちの創作ではない。大企業の求人サイトから直接引っぱってきた言葉だ。そして、企業にとって賢明な策とはいえない。こうした職務記述書で最高の候補者ばかりが集まるとは考えにくいからだ。裏を返せば、こうした職務記述書が書かれる仕組みを知っていれば、ネット就活の成功率をアップさせる方法はいくらでも考えられるのだ。

目立つ前に「フィット」させよう

面接の候補者として検討してもらうには、最終的にあなたの履歴書がほかの履歴書の山のいちばん上に来なくてはならない。となると、最初にしなくてはならないのは、相手の求める条件にうまく「フィット」させることだ。

といっても、ウソをつけという意味ではない。履歴書の山のなかからあなたを見つけだしてもらいたいなら、会社が使っているのと同じ言葉で自分を表現することが必要なのだ。ただあなたの万能ぶりをアピールするのは早い。あなたが条件に「フィット」するかどうかを評価しづらくなるからだ。

ネットで履歴書を集める中・大企業の大半は、履歴書をスキャンして人事データベースや「人材管理」データベースにとりこむ。人事責任者はいちいち履歴書に目を通さない。あなたの履歴書はそのデータベースのキーワード検索によって〝発見〟されるだけ。そして、使われる検索キーワードのほとんどは職務記述書のなかにある。だから、発見してもらう確率を高めるには、職務記述書の冒頭部分で使われているのと同じ単語を使うのがいいのだ。

必須と書かれているスキルは重要だが、採用や不採用の決め手にはならないことが多い。職務記述書は将来ではなく現在の仕事に基づいて書かれているからだ。あなたがそのスキルをもっているとしたら、すばらしい――履歴書に一言一句書き記そう。もっていないとしても、似たようなスキルを具体的に書き記そう。その際、職務記述書に基づくキーワード検索でヒットしそうな言い回しを心がけるべきだ。

最後に、「候補者のふるい分け」の段階では、採用担当者は会社の求めるスキルと一致する人材を求めている。首尾よく面接まで進んだら、入念な準備のもと、自分が条件と「フィット」する人材であることを語ろう。あなたがソフトボール・チームのトライアルを受けていて、監督がピッチャーを求めているなら、監督が探しているのは当然ピッチャーだ。キャッチャーでもライトでもない。面接では、野球カードの収集、野球クイズ大会の優勝経験、野球ボール型のケーキづくりの趣味についてではなく、ピッチングについて話すべきだ。候補者のふるい分けの段階で、職務記述書にないほかの才能やスキルの話をしても意味がない。ポイントがずれている、またはその職務に興味がないと思われてしまうだろう。悪くすれば、訊かれてもいない質問に答えるような、ひとの話を聞かない人物と思われてしまう。「目立つ」ことが必要な段階はあとでたくさんある。しかし、それを最初の段階でやってしまうと、候補者のリストから弾かれてしまうだろう。

以下に、ネット就活をより効果的にするコツをまとめてみた。参考にしてほしい。

コツ①：求人募集で使われているのと同じ言葉を使って履歴書を書きなおす。

たとえば、先ほどの例でいえば、

「文章が得意で、コミュニケーションに自信があります」を「高い文章力とコミュニケーション能力」に、「顧客中心の姿勢」を「顧客の役に立ちたいという情熱」に書き換えよう。キーワード検索で発見してもらえる可能性が高くなる。

そして、惜しみなく自己アピールをしよう。いまは遠慮している時ではない。「やる気」や「創造力」はだれでももっているはずだ。

コツ②：「必須」とされている具体的なスキルをもっている場合、ネットの求人募集に書かれたとおりに履歴書に記載する。

そのスキルをもっていない場合は、キーワード検索でヒットしそうな単語を使って、あなたのスキルを説明する手を考えよう。

コツ③：履歴書を記載されている職務に一致させる。

たとえ職務記述書が漠然としていても、こうすることであなたの履歴書が検索でヒットする確率が増す。そうしたら、相手の言葉をなるべく多く用いて、あなたが会社に提供できるスキルを説明しよう。その仕事があなたに合う理由ではなく、あなたが会社に対して貢献できる内容に着目すること。履歴書や初回の面接では、マルチな才能をアピールするより、会社のニーズに応えることに専念したほうがいい。相手の求める最低限のスキルをもっていると納得してもらえたら、次はスキルの深みをアピールする。「目立つ」べきなのはそのときだ。

コツ④：きれいに印刷しなおした新しい履歴書を面接に持参する。

おそらく、あなたが履歴書の作成にかけた手間をはじめて披露する機会だ。

ほかにも、ネット就活で痛い目を見ないためのポイントがいくつかある。そのポイントを押さえておけば、何百時間ものムダな職探しを省けるかもしれない。

「スーパーヒーロー求人」にご注意

わたしたちの経験からいうと、企業が現在の社員ではとうてい満たせないような求人条件を掲載することはよくある。この経営者の希望的観測は、アメリカの企業界をむしばむ病理といえる。そのプロセスとはこうだ。

元社員のジェーンは優秀なプログラム管理者だったが、X、Y、Zのスキルもあれば文句なしだった。そこで、ジェーンが仕事を辞めると、会社は「スーパー・ジェーン」の求人募集を出した。ジェーンがもっていたすべてのスキルと、X、Y、Zのスキルを応募要件に加え、あとは幸運を待つというわけだ。

この「スーパーヒーロー」求人を出し、キーワード検索で履歴書を集めると、電話で候補者を選別する。面接の日取りを設定し、次々と候補者を面接するも、「スーパー・ジェーン」はいっこうに現われない。そもそも、その新しい職務記述書に一致するひとは、ジェーンと同じ給料で働くわけがないだろう。このような面接プロセスは初めから半ば破綻している。面接チームと候補者の両方ともが燃え尽き、結局はだれも採用されない。

あなたがこのような面接プロセスに巻きこまれたら、すぐに察知しないといけない。ひとつの方法は、その求人情報の掲載期間を確かめるというもの。まともな雇用市場なら、求人情報が四週間以上も残っていることはまずない（最長でも六週間）。

もうひとつの手は、いままでの面接人数を訊ねるというもの。どちらも、舞台裏で起きていることを知る手がかりになるだろう。確かめるのは意外に簡単だ。面接チームのひとりに訊ねてみればいい。えんえんと採用者が見つからない状況に陥ったら、相手もどこかがおかしいと気づき、不満をもちはじめるので、きっと教えてくれるだろう。もしかすると、会社を辞めたいと告白しだすかもしれない。そういう例はあなたが思う以上に多いのだ！

わたしたちの経験では、八人以上が断られているとしたら、たぶん採用プロセスは破綻している。その企業が最高の職場ではないというサインだ。一目散に出口へと向かうほうがあなたの身のためだ。

「幽霊求人」にだまされるな

幽霊求人も注意すべきサインだ。多くの企業には、市場から最高の候補者を見つけて採用したということにするため、だれかを採用する前に求人募集を出すという規定がある。しかし、管理者が内定者を社内や社外ですでに選んでいることも多い。しかし、社内の規定に引っかからないよう、彼らは秘密の内定者の履歴書にぴたりと一致するとても詳細な職務記述書を書き、「幽霊求人」として掲載する。そして、規定で定められている二週間だけ待ち、形だけの面接を何人かおこない、ずっと前から決まっていた内定者を採用するのだ。職務記述書は内定者の履歴書にぴたりと一致するよう書かれているので、人事責任者は最高の適任者を選んだことを〝証明〟できるというカラクリだ。

こうした〝求人〟はそもそも存在していない。たとえあなたが求人を見つけ、本物だと思って応募しても、会社から返信は来ない。最悪の場合、絶対に合格しない形だけの面接に呼ばれ、時間をムダにするはめになる。

幽霊求人を見破るひとつのコツは、企業のウェブサイトで職務記述書が入れ替わるスピードを確かめるというもの。一、二週間ごとにとっ替え引っ替えするようなら、幽霊求人の可能性アリだ。

人気企業に応募するときの注意点

人気企業――だれもが働きたいと思うような急成長中の会社――に応募するときの注意点がある。シリコンバレーでいえば、グーグル、アップル、フェイスブック、ツイッターのような超有名企業だ。人気企業は健全な業界であれば必ずある。あなたが興味をもっている業界にもおそらくいくつかあるだろう。

問題は、条件を満たす候補者どころか最高の候補者が余るほどいるという点だ。募集人数をはるかに超える一流の候補者がいるのだ。その結果、人気企業は優秀な人材が見つかるかという心配はいっさいしていない。人気企業が心配しているのは、むしろ無能な人材を雇ってしまうことだ。本当は平凡な人材を優秀な人材と思いこんで採用してしまうと、その企業にとっては悪夢でしかない。

採用ミスは驚くほど大ダメージをもたらす。近年では解雇のハードルは高いし（雇用訴訟は空前の多さだ）、無事に解雇できたとしても、採用プロセス全体を一からやりなおすはめになる。その採用者がするはずだった重要な仕事はなされず、スケジュールはどんどん遅れ、出費はかさむ一方。

そういうわけで、企業は無能な人材の採用を防ぐためならなんでもする。本当は優秀な人材を見逃すこともかなり大目に見るのだ。うっかり優秀な人材を見逃しても、人気企業にとっては痛くもかゆくもない。優秀な候補者はいくらでもいるので、多少とりこぼしたとしても、無能な候補者をうっかり雇うよりはずっとマシなのだ。

したがって、時に人気企業の採用プロセスは地獄絵図のようになる。優秀な人材が確《かく》たる理由もなく却下されることもしょっちゅうだ。もちろん、あなたにもその可能性はある。こういう企業には、現実離れした応募要件どおりの人材が集まる（先ほど、そんなことは現実には起こらないと話したが、人気企業は現実さえも歪めてしまう）。そのため、あなたが企業の求める人材像と一致していなかったり、ほんの数日遅れをとったりしただけでも、チャンスを失ってしまうかもしれない――どんなにあなたが優秀な候補者であってもだ。彼らは優秀な人材を見逃しても気にしない。気にする必要がないからだ。意地の悪さの問題ではない。それが人気と成功を手に入れた企業の賢い経営判断なのだ。

これは重力問題であり、あなたにはどうしようもない。人気企業に応募しようと思うなら、相手のルールに従い、自分が勝利の条件を満たしていると祈るしかない。もちろん、人気企業も優秀な人材を採用したいと願っているし、いったん入社してしまえば最高の職場になるかもしれない。人気企業で働きたいと思うなら、前に説明したライフデザイン・インタビューを用いて、社内のひとびとと関係を築こう。個人的なコネはおおいに役立つ。それでも採用プロセスを突破する必要はあるが、コネがないよりは有利に働くだろう。もちろん、挑戦するなとは言っていない。人気企業の社員の多くが自分の仕事を愛しているわけだから、挑戦する価値はあるだろう。ただし、勝ち目が少ないことを残酷なくらい正直に認め、じっくりと作戦を練るべきだ。

本当の仕事探しとは

お気づきかもしれないが、世の中にはこんな求人募集は見当たらない。

・自分の仕事観と人生観を結びつけたいと思っている人材を求む
・最高の仕事とは自分にしかない強みをうまく発揮してこそ見つかるものだと信じている人材を求む
・高い一貫性、物覚えの早さ、高いモチベーションをもつ人材を求む——残りは入社してから学んでいただきます

完璧な世界なら、こういう求人であふれかえるだろう。

しかし、現実はこうだ。企業は実際の仕事について実質的にほとんどなにも語らない残酷な職務記述書を掲載し、スーパーヒーローや根性に関する不条理なコメントで説明を覆い尽くす。わたしたちがネットで見つけた職務記述書のなかで、本書で議論してきた問題に触れ

ているると思われるものはひとつもなかった。人間はなぜ働くのか？　仕事はなんのためにあるのか？　そういう深い話題についてとり上げているものはなかった。そんな仕事に応募しようと思うひとがいること自体、不思議だ。

ただ、思い出してほしい——ライフデザイナーは重力問題には立ち向かわない。わたしたちはネットの求人情報を〝正す〟つもりなんてないのだ。でも、心配は無用。ネット上の職務記述書がほとんど無意味でも、相手と会話をはじめる出発点にはなりうる。

「認識」はライフデザインにとって重要だ。とくに、あなたがキャリアをデザインしようとしているならなおさら大事だ。あなたが採用、職務記述書の作成、履歴書の選別、面接のプロセスを雇用者側の視点から理解すれば、採用の確率は格段にアップする。「共感」もデザイン思考の重要な道具だ。履歴書の山に埋もれるかわいそうな人事責任者に共感し、理解すれば、より効果的な就活をデザインする方法がわかるだろう。ちょっとした——とはいえ重要な——視点の切り替えで、採用率はぐっと上がる。

行きづまり思考↓自分にふさわしい仕事を見つけることに着目するべき。
こう考えなおそう↓適切な人材を見つけようとしている人事責任者の視点に立つべき。

そう、あなたにぴったりと合う完璧な仕事なんてない。
でも、目の前の仕事をじゅうぶん完璧なものにすることならできるのだ。

第8章　夢の仕事をデザインする
――仕事のオファーが舞い込む驚異のアプローチ

就活に全滅した学生が引く手あまたになったワケ

行きづまり思考→夢の仕事がどこかでわたしを待っているはず。
こう考えなおそう→夢の仕事とは、積極的に追い求め、ほかのひとびとと一緒につくり上げていくことにより、自分でデザインするもの。

では、あなたの夢の仕事があなたを待ち受けていないとしたら、どこを探せばいいのだろう？

まず、ひとつだけはっきりさせておこう――夢の仕事なんてものははじめから存在しない。

ユニコーンも、タダ飯も。おもしろい仕事ならたくさんある。誠実に仕事をしようとしている真面目で勤勉な社員たちが、そういう価値ある組織を築いている。実際、よい職場、よい同僚に恵まれたよい仕事というものはある。そんな仕事を、あなたが心から好きになれる完璧に近い仕事に変えることはできるだろう。わたしたちが探すお手伝いをできるのはそういう意味での〝夢の仕事〟だが、その種の仕事のほとんどは隠れた求人市場のなかにあり、いまのあなたには見えないのだ。

ひとつ前の章で説明したとおり、ネット就活はお勧めしない。事実、アメリカでは全仕事の二〇パーセントしかネットなどに公開されない。つまり、空きがある仕事の実に八割は、職探しの標準モデルでは見つからないわけだ。これはものすごい数字だ。多くのひとが職探しで失望を味わい、拒絶された気分になるのも不思議はない。

では、この隠れた求人市場に忍びこむには？　実は、不可能だ。「隠れた求人市場に忍びこむ」ということ自体がありえないのだ。隠れた求人市場とは、すでにその業界の職業ネットワークに属しているひとびとにしか開かれていない求人市場だからだ。いわばインサイダーの市場であり、一般の求職者としてそのネットワークに入りこむのはほとんど不可能なのだ。

ただし、業界に心から興味をもつ人間——仕事を探しているのではなく、ただ話を聞きたがっている人間——としてネットワークに潜りこむことならできる。第6章で、あなたの追求すべき仕事を見つけだす最善の手段として、「ライフデザイン・インタビュー」を紹介した。いったん興味のある分野が見つかったら、こんどはその分野の隠れた求人市場に忍びこむ最善の（唯一ではないにせよ）手段として、またしてもライフデザイン・インタビューが役立つ。

第7章で登場したカートを思い出してほしい。彼はイェール大学とスタンフォード大学の修士号をもち、三八社に応募しながらも全敗した。彼は従来の就活のやり方でうまくいかず、すっかり落胆した。彼はデザイン思考を就活に活かすべきだと気づき、求人に応募するのをやめ、ライフデザイン・インタビューを実践しはじめた。彼は自分が心から会いたいと思ったひとびとと五六回の正真正銘のライフデザイン・インタビューを重ねた結果、七つのすばらしい仕事のオファーをもらい、現実的な意味での夢の仕事を手に入れた。

現在、彼は環境的に持続可能なデザインの分野で、ある企業の正社員として働き、柔軟な勤務時間、短時間通勤、なかなかの給料、やりがいのある仕事という四拍子の揃ったキャリアを送っている。そして、彼が七つものオファーを受けたのは、仕事を求めたからではなく、「人生談を聞かせてほしい」と五六回頼んだからなのだ。

思い出してほしいのだが、このインタビューの目的は、特定の仕事や役職について学び、将来的に自分でその仕事を試してみたいかどうかを知ることだ。なので、インタビュー中は仕事を求めたりはせず、話を聞くことに専念する。

「ちょっと待った。確かカートは五六回のインタビューで七つの仕事のオファーをもらったはずでは？　いったいどうやって？　どうして話を聞いているだけで仕事がもらえるのか?」

いい質問だ。そして重要な質問だ。ただ、答えは驚くほどシンプルだ。

ほとんどの場合、話を聞かせてくれるひとびとは人助けモードになっている。

「カート、うちの仕事にかなり興味があるようだね。それに、きみのいままでの話を聞いていると、うちの戦力にもなってくれそうだ。どうだい、うちみたいな職場で働こうと思ったことはないかな?」

わたしたちがお勧めしているアプローチが仕事のオファーにつながるケースでは、半数以上が向こうからオファーを切りだす。あなたはなにもしなくてよい。向こうが切りださなければ、会話を相手の話から仕事の話へと切り替える質問をひとつだけしてみよう。

「御社の話を聞き、ここのひとたちと会うにつれて、どんどん興味がわいてきました。わたしのような人間がこの組織に入ろうと思ったら、どういうステップが必要なのでしょうか?」

それだけだ。この質問をされると、相手はすぐさまギアを切り替え、あなたを候補者として客観的にとらえはじめる。そう、彼は脳を「評価」モードに切り替えはじめるのだ。でも、それでOK。いつかはそういう瞬間がやってくるので、タイミングを見計らって切りだしてみよう。

ただし、「うわあ、最高の職場ですね! 求人はありませんか?」などと言ってはダメだ。先ほど述べた理由で、答えはおそらく「ノー」だろう。「どういうステップが必要なのでしょうか？」という質問は、イエスかノーかの質問ではないので、可能性ははるかに膨らむ。現在求人があるかどうかは関係ないのだ。そして、すでに関係を築き、一定の信頼を勝ちとった相手にこの質問をすることで、率直ながらも協力的な回答が期待できる。場合によっては、こんなふうに答えてくれるかもしれない。

「うちでは近いうちに求人の予定はないが、パートナー企業のひとつに、きみにぴったりだと思う会社がある。『グリーン・スペース』という会社なんだけど、だれかと会ったことは？　きみが気に入りそうな会社なんだ」

こういうことは起きる――しょっちゅう。

ちなみに、カートがオファーをもらった七社のうちの六社は、彼から仕事について切りだしたわけではなかった。彼はインタビュー相手の話を聞いていただけ。そのうち向こうが切りだしてきたのだ。

彼が受けとったオファーは、ひとつを除いてみな非公開の求人――隠れた求人市場の一部――だった。結局、彼は唯一公開されていた仕事を引き受けたが、求人が公開されたのは、彼がCEOとのインタビューの予定を組んだあとだった。インタビューがあまりにもうまくいったので、求人が公開された時点では、彼に内定が決まっていた。

そうそう、カートの物語について、ひとつつけ加えておこう。彼が現在勤めている会社の最終面接は、五人の取締役が相手だった。相手の最初の質問はこうだった。

「あなたはこの地域の持続可能建築の業界で、パートナー関係の構築に貢献する自信はありますか？　ジョージア州には引っ越してきたばかりのようですが……」

テーブルを見渡すと、びっくりすることに五人の取締役のうち三人は、一緒にお茶を飲んだ仲だった。彼はこう答えた。

「こうして、あなた方の三人ともう関係を築いています。同じことをこの組織の一員として継続していきたいと思っています」

彼は面接に見事合格。その前に豊富な人脈を築いていたおかげだった。

人脈はもうひとつのワールド・ワイド・ウェブ

カートはインタビューに本腰を入れはじめたとき、会うべきひとびとへの「紹介」を得るため、あらゆるタイプのひとびとに連絡する必要があった。そのために必要なのが「人脈づくり」だった。彼は知り合いやその知り合い、時にはオンラインで見つけた赤の他人にも連絡した。そうして、彼は片っ端から訊ねていった。

「アトランタ地域の持続可能建築について詳しく知るには、だれの話を聞けばいいでしょう？」

たいへんな作業だった。カートの好きな作業ではなかったが（だれでもそうだろう）、結局は功を奏した。そして、これこそが絶対に必要なプロセスなのだ。

「人脈づくり」という言葉を聞くと、反射的に嫌悪感を抱くひとが多い。他人を操って漁夫の利を得ようとする自己中心的で口のうまいひとびとや、別のひとに近づく道具にしようとだれかにすり寄るペテン師をイメージするからだ。こうした悪いイメージは強烈で、映画や小説の登場人物や、わたしたちが会ったり聞いたりした実在のひとびとによって強められている。

こうしたステレオタイプな人間は実在しないわけではないが、幸いにもかなりの少数派だ。人脈づくりの見方を変えれば、悪いイメージを払拭できるかもしれない。

行きづまり思考→人脈づくりは人間を利用しようとするずるい手段。
こう考えなおそう→人脈づくりは「道を訊ねる」のと同じこと。

街を歩いていて、見知らぬひとに呼び止められた経験は？　そのひとは見るからに困った顔をしている。道に迷ったらしく、近くのカフェ、遊園地、骨董店の場所を知りたがっている。さて、あなたならどうする？　ほとんどのひとは道を教え、相手を助けるだろう。そのうち、相手は街の情報、オススメの観光スポット、あなたが案内したカフェのサービスについても訊ねてくるかもしれない。相手は目的地に向かい、あなたも歩きだす。

さて、あなたの道案内と情報をもって去った相手について、どう感じるだろう？　「まんと利用された」と思うだろうか？　次の日にお礼の電話が来ないとか、フェイスブックで友人になってくれないとか、あなたの都合なんておかまいなしに最寄りのカフェにたどり着くことばかり考えていることについて、イラッと来るだろうか？

もちろんそんなわけはない。相手は赤の他人だ。むしろ、人助けができてうれしいと思うだろう。この点は数々の研究で実証されている――ほとんどのひとは人助けが好きなのだ。人助けは人間のDNAに刻みこまれている。人間は社会的な生き物で、人助けはわたしたちを最高の気分にしてくれる。

カートはアトランタの持続可能建築という業界について右も左もわからずにいた。あなたは、香港のナノテクノロジー業界、ウィチタのクラフト・ビール業界、シアトルの救急救命室の看護師組合についてわからずにいるかもしれない。どうすればいいか？　現地のひとに道を訊ねればいい。話を聞くべきひとを紹介してもらうのは、道を訊ねることの職業版にすぎない。だから、思いきって道を訊ねよう。簡単なことだ。

人脈づくりの目的は、ネットワークを〝つくる〟こと自体ではなく、そのネットワークに参加すること。簡単にいえば、特定の会話――たとえば持続可能な建築についての会話――がおこなわれているコミュニティに入りこむことなのだ。人間の活動は、どんな分野であれ、生身の人間どうしの関係のネットワークによってつなぎとめられている。このネットワークこそが、社会のその部分を根底から支え、包みこみ、つなぎとめている骨組みなのだ。

わたしたちが属しているスタンフォード大学の「ネットワーク」は、スタンフォード大学をつなぎとめているし、シリコンバレーの「ネットワーク」は、テクノロジー起業を成功に導く西海岸のひとびとの緩いコミュニティといえる。

ほとんどのひとは職業的なネットワーク（同僚）と個人的なネットワーク（友人や家族）の両方をもっている。職業的ネットワークに入りこむもっとも一般的な方法は、個人的ネットワークによる紹介だ。これはえこひいきではなく社会的な行動だ。個人的ネットワークや職業的ネットワークを利用して、新たなひとびとをコミュニティ内の会話へと迎え入れるのはよいことだ。ネットワークは仕事を成し遂げるひとびとのコミュニティを維持するためにあるし、隠れた求人市場にアクセスする唯一の手段でもある。

インターネットが職探しを一変させる可能性があるとすれば、それは人脈づくりに関してだ。インターネットをオンライン求人情報の検索手段としてではなく、話を聞きたい相手を探し、連絡する手段として利用するわけだ。

先日、数年前に卒業したベラというわたしたちの教え子が、このアプローチのおかげで幸せに暮らしていると連絡をくれた。彼女は発展途上国への投資に影響を与えるという目標を見つけ、その分野で三つのすばらしいオファーをもらい、聞いたこともない投資専門会社のオファーを受け入れた。かかった費用はたった二〇〇回の会話だけ。わずか半年で二〇〇回。本当だ。

ベラの話によると、その二〇〇人のうちの優に一〇〇人以上は、グーグルとリンクトインを使って見つけ、連絡することができた。もちろん、ベラは個人や組織についてじっくりと下調べをし、できるだけ個人的な紹介を得られるよう人脈づくりに励んだが、インターネット・ツールを賢く利用したのが大きかった。リンクトインは探しているひとびとを見つけだすのに大助かりだ。こうしたツールの使い方のコツについては、多くの書籍やオンライン講座が出回っている（リンクトイン自身も提供している）。ぜひ利用しよう。リンクトインやグーグルの達人になれば、インターネットは無数の応募書類を吸いこむブラックホールから、魔法の道具へと早変わりするのだ。

仕事ではなくオファーに注目する

一九五六年設立の非営利組織「全米大学・雇用者協会」は、毎年、新卒生と雇用に関するデータをまとめている。最近の卒業生の平均給与は？ 雇用主が求めているスキルの上位は？ 新卒生が仕事にいちばん求めるものは？[1] 試しに、二〇一四年の卒業生が就活で重視することの一位を当ててみてほしい。正解は……

　仕事の性質だ。

　二位が給与、三位が職場の雰囲気。これで、まったく当てにならない就活生の希望条件のトップ3が完成だ。

　この希望条件のどこが問題なのか？ 問題は、就職が決まる直前まで、その「仕事の性質」が本当にはわからない——知りえない——ということだ。職務記述書の多くは無意味で不正確だし、ほとんどのひとは応募すらしないうちから、自分に〝向かない〟と思う仕事を除外してしまう（その仕事が実際にどういうものかも理解していないのに……）。この「卵が先かニワトリが先か」という厄介な問題は、あなたの潜在的な機会を大幅に狭めてしまう。

だからこそ、キャリア・デザインでは大きな視点の切り替えが必要だ。あなたが目を向けるべきなのは、仕事ではなくオファーのほうなのだ。

行きづまり思考→わたしが探しているのはわたしに合う仕事。
こう考えなおそう→わたしが探すべきなのは何通りかの仕事のオファー。

一見すると、たいしたちがいではないように思えるが、実はとても重要だ。こう考えると、

- どの仕事を検討するか？
- どういうカバー・レターや履歴書をつくるか？
- どう面接に臨むか？
- どう採用までこぎ着け、最終的に自分の求めている機会を手に入れるか？

など、なにもかもが変わる。いちばん変わるのはマインドセットだ。目の前の仕事――しかもまったく内容のわからない仕事――を引き受けるかどうかを受け身で判断するだけの人間から、その組織のなかでどういう興味深いオファーを得られるかを模索する人間へと変わる。そして、「評価」から「探求」、「受動的」から「能動的」へと視点が一八〇度ひっくり返る。大違いだ。

仕事を探そうとすると、目の前の仕事だけに意識が固定され、あなたの行動は採用担当者の説得だけに特化してしまう。

「ぜひわたしを採用してください」
「この仕事はわたしの究極の天職です」
「この職務記述書はわたしにぴったりです」
「わたしとこの仕事は運命のペアです。別々に生きるなんて考えられません」

というように。

実際の仕事の性質についてはあまりよくわからないので、採用してもらうには熱意を装うしかない。そう、ウソをつくか応募しないかの二者択一になってしまうのだ。

そして、ウソが好きなひとはいない。

しかし、仕事ではなくオファーを探せば、すべてが変わる。たったひとつの仕事を手に入れることから、なるべく多くの仕事のオファーを得ることへと目的が変わるのだ。もうウソをつく必要もないし、目の前の仕事に心から興味がもてる。「オファーについて検討させてください」というのは紛れもなく本当のことだからだ。これは言葉上の問題ではなくて、本音かどうかの問題だ。仕事探しからオファー探しへと視点を転換すれば、正直に、生き生きと、粘り強く、遊び心をもって次の役職や機会を探せる。そして皮肉にも、そのほうがむしろオファーを受けやすくなる。ひとびとは履歴書を雇うわけではない。自分の好きな人間、興味のある人間を雇うのだ。

では、わたしたちがいちばん興味をもつ人間とはどういう人間だろうか？　もうおわかりだろう。デートの相手であれ、職場の同僚であれ、自分にいちばん興味をもってくれている人間だ。

となると、話は巡り巡って「好奇心」へと戻る。好奇心は、ライフデザインでもっとも重要なマインドセットのひとつだ。はじめて就職しようとしているのであれ、転職を検討しているのであれ、第二のキャリアを選ぼうとしているのであれ、大事なのは心からの好奇心をもつこと。さまざまな可能性に心を開き、好奇心をもつという点こそ、ライフデザイン・インタビューやプロトタイプ体験の大切なポイントだ。わたしたちはこうした可能性のことを「隠れたすばらしさ」と呼んでいる。

「この組織のどこかで、わたしにとって興味深いことがおこなわれている可能性は二〇パーセントあるだろうか？　一〇パーセントならどうか？」

答えがイエスなら、探してみたくはないだろうか？　もちろんだ。それを探してみたいという強い気持ちが、本心からの好奇心を生み、その組織の「隠れたすばらしさ」を探そうという熱意へとつながる。あなたはそういう組織を、「自分には合わない」と決めつけて早々に見切ってしまってはいないだろうか？

詳しく調べてみるまで、オファーを求めてみるまでは、その仕事の性質なんてわからない。欠陥だらけの職務記述書からもわからない。原因は、その仕事やその企業に対する先入観にある。

実際にオファーを受けとるまでは、その仕事についてよくわからないことがほとんどだ。だから、なるべく多くのオファーを求めよう。あなたに必要なのは、そのなかのひとつが自分に合っているかもしれないという「可能性」だけ。可能性さえあればいい。

いつの日か、全米大学・雇用者協会の毎年恒例の調査で、大卒生が仕事に求めるものの一位が「仕事の性質」ではなくなる時が来るかもしれない。そのときにはきっと、組織の「隠れたすばらしさ」——先入観ではなく「可能性」——に目が向けられるようになるだろう。

夢の仕事なんてない

カートはいろいろなひとと正真正銘の会話をし、すばらしい仕事を見つけ、理想の仕事へとつくり替えていった。同じことはきっとあなたにもできる。確かに簡単ではない。そうとうな努力がいるし、怖《お》じ気《け》づくこともある。それでも、驚くほど楽しいし、隠れた求人市場に入りこむ唯一の手段でもある。ある程度までは数字のゲームともいえる。関係を築けば築いただけ、プロトタイプを試せば試しただけ、得られるオファーも多くなる。

比べてみてほしい。

三八回の応募でまったくオファーなし。

五六回の会話で七つのオファーと貴重な職業ネットワーク。

どちらのやり方がいいか？　あなた次第だ。

デザイン思考を用いれば、初の仕事を手に入れたり、現在の仕事を一変させたり、次の仕事をデザインしたり、仕事観と人生観が一致するキャリアを築いたりすることはじゅうぶんにできる。そして、そうするようお勧めする。「魅惑の仕事」があなたを助けにやってくるなんてことはないからだ。あなたにとって夢の仕事が完成した形でまるまる存在し、あなたに見つけられるのを待っているという考えは、おとぎ話にすぎないのだ。

では、「驚くほど理想に近い最高の仕事」をデザインするには？　やり方は人生をデザインするときと同じだ――デザイナーの考え方を身につけ、選択肢を生みだし、プロトタイプをつくり、なるべく最善の選択をする。

そうして、その選択に従って生きていくすべを学ぶのだ。それが次章のテーマだ。

第9章　幸せを選びとる
――「幸福なひと」と「不幸なひと」を分けるもの

キャリアや人生をデザインするには、たくさんのよい選択肢が必要なだけではなく、よい選択をし、自信をもってその選択をまっとうする能力――その選択を心から受け入れ、自分の選択を信じきる能力――も必要だ。

あなたがどういう場所からスタートしたのか、あなたが人生やキャリアのどういう段階にいるのか、あなたが自分の状況にどれだけ満足している（不満をもっている）のかには関係なく、あなたがデザインしようとしている人生には、まちがいなく「究極の目標」があるはずだ。

幸せだ。

幸せになりたくないひとなんてどこにいるだろう？　わたしたちは幸せになりたい。学生たちに幸せになってほしい。そして、あなたにも。

ライフデザインでは、

「幸せになる」＝「幸せを選びとる」ことを意味する。

幸せを選びとるといっても、オズの魔法使いのように、幸せな場所に行きたいと願いながら魔法の靴を三回打ち鳴らすわけではない。ライフデザインで幸せを手に入れるコツは、唯一の正解を選ぶことではない――上手に選択するすべを学ぶことにあるのだ。

これまで、ライフデザインのあらゆるツールを学んできた。アイデア創造、プロトタイピング、行動主義――どれも最高の人生のプランへとつながるものだが、だからといって、あなたが幸せになり、望みどおりのものが手に入るという保証はない。そうなるかもしれないし、ならないかもしれない。「かもしれない」と言ったのは、それが将来のリスクや未知の要因、正解を選んだかどうかで決まるからではない。むしろ、どう選択をするか、そしてあなたの下した選択に従ってあなた自身がどう生きるかによって決まるからなのだ。

選び方が下手だと、それまでの努力がすべてムダになってしまうこともある。選び方が下手というのは、不正解を選んでしまうという意味ではなく（もちろんそれも一定のリスクだが、正直なところ大きなリスクではないし、ふつうはとり返しがきく）、自分の選択に対する考え方を誤ってしまうという意味だ。

健全で賢いライフデザインの選択プロセスは、幸せに生きるために欠かせない。実に多くのひとびとが、いちばん大事な発見を無視し、自分の選択に満足できないような選択モデルを用いてしまっている。わたしたちはそういう光景をしょっちゅう目撃するし、調査もその事実を裏づけている。多くのひとびとが、「選択」というライフデザインの最重要ステップへの向き合い方をまちがえ、不幸せなコースへとまっしぐらに進んでしまうのだ。

行きづまり思考→幸せになるには、正解を選ばないと。
こう考えなおそう→選択肢に正解はない。あるのは「正しい選び方」だけ。

裏を返すと、上手な選び方さえ心得ていれば、幸せで生き生きとした人生は保証されたも同然。と同時に、より多くの選択肢、よりよい未来に向けた準備ができるのだ。

幸せを呼びこむ選択プロセス

ライフデザインの選択プロセスには、四つのステップがある。

①いくつかの選択肢を集め、生みだす
②選択肢を有力候補へと絞りこむ
③選ぶ
④自分の選択に悩まない

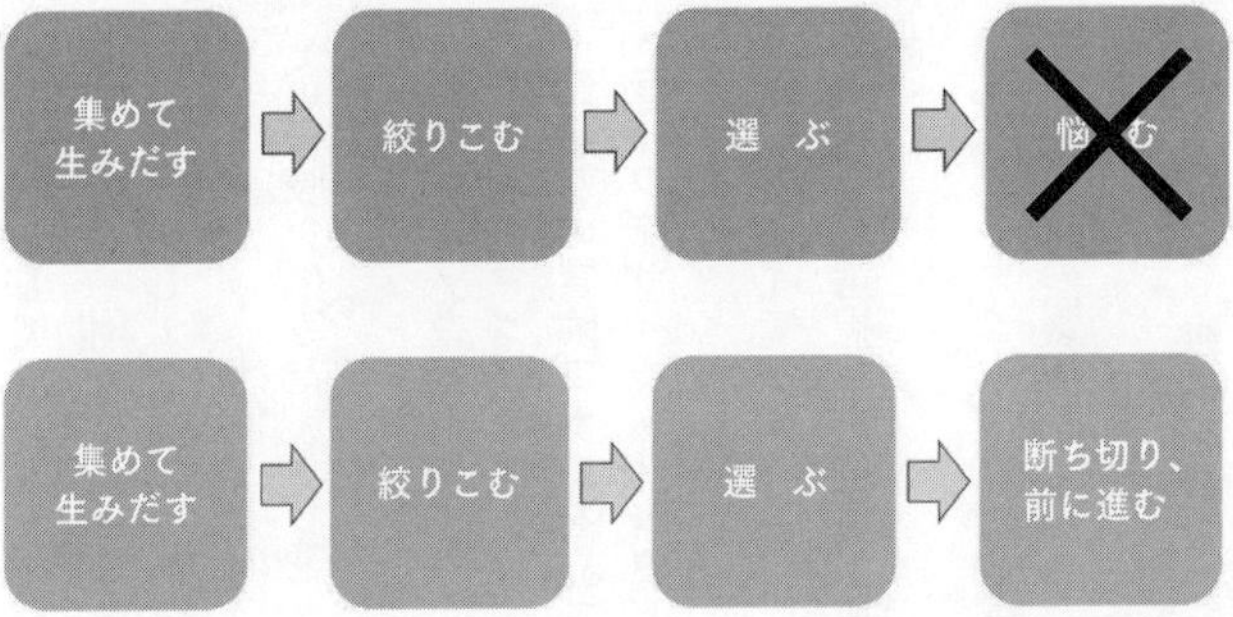

「自分の選択は正しかったのか？」と悩むわけだ。むしろ、何時間、何日、何カ月、何十年と苦悩しつづけてほしい。

ウソウソ、冗談だ。

自分のした選択に何年間も悩むひともいる。しかし、悩むのは時間のムダだ。もちろん、あなたには悩んでほしくないし、四つ目のステップが「悩む」というのは大ウソだ。

本当の四つ目のステップは、不要な選択肢を「断ち切り」、「前に進む」ステップだ。自分の選択を心の底から受け入れ、その選択を最大限に活かそうと考えるわけだ。

幸せな人生と豊かな未来につながる「上手な選び方」。

不幸せな人生を決定づけてしまう「下手な選び方」。

このふたつには、重要なちがいがある。そのちがいを知るため、先ほどの四つの選択ステップを詳しく理解しておこう。

ステップ①：選択肢を集め、生みだす

選択肢を集めて生みだすプロセスについては、いままでさ

んざん説明してきたとおりだ。あなた自身について深く知り、世界とかかわるさまざまな選択肢を探り、体験のプロトタイプをつくる。アイデアや人生プラン、実行可能な選択肢を生みだす。そして、「隠れたすばらしさ」を探しだそうとする「好奇心」をもって選択肢を追求し、考えすぎずにすぐさま行動に移す。

選択肢を生みだすプロセスについて、一言だけアドバイスすれば、

- 仕事観と人生観を書く
- マインドマップを描く
- 三通りの冒険プランを立てる
- ライフデザイン・インタビューや実体験をおこなう

ことを心がけてほしい。

こうした選択肢を生みだすツールは、人生のどの分野にも応用できる。

注意点：ステップ②で説明する「選択肢の過多」の問題はあるとはいえ、この段階ではなるべく多くの選択肢を出そう。そのぶんだけよい候補のなかから選べるからだ。

ステップ②：候補を絞りこむ

選択肢が足りない――またはひとつもない――と感じるひともいれば、大半のデザイナーのように、選択肢が多すぎると感じるひともいる。

選択肢が少なすぎる場合は、ステップ①に立ち返り、アイデアや選択肢を生みだそう。満足できるリストが完成するまで数週間や数カ月かかることもあるが、それでＯＫ。なんといっても、いまデザインしようとしているのはあなたの人生なのだ。一晩で終わるわけがない。

さて、選択肢はたくさん集まっただろうか？　たぶん、選択肢がありすぎて迷っていることだろう。あなた自身のアイデア、まわりのひとびとからの提案、あなたが人生でできそうなことの膨大なリストを前にして、圧倒されているかもしれない。あなたはすっかり選べなくなり（少なくとも自信をもっては選べなくなり）、どこかでまちがえたのだろうと推測する。

「下調べが足りなくて、自分の選択肢をきちんと理解できていなかったにちがいない」

「もっと詳しい情報があって、目の前の選択肢をはっきりと理解できていれば、正解がわかるはずなのに……」

すると、あなたはさらなる調査、インタビュー、実体験へと出かける。でもやっぱりうまくいかない。なぜか？　確かに情報の不足は重大な問題になることもあるが、ふつうは本質的な問題ではないからだ。重大な決断が目の前までやってきた段階では、たいてい下調べはじゅうぶんにすんでいる。もちろん、すべてがわかっているわけではないし、下調べをすればするほど、わかっていないことのほうが多いと気づくこともある。だからまちがいなく調

査は役に立つ。

しかし、ポイントはそこではない。ほとんどのひとにとって、選択プロセスで行きづまってしまうのは知識の問題ではない。むしろ、選択肢の多さや、あなたと目の前の選択肢との関係に原因があるのだ。

その証拠として、ジャムの買い方の例を見てみよう。

コロンビア大学ビジネス・スクールのシーナ・アイエンガー教授は、意思決定を専門とする心理経済学者だ。彼女の有名な「ジャム実験」は、スーパーで売られるジャムを使っておこなわれた。ある週、研究者は店のテーブルにキウイ・オレンジやストロベリー・ラベンダーのようなしゃれた味の六種類のジャムを並べ、買い物客の行動を観察した。ジャムを見ようと立ち止まった買い物客の一部はそのままジャムを購入した。

一週目、六種類のジャムを並べると、買い物客の四〇パーセントが立ち止まってジャムを試食し、およそ三人にひとり、つまり買い物客全体の一三パーセントがジャムを購入した。

数週間後、同じ店、同じ時間帯で、こんどは二四種類のジ

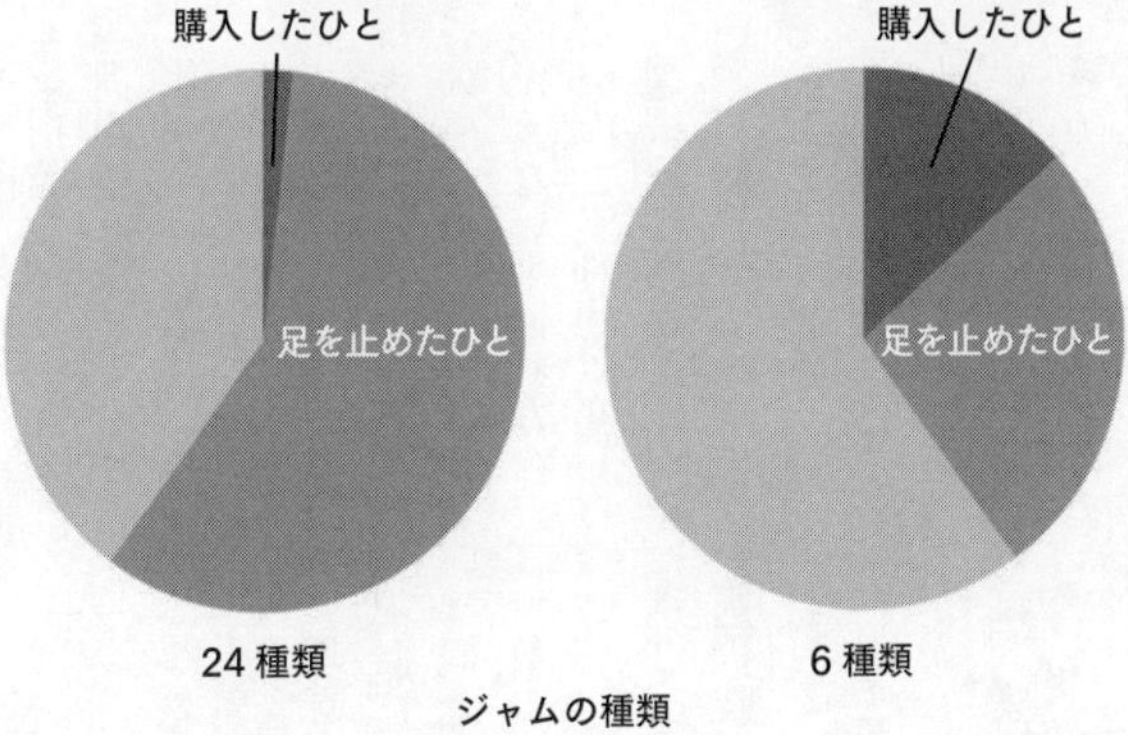

ャムを並べた。すると、買い物客の六〇パーセントが足を止めた。なんと六種類のときの一・五倍の割合だ！　ところが、意外だったのはここからだ。二四種類を並べた場合、足を止めた客の三パーセントしか購入しなかったのだ。

この実験結果からなにがわかるだろう？

ひとつ目に、わたしたちは選択肢が大好きだということ。「うわあ、二四種類のジャムだって？　試食してみよう！」

ふたつ目に、わたしたちは多すぎる選択肢に対処しきれないということ。「うーん、多すぎて決められないな……。チーズを買おう」

実際、ほとんどのひとは選択肢が三〜五個くらいだとうまく選べる。それ以上になると選ぶ能力がだんだん低下しはじめ、選択肢が多すぎると思考停止に陥ってしまう。人間の脳はそうできているのだ。

わたしたちは選択肢に惹かれるし、現代社会では選択肢そのものがほとんど崇拝されている。

「選択肢を増やそう!」

「選択肢は残しておけ!」

「狭い視野に閉じこめられてはダメ!」

こうした考えはよく聞くし、一理あるが、何事も行きすぎは危険だ。いまでは、ちょっとグーグル検索をするだけで、地球上のあらゆるアイデアや活動を知ることができる。そう、ほとんどのひとが選択肢の氾濫《はんらん》に苦しめられているといえる。

大事なのは、選択肢という概念の見方を変えることだ。選択肢が多すぎるのは選択肢がまったくないも同然なのだ。無数の選択肢を前にして凍りついているなら、そもそも選択肢がないのと実質的に変わらない。

選択肢はあなたが実際に選び、実現してこそ人生に価値をもたらすことを忘れないでほしい。わたしたちは学生に、選択肢のひとつがどんどん膨らんでいってやがて「選択」に変わるのだとよく言う。

「選択肢はあればあるだけいいと思って、いままで必死で探してきたのに、いまさらそんなことを言うなんて」と思うかもしれない。しかし、選択という点では、二四種類はゼロに等しいということを理解すれば、安心して次のステップに進める。

そう、「絞りこみ」だ。

選択肢が多すぎるときはどうすればいいのか? 単純。いくつか消せばいい。まず、大量の選択肢をいくつかのカテゴリーに分けてみよう。そうすれば、各カテゴリーのなかでいちばんのものが選びやすくなるかもしれない。

それでも、最終的には「選択肢が多すぎて決められない」状態に陥り、大量のジャムをとり除く必要が出てくる。どうやって？　リストに線を引っぱって消せばいい。

たとえば、リストに一二個の選択肢があるなら、七つを線で消し、残りの五つだけを別のリストに書き写して、ステップ③に進む。

こうアドバイスすると、学生やクライアントはたいていひるむ。

「選択肢を消すなんてできません！」

「消しまちがえたらどうしよう……」

気持ちはよくわかる。でも、わたしたちは本気だ。とにかく消そう。選択肢が多すぎれば、ひとつもないのと同じ。だから、失うものはない。

それから、消しまちがえる心配も無用。わたしたちはこれを「ピザ中華効果」と呼んでいる。だれでも次のような経験があるだろう。

エドがあなたのオフィスに顔を出し、こう言う。

「ポーラ、いまからみんなでランチに行くんだけど、一緒にどう？」

「行く行く！」

「ピザか中華かで迷っているんだけど、希望はある？」

「どっちでもOK！」

「よし、じゃあピザにしよう」

「いや、ちょっと待って。やっぱり中華がいい！」

この場合、最初に「どっちでもOK」と答えたときは、本当にそう思っていた。望まない決断が既成事実になるまでは、どちらがいいとも思わなかったのだ。しかし、選択が下されてはじめて、自分の本当の希望に気づいたわけだ。

だから、選択肢を削っても、失うものはない。まちがった選択肢を消しても、あとできっと気づく。だから、どうかあなた自身を信じてほしい。

さて、五つに絞ったとする。その五つのなかからどれを選べばいいのかわからないとしたら、次のふたつの理由のどちらかを疑ってみてほしい。

もっともよくある理由は、まだ残りの七つの選択肢に未練があるから。この場合、どんな手を使ってでも候補を五つに絞ろう。たとえば、ボツにした七つの選択肢が書かれたリストを燃やし、一日か二日たってから、五つの選択肢のリストを唯一のリストとして――絞りこんだほうのリストとしてではなく――扱い、先に進むのも手だ。

もうひとつの理由は、五つの選択肢どうしに優劣や大きな差が見出せず、ひとつを選べずにいるから。だとしたら、勝ったも同然だ！　すでに必勝の手札が揃っているわけだから。つまり、どの選択肢を選んでも実質的な差はなく、あなたにとっては戦略的な価値があるということだ。どれを選んでも勝ちなので、あとはほかの要因で選べばいい（「通勤がラク」「会社のロゴがおしゃれ」「会話のネタになる」など）。

大事なのは、とにかくひとつジャムを買って店を出ることなのだ。

ステップ③：判断力を総動員して選ぶ

さて、選択肢を集め、絞りこむという準備作業は終わった。ここからが正念場だ。実際に「選ぶ」という作業だ。

上手に選ぶには、人間が選択をしているときの脳の仕組みを理解しておく必要がある。正しい選択はどうやってなされるのか？

人間はそれが正しい選択だとどう判断するのか？

幸い、現代では脳の研究がかつてないほど進んでおり、人間の思考、記憶、判断のメカニズムがどんどん解明されつつある。一九九〇年、ジョン・メイヤーとピーター・サロベイが「心の知能指数」という概念を提唱する画期的な学術論文を記し、成功と幸せを実現するうえで、「EQ」が認知の知能指数である「IQ」と同じくらい――場合によってはそれ以上に――重要であると主張した。[1]

一九九五年、『ニューヨーク・タイムズ』紙の科学ライターのダニエル・ゴールマンが著書『EQ』で彼らの概念をわかりやすく紹介すると、文化的なブームが巻き起こった。[2]「心の知能指数」という言葉は、だれでも聞いたことがあるし、ある程度は認めている概念だが、その本当の意味を理解しているひとびとはかなり少ないし、その意味を学び、活かしているひとびとはもっと少ない。

人間が最善の選択をするのに役立っている脳の部分は、大脳基底核にあることが判明している。大脳基底核は原始的な脳の基礎部分にあるので、言語中枢とは結びついておらず、言葉ではなく感覚で情報伝達をおこなう。古きよき「直感」というやつだ。人間の脳のなかで、この機能の情報源となる記憶のことを、ゴールマンは「感情の知恵」と呼んでいる。つまり、いままでなにがうまくいってなにがうまくいかなかったのかという人生経験の集合体のことであり、わたしたちがある判断を評価するときに参考にするものである。こうして、わたしたちの知恵は、感情（感覚）および本能（肉体的、直感的反応）という形で利用できるようになる。したがって、適切な判断を下すためには、選択肢に対する感覚や直感を活かす必要があるのだ。

判断に行きづまると、わたしたちは真っ先にこう反応する。

「もっと情報が必要だ！」

しかしいままでの説明で、本当に必要なのは情報ではないとわかる。「どうすれば正しい判断ができるだろう？」と悩み、しきりにわたしたちに話しかけてくるうるさい脳こそが、直感的な判断を妨げているのだ。

もちろん、良質な情報を手に入れることはとても大事だ。じゅうぶんな下調べ、記録、スプレッドシートの作成、比較、専門家との会話などなどはどれも重要だ。ただし、ひとたび符号化、一覧、分類という実行機能を担当する脳の前頭前皮質がその作業を終えたら、先ほど説明した知恵の中枢へとアクセスする必要がある。じゅうぶんな情報に基づく感情的な

「知」は、よりよい選択を見極める助けになるからだ。

わたしたちの考える判断力とは、ふたつ以上の「知る」手段を用いて判断を下す能力だ。主に使われるのは認知的な「知」だ。これは客観的で、体系的で、情報に基づく「知」であり、学校の成績表でAがもらえるタイプの「知」のことだ。しかし、「知る」手段はそれだけではない。直感的、霊感的、情動的な「知」もある。

加えて、社会的な「知」や肉体的な「知」もある。ディヴの友人で、驚くほど優秀なあるセラピストは、目の前のクライアントにとって重要な問題にたどり着きそうになると、必ずピンときた。左膝がうずくからだ。どうして左膝なのかはわからなかったが、長年の注意深い治療を通じて、左膝の声に全幅の信頼を置くようになった。そういう「認識」を得たことで、彼女はより的確な判断を下し、よりクライアントの役に立てるようになった。

ステップ③のキーポイントは、ふたつ以上の「知る」手段を用いて、賢明な判断を下すこと。認知的な判断だけに頼ってはいけない。認知的な判断は情報をもとにしているが、それだけではあまり当てにならない。もちろん、感情的な判断だけに頼るべきだとは言っていない。感情に従ってトラブルを招いてしまう例はごまんとある（ただし、それはふつう衝動的な感情であり、まったくの別物だが）。だから、「頭のかわりに心や直感を使いなさい」と言うつもりはない。ただ、あなたがもっているあらゆる判断力を総動員し、感情的または直感的な「知」を活かす余地をつくることをお勧めしたい。

そう、あなたの膝、あなたの直感、あなたの心の声を聞くことを忘れてはいけないのだ。

そのためには、感情的、直感的、霊感的（呼び方はどうでもいいのだが）に「知る」能力を磨き、成熟させていく必要がある。何世紀も前から、そういう能力を成熟させる手段として、日記づけ《ジャーナリング》、祈り、精神修行、瞑想、ヨガ、太極拳などの自己鍛錬が推奨されてきた。

そうした自己鍛錬の習慣の築き方について解説するスペースはないし、わたしたちがその専門家を名乗るつもりもないが、ぜひあなたも試すことをお勧めする。自己鍛錬があなたの最高の知恵を引きだし、正しい判断を見極めるのに有効な理由は、まさにそうした洞察の性質と関係がある。感情的、直感的、霊感的な「知」は、たいてい繊細で、物静かで、時には引っこみ思案だ。締めきり前の数時間で慌てて考えたり、たくさん話をしたり、ネットを検索したりするだけでは、あなたの奥深くに隠れている知恵はめったに顔を出してくれない。もっと時間のかかる地味なプロセスなのだ。

自己鍛錬というのは、文字どおり鍛錬だ。わたしたちはふたりとも日常的に自己鍛錬に励んでいる。とくに大学のオフシーズンなど、仕事のプレッシャーがなく、ひたすら体力とバランスを手に入れるための鍛錬に集中できる時期には没頭する。自己鍛錬を通じて自分を成長させる絶好のタイミングは、ストレスがかかり、結果が求められる「決戦」の時期ではない。その点、意思決定はストレスがかかるので、上手な選択の能力を鍛える絶好のタイミングは、重要な選択が目の前にない時期だ。こういう時期にこそ、心の知能指数や精神を磨くことに専念できる。そうすれば、いざ決断や試合の時間がやってきたとき、判断力の筋肉がすでに強く鍛え上げられているはずだ。

ステップ③に備える最適な時期は、選択の数ヵ月〜数年前だ。そう、その最適な時期はもう来ている。ぜひ今日から未来への投資をはじめよう。

ここで、あなたの「感情の知恵」を引きだす具体的な方法をひとつ紹介しよう——「グロク」するという方法だ。

グロクする

作家のロバート・ハインラインは一九六〇年代の傑作SF小説『異星の客』で、火星人が用いている「知る」手段を指して、「グロク」という造語を生みだした。「グロク」とは、「自分が一体感を感じるくらいまでなにかを心の底から完璧に理解する」という意味だ。火星人にとって水はとても貴重なので、火星人はただ水とはなにかを理解したり、水を飲んだりするのではなく、水をグロクする。いまや「グロク」という単語は日常語にもなった。「グロクしたよ」は「わかったよ」と同じ意味合いだが、もっと意味が強い。「しみじみとわかったよ」という意味だ。

さて、選択肢を絞りこみ、頭で問題を評価し、心や霊感を使って選択肢を検討したら、いよいよ「グロク」する番だ。選択肢をグロクするには、頭で考えてはいけない。その選択肢と「一体化」しよう。

たとえば、三つの選択肢があるとする。ひとつ（選択肢A）を選んで、まず思考をストップする。そして、それから一〜三日間、想像のなかで選択肢Aを選んだ人間になりきるのだ。

選択肢Aがいまのあなたの現実。朝に歯を磨くときも、選択肢Aを選んだつもりで磨く。赤信号で停まるなら、選択肢Aの人生に関連する目的地へと向かうつもりで待つ。ほかの人への話までそれに合わせる必要は必ずしもない。たとえば、「そうそう、五月に北京に引っ越すことになった！」と言えば、のちのちトラブルになるだろう。要するに、想像のなかだけで、選択肢Aという現実のなかの人間になりきるわけだ。現実という視点から選択肢Aについて考えるのではなく、密かに選択肢Aを選んだ人間として暮らすということだ。

一～三日間がたったら（期間はあなたの自由）、ふだんどおりの自分に戻ってリセットするため、最低でも一日か二日の休憩をとろう。そうしたら、次は選択肢B。またリセット休憩をとり、次は選択肢C。もういちどリセット休憩をとり、最後にいままでの自身の体験を振り返り、どの人間にいちばんなりたいかを考える。

この手法は絶対確実ではないが（そんな手法なんて存在しない）、目的はさまざまな形の「知」――感情的、霊感的、社会的、直感的な「知」――を活かす余地を設けることだ。そうすることで、ほとんどのひとが思考や選択の頼りにする分析的で認知的な「知」を補うことができるからだ。

ステップ④：悩む　迷いを断ち切り、前に進む

「断ち切る」ステップについて説明する前に、ステップ④が「悩む」でない理由について簡単に説明しておきたい。「悩む」というのはこんな感じだ。

「これで正しかったのかな？」
「本当にこれが最善の判断なのだろうか？」
「もし第四の選択肢を選んでいたら？」
「やりなおしはきくのか？」

なんの話かわからないとしたら、あなたはたぐいまれなる幸運のもち主だ。すばらしい脳のDNAを与えてくれた両親に感謝して、先に進んでほしい。でも、ほとんどのひとはこういう悩みに心当たりがあると思う。

わたしたちが「最後のステップは、自分の下した決断について何度も何度も悩むことです」と言うと、「ふ〜む」という納得の声があちこちから聞こえてくる。この声は、なにか決断を下すときの人類の共通体験の証なのだ。わたしたちが苦悩するのは、自分自身や他人の人生を真剣に思っているからだ。

「この決断は重要だ。成功のチャンスをなるべく高めたい」

だれしも正しい判断を下したいのだが、当然、その判断が正しかったのかどうかはすぐにはわからない。未知の要素はいつでも転がっているし、だれも未来を正確に予測することなんてできない。

では、この決断後の苦悩を乗り越えるには？

実は、決断に対する考え方は、下す決断そのものと同じくらい重要だ。一見すると、最善の選択をおこなうことが、自分の選択に満足するいちばんの近道のように思える。実に単純な話だ——そんなことは不可能である点を除けば。「最善の選択」をすることなんてムリだ。すべての結果が出揃うまで、なにが最善の選択だったのかなど知りようがないからだ。いまわかっていることの範囲内で、なるべく最善の選択をすることならできるが、目標が「最善の選択をする」ことだとしたら、成功したかどうかは知りえない。知りえないからこそ、いつまでも「正しい選択だったのか」と悩み、選ばなかった選択肢をくよくよと蒸し返してしまう。

これが「悩み」の正体だ。

そして、いつまでも過去を蒸し返すと、自分が下した選択への不満ばかりが募り、自分の選択に従って生き生きと前に進むことができなくなる。

ハーバード大学のダン・ギルバートは、モネの複製版画に関する意思決定を評価する研究で、選択肢を「断ち切る」ことの効果を実証した。[3] 彼は被験者にモネの絵を一位から五位まで好きな順に並べてもらった。実験者は、「たまたま三位と四位の絵が余っているので、どちらか一枚をどうぞおもち帰りください」と被験者に伝えた。当然、ほとんどのひとは三位と評価したほうをもち帰った。

おもしろいのはここからだ。実験者は一部の被験者に、「よければあとでもう一枚のほうの絵と交換することもできます」と伝えた。残りの被験者には、これが最終決定であとから交換はできないと伝えた。

数週間後、実験者は被験者にもういちど調査をおこなった。交換できると言われた被験者は、たとえ交換しなかったとしても、同じ絵を選んだが交換はできないと言われたひとと比べ、自分の選択への満足度が低かった。つまり、とり消しがきくことは、必ずしも自分の決断への満足にはつながらないということだ。どうやら、自分の決断を考えなおし、「選択肢を残しておく」機会を与えられただけで、わたしたちは疑心暗鬼になり、自分の選択を低く評価してしまうようだ。

もっと悪いニュースもある。研究者のバリー・シュワルツは、著書『なぜ選ぶたびに後悔するのか』で、この意地悪な脳の仕組みについて、さらに深く突っこんでいる。[4] 多くの選択肢のなかから決断すると――またはほかにも未知の選択肢がたくさんあると知りつつ決断しただけでも――、自分の選択に対する満足度は下がるのだという。

ここで問題になるのは、目の前にあって選ばなかった選択肢、つまり「残してある」選択肢だけでなく、調べる時間すらない山のような選択肢なのである。本当はすばらしいかもしれないのに選べなかった選択肢が無数にあると知っただけで、とたんに自分の選択に満足できなくなる。それが具体的にどういう選択肢なのかわからなくても「世の中にはもっといい選択肢があって、見逃しているにちがいない」と感じはじめる。インターネットがつくりだすグローバル化した世界では、いつでも無数の選択肢がある。そう、現代人は過去のどの世代と比べても、自分の選択に不満をもちやすいといえる。

ではどうすればいいのか？　忘れないでほしい。想像上の選択肢は実在しないも同然なのだ。そもそも選べないからだ。わたしたちは空想の人生を送ろうとしているわけではない。

実際に生きられる現実の人生をデザインしようとしている。「最善の選択」をするべく、あらゆる情報を集め、選択肢を残らず探そうとすれば、いつまでも決められなくなってしまう。ライフデザインでは、無数の可能性があることは知りつつも、その事実に惑わされたりはしない。いくつかの可能性を探ったら、まずはひとつの選択肢を選んで行動をとるのだ。行動をとってこそ、前進の道を築ける。不要な選択肢を「断ち切る」のが上手になればなるほど、道を築くのが上手になっていく。そして、あなたがいまある選択肢を生みだせたのと同じように、この先いつでも選択肢が絶えることはないという自信も得られる。

これこそが、幸せを選びとり、自分の選択に満足するコツだ。

もし疑心暗鬼になったら……迷いを断ち切り、前に進もう。

それだけのこと。シンプルだ。

誤解しないでほしいのだが、別の道を見なかったフリをしろとか、道の途中で別の道を見つけても、引き返して方向転換をしたりしてはいけない、とは言っていない。わたしたちが言いたいのは、賢い進み方があるということ。そのコツさえ身につければ、あなたの選んだ道を上手に進み、幸せで満足した旅をする能力がぐっと増すだろう。

なので、いったんたくさんの選択肢を生みだしたら、あなたの手に負える数——五つ以内——までリストを削ろう。次に、時間と資源の許す範囲内で最善の選択をし、その選択を受け入れ、前進の道を築く。プロトタイプをつくりながら一歩ずつ進めば、リスクを抑えられるし、本気で走りだす前に、そのつど方向転換をしていくことができる。

いったん選択を下したら、後ろを振り返らないこと。苦悩につながりそうな疑問が頭に浮かびそうになったとしても、疑問を振り切り、あなたの選んだ人生をうまく生きることにエネルギーを注ごう。もちろん、前に進みながらも周囲に目を向け、新しい物事を学んでいくことは大事だが、後悔という名のバックミラーばかりを見つめていてはいけない。

この「断ち切る」ステップは、あなた自身の自制心にかかっている。ここで説明した意思決定の新しい見方をいつも胸に留め、つい過去を蒸し返したくなったときは、もうひとりの自分を言い負かそう。

また、自分で選んだ選択を守り抜くための支えもあるといい。たとえば、

- **あなたがその道を選んだ理由を思い出させてくれる協力者やチームを見つける**
- **あなたが決断した経緯を日記に書き記し、迷いが生じたときに読み返す**

など。あなたの選んだ道を存分に楽しめるよう、あなたに合った方法を見つけてほしい。

行きづまり思考→幸せとはすべてを手に入れること。
こう考えなおそう→幸せとは不要なものを断ち切ること。

人生の岐路で決断し、心から納得するには？

アンディはメディカル・スクールへの進学を控える優秀な学生だった。といっても、彼が本当に興味をもっていたのは、公衆衛生や医療技術系の起業だった。アンディは将来についてふたつのアイデアとひとつの予備プランを立てていた。どれもが医療の改革というひとつの壮大な目標と結びついていた。

アンディは、医療分野が経済に及ぼしている過剰な負担を減らし、金持ちだけでなくすべてのひとびとに医療を行き渡らせるためには、予防治療や健康管理を大きく充実させ、医療システムを大改革する必要があると考えていた。医療にもっとも効果的に影響を及ぼす方法は次のふたつだと彼は考えた。

・医療に関する有力な公共政策アドバイザーになる
・医療技術系の起業家になる

政府や公共部門で働くというアイデアは、彼の友人たちのあいだでは不評だったが、アンディは医療の巨大なハンドルをコントロールできる人物にならないかぎり、大きな変革は起こせないと考えていた。

医療技術に関していえば、この分野はすさまじい勢いで進化していた。新しい医療技術を開発すれば、もっと早く医療業界の行動を変えられるかもしれない。医療技術は政治ではなく市場のスピードで動いているからだ。

彼の予備プランというのは「単なる医師になること」だった。医師がアメリカ社会——とくに彼のアジア系の親戚たち——のあいだでどれだけ尊敬されているかを考えると、おかしな表現に聞こえる。でも、それが彼の本音だった。彼は決して医師を見下していたわけではない。単に正直だったのだ。彼の予備プランは、社会に大きな影響を与える方法が見つからず、もう少し小さな舞台で活躍せざるをえなくなったときのための「保険」だった。ひとりの医師としても、日々の医療のなかで——うまくいけば地元の病院や地域全体のなかで——影響を及ぼせるかもしれない。もしかすると、よりよい医療の模範を示すことにもつながるかもしれない。

さて、どの道を選ぼう？　実際のところ、アンディにとってそれは難しい選択ではなかった。彼は政策アドバイザーをめざすのがいちばん影響力もあって楽しい道だと確信していたので、その道を行く気で満々だった。

問題はその方法だった。大学を卒業したらそのまま公衆衛生分野の修士課程に進み、そのあと政界に直行するのがいいか？　まずはメディカル・スクールに進学してMD（医学士号）をとり、次に公衆衛生の学位をとるのがいいか？　アンディは、医療業界でMDが尊敬されており、彼らの医学的助言はMDをもたないひとびとよりずっと重みがあることを知っていた。正直、MDをとったからといってそのぶん優秀な政策立案者になれるとは思わなかったが、どうしても世界を変えたかったし、自分の主張の信憑性を高めるためなら八〜一〇年（MDの取得に四年、研修医から免許取得まで四～六年）を捧げても惜しくなかった。彼にとっては難しい判断だった。一〇年間は、本当にやりたいことをはじめるまでの待ち時間としては、かなり長く感じた。

アンディは頭のなかで「ああでもないこうでもない」と考えつづけ、はっきりとした選択ができずにいた。いますぐ公衆衛生の学位をとると決めれば、「でも……みんなが僕の意見を聞いてくれなければ、せっかく学位をとってもムダになってしまう」と思うだろう。メディカル・スクールに進学すると決めれば、「でも……一〇年間待つなんて長すぎる。そのあいだになにが起こるかわからないし」と思うだろう。彼の思考は堂々巡りをつづけた。彼いわく、脳がハムスターの回し車のように一晩じゅうガラガラと回りつづけている感覚だった。

そこで、アンディはいったん思考をストップし、「グロク」してみた。

メディカル・スクールに通うアンディと、公衆衛生を学ぶアンディ。しっくりくるのはどっち？

すると、メディカル・スクールのほうがしっくりときた。医師をめざす男になりきって歩いているあいだ、一〇年間への不安が頭をよぎった。でも、アンディはすぐにこう考えなおした。

「確かに、一〇年間は長い。でも、医療に影響を及ぼすという目標に向かって全速力で駆けている気がする。目標の実現に備えて、できるかぎりのことをしている気分だ。一〇年後も医療の問題はまだ山積みだろう。だから、努力がムダになることはない。最善を尽くさなければ、自分で自分が許せないと思う」

一方、公衆衛生を学ぶアンディは、「もし医師でない僕の意見をだれも聞いてくれなかったら？」という疑問にうまく答えられなかった。そう考えると、惨めな気分になるばかりだった。

こうして、彼はメディカル・スクールに進学し、医師になるために一〇年間を捧げることを選んだ――すべては信頼できる政策立案者になるために。

ＯＫ。選択は終わった。めでたしめでたし。

本当に？

いや、まだだ。

アンディにはまだステップ④――過去を断ち切り、前に進むプロセス――が残っていた。わたしたちがなぜ「断ち切る」という名前をつけたのか、彼はすぐに理解した。過去を断ち切るコツは、前に進むこと。「断ち切る」という行為は、単独ではものすごく難しい。不可能だと言うひともいるだろう。

たとえば、いまから、青い馬のことだけは想像しないでほしい。なにがなんでも、青い馬のことだけは考えても思い浮かべてもいけない。青いまだら模様がある馬でも、青いユニコーンでも、赤白ストライプの鞍を乗せ、尾にピンクのリボンを結んだ青いポニーでもなく、青い馬だ。

いまから一分間、青い馬だけは想像しないでほしい。

OK。どうだっただろう？　わたしたちがいままで教えてきたひとびとと同じなら、青い馬の大群が押し寄せてきただろう。これが「断ち切る」ことの難しさだ。「断ち切る」という行為は、なにかを「する」ことというよりも「しない」ことであり、自然界が真空をきらうのと同じように、脳はなにかをしないことをきらう。だから、なにかを断ち切るポイントは、前に進み、別のなにかをつかむことなのだ。

そう、なにかに注目しないようにするのではなく、別のなにかに注目するわけだ。

では、アンディはどうすれば「人生の貴重な一〇年間をムダにしているのではないか」という不安や邪念を断ち切れるのか？　どうすればわずか二年で公衆衛生の学位をとり、連邦議会議事堂を揺るがし、医療政策の新たな第一人者になるという輝かしいイメージを捨てられるのか？

アンディは、どこかから抜けだすには、別のどこかに入りこむしかないと気づき、こう自問した。

「どうすれば前に進めるのか？　どうすれば医者の道へと入りこめるのか？」

そう考えたとたん、アンディはメディカル・スクールに進学すれば、「医師になる」という予備プランがおまけでついてくると気づいた。メディカル・スクールの学生は、教育開始から数年以内に実際の医療をはじめ、研修医時代をすべて臨床業務に捧げる。医療政策ともっとも関連のある専門科は？　政府とのつながりがもっとも強く、公衆衛生の修士課程と提携のあるメディカル・スクールは？　いちばんタメになる医療機関は？　地元の診療所？

大病院？　小都市？　大都市？

医学教育の価値を受け入れ、医学教育を最大限に活かす方法を考えはじめたとたん、無数のアイデアや興味深い疑問が浮かんできた。前に進む方法を想像しはじめたことで、彼は脳に許しを与えた——ほかの選択肢を断ち切る許しを。そして、彼はメディカル・スクールの学生や研修医という立場で、医療政策に関するライフデザイン・インタビューやプロトタイプ体験をするさまざまな方法を思いついたのだ。

こうして、アンディは輝かしい学生生活を送った。

もう、堂々巡りから抜けだそう

デザイナーは苦悩しない。「こうしていればよかった」と夢想しない。いつまでも回し車を回しつづけない。そして、もっといい過去を想像しながら、無数にある未来の可能性をムダにしたりはしない。

ライフデザイナーは、いまの自分が築き、生きようとしている人生を冒険ととらえる。それこそが「幸せを選びとる」方法なのだ。

そして、幸せ以外にいったいなにを選ぶ？

第10章　失敗の免疫をつける

──「やり抜く力」を伸ばすには？

失敗を予防できるワクチンがあるとしたらどうだろう？　たった一回、少量打つだけで、あなたの人生は絶対に計画どおりに進む。あなたの目から見るかぎり、すべてが順風満帆。成功に次ぐ成功。

失敗のない人生という言葉は、なかなかいい響きだろう。失望も、挫折も、厄介事も、喪失も、悲しみもない人生は、ほとんどのひとにとって魅力的な生き方に思える。失敗が好きなひとはいない。最悪の気分だ。みぞおちのあたりがぎゅっと沈みこむようなあのイヤな感覚。胸が押しつぶされるような重い敗北感。

だれだって失敗を避けたいはずだ。

残念ながら、失敗のワクチンはないし、絶対に失敗しないなんてことも不可能。でも、失敗の免疫をつけることは可能だ。といっても、思いどおりにならない経験を避けられるという意味ではない。あなたの人生を不必要に苦しめる失敗のネガティブな感情の大部分に対して、抵抗力をつけることならできるという意味だ。

いままで話してきたアイデアやツールを使えば、いわゆる失敗率を下げられる。それ自体はすばらしいことだが、わたしたちがめざしているのは、単に失敗を減らすよりもずっと貴重なこと——そう、失敗の免疫をつけることだ。

これまで、生きがいのある人生をデザインするために、いろいろなことを試してきた。デザイナーのマインドセットのひとつ「好奇心」を用いて、実世界に飛びだし、自分が興味をもつひとびとに会った。友人や家族と「過激なコラボレーション」をおこない、実世界との有意義なかかわり方を試した。そして、このライフデザインの旅全体を通じて、「行動重視」のマインドセットに慣れ、「迷ったときはとにかく行動する」ことを学んだ。

その過程で、ポジティブ心理学者のアンジェラ・ダックワースらがいう「グリット」（＝やり抜く力）を身につけた。[1] やり抜く力やセルフ・コントロールについて研究するダックワースは、ＩＱよりもやり抜く力のほうが成功に直結しやすいことを実証している。その点、「失敗の免疫」はありあまるほどのやり抜く力を与えてくれる。

ライフデザイナーは、好奇心があり、行動を重視し、プロトタイプをつくったり未来に前進する道を築いたりするのが好きだ。しかし、このアプローチをライフデザインにとり入れると、途中で必ず経験するのが失敗だ。いやむしろ、どのアプローチよりも「意図的な失敗」を数多く経験することになる。だから、ライフデザインにおける「失敗」とはなんなのか、どうすれば「失敗の免疫」をつけられるのかを理解しておくことは重要だ。

わたしたちの人生のなかで、失敗への恐怖はあまりにも大きくそびえている。失敗はよい人生と悪い人生の根本的な定義とかかわっているように思える。

「彼女は絵に描いたような成功者だった」

「あいつは人生の敗者だった」

人生を成功・失敗でとらえるとすれば、だれも敗者になんてなりたくない。葬式でだれかに成功と失敗の審判を下される光景を思い浮かべるからだ。

でも、安心してほしい。ライフデザインに失敗はありえない。目標を達成できない――つまり〝失敗〟する――プロトタイプや体験はあるかもしれないが、そもそも、そうしたプロトタイプや体験の目的は、なにかを学びとることだ。あなたがライフデザイナーとなり、ライフデザインの創造プロセスをつづけているかぎり、失敗はありえない。さまざまな失敗体験と成功体験の両方を教訓にし、前進をつづける――それがライフデザイナーなのだから。

人生は無限ゲーム

ここまで読んでくれたみなさんならきっと理解していると思うが、ライフデザインにおけるプロトタイピングは、（小さく低リスクな学習体験の場で）たくさん失敗をくり返し、（大きく重要な物事で）最終的に成功を収めるための近道だ。このプロトタイピングを何度かくり返すうちに、ふつうのひとが「失敗」と呼ぶようなプロトタイプ体験を通じて学習していくプロセスを、楽しいとさえ感じはじめるだろう。

たとえば、ある大規模なライフデザイン・クラスの前日、デイヴはその日の演習のひとつに大きな変更を加えた。彼は突然あるアイデアを思いつき、試したくなったのだ。そのことをビルに伝える暇がなかったので、ビルが変更についてはじめて聞いたのは学生たちと同じタイミングだった。デイヴがその新しい演習を発表し、学生たちがとりくんでいるあいだ、ビルはデイヴのところに行き、こう言った。

「すばらしい！　八〇人の学生の前で大失敗するリスクを冒すなんて、感動したよ。この演習が効果的かどうかはわからないけど、試してみるのはいいことだと思う！」

デイヴとビルはライフデザインのプロセスをすっかり信頼しているので、授業を進める正しい方法について会話することはない。そう、デザイン思考のアプローチを会得すれば、あらゆることへの考え方が変わるのだ。

これが「失敗の免疫」の最初のレベルだ。行動を重視し、どんどん失敗し、失敗の痛みを感じなくなるくらい失敗の学習価値を理解する。そしてもちろん、すぐさま失敗から教訓を引きだし、改善をおこなうわけだ。

ちなみに、その演習はかなりうまくいったのだが、結局はボツにし、前の演習に戻すことにした。そちらのほうが効果的だったからだ。大成功だ！

もうひとつ、まったくちがうレベルの失敗の免疫がある。それをわたしたちは「失敗の超免疫」と呼んでいる。この免疫は、デザイン思考のたいへん大きな視点の転換を理解することで身につく。

心の準備はＯＫ？

実は、ライフデザインとは人生そのものなのだ。人生はプロセスであり、結果ではないからだ。

それさえ理解できれば、すべて理解したも同然だ。


行きづまり思考→人生のよし悪しは結果で決まる。

こう考えなおそう→人生は結果ではなくプロセス。


わたしたちはつねに現在から未来へと成長している。そう、つねに変化しているのだ。変化のたびに人生のデザインも新しくなる。人生は結果ではない。むしろダンスに近い。ライフデザインとは優雅なダンスのステップにすぎないのだ。人生に終わりはないし（本当に終わるまでは）、ライフデザインにも終わりはない（あなたが終えるまでは）。

哲学者のジェームズ・カースは、『有限ゲームと無限ゲーム（*Finite and Infinite Games*）[2]』という興味深い著書のなかで、わたしたちが人生でおこなうほとんどのことは、

・有限ゲーム――勝利するためにルールに従ってプレイするゲーム
・無限ゲーム――永遠にプレイしつづけるためにルールをいじっていくゲーム

のどちらかに分類されると主張している。

化学の成績でAをとるプロセスは有限ゲーム。世界の成り立ちを理解し、自分がそのなかにどう収まるかを学ぶプロセスは無限ゲーム。スペル大会で優勝できるよう、息子に単語を教えるプロセスは有限ゲーム。あなたが無条件に愛していることを息子にわかってもらうプロセスは無限ゲーム。人生はこのふたつのゲームに満ちている（ゲームといっても、子どものお遊びを指すわけではない。単純に、わたしたちがこの世界でとる行動をゲームと表現している）。だれもがつねに有限ゲームと無限ゲームの両方をプレイしている。もちろん、どちらのほうがいいということはない。野球はすばらしいゲームだが、ルールや勝敗が存在しなければ成り立たない。恋愛は無限ゲームだ。うまくプレイすれば永遠につづくし、だれもがゲームをつづけるためにプレイしている。

それがライフデザインとどう関係するのか？

そう、ライフデザインも無限ゲームなのだ。無限ゲームに敗者はいない。もっとあなたらしいあなたになり、あなたのすばらしさを世界に伝える方法をデザインするという「無限ゲーム」をつねにプレイしていると覚えておけば、絶対に失敗しえないのだ。

この無限ゲームの考え方を身につければ、失敗を減らせるだけでなく、失敗の絶対免疫がつく。もちろん、途中で苦しみや喪失、大きな挫折を体験することはあるだろう。でも、だからといって、人間としての価値が下がるわけではないし、そうした挫折経験があなたという人間の実存をおびやかすとり返しのつかない〝失敗〟になることはないのだ。

〈ある〉と〈する〉

数千年前から、人間はふたつの人間観の狭間で悩んできた。人間を存在するもの（主に東洋思想）としてとらえるのか？　それとも行動するもの（主に西洋思想）としてとらえるのか？　〈ある〉か〈する〉か？　心の内側にある本当のわたしか？　成功して忙しい日々を送る外見《そとみ》のわたしか？　どちらがわたしなのか？

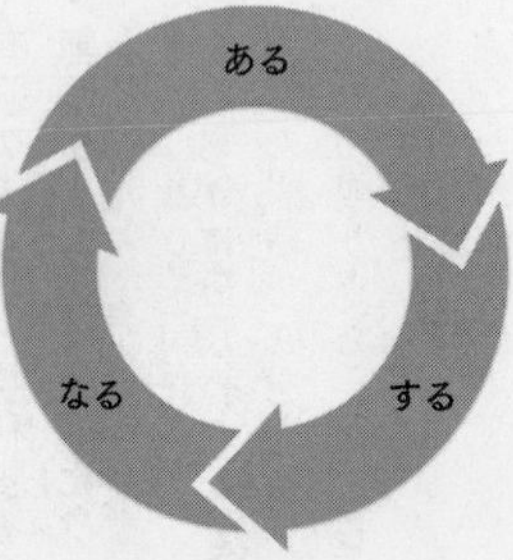

ライフデザインでは、この二分割はまちがいだと考える。人生とは永久に〝答え〟の出ない厄介な問題なので、人間はひたすら前進の道を築き、よりよく生きることに専念するしかない。

そのプロセスを思い浮かべるには、上の図がぴったりだとわたしたちは思っている。

ライフデザインでは、まずいま〈ある〉あなたからスタートする（第1〜3章）。次が〈する〉段階だ。たくさんのアイデアを出して（世紀の名案が浮かんでくるのをじっと待つのではなく）、アイデアを試し（第4〜6章）、そのなかからなるべく最善の選択を下す（第8章）。そして、ひとつの道を何年も歩むあいだに、そうした体験を通じて養われる——またはそうした体験に必要となる——人格やアイデンティティのさまざまな面を成長させ、もっとあなたらしいあなたに〈なる〉。

こうして、あなたは非常に多産的な成長サイクルに勢いをつけ、〈ある〉から〈する〉、〈する〉から〈なる〉へと自然に進化していく。そうして、また同じサイクルをくり返す。よりあなたらしくなったいま〈ある〉新しいあなたから、〈する〉の段階に進み、また次のあなたに〈なる〉わけだ。

正しい心構えさえもっていれば、人生のすべての章は、うっとりするほど輝かしい章であれ、がっかりするようなつらくて苦しい章であれ、この成長サイクルをぐるぐると回りつづける。こうした見方や体験のしかたを身につければ、あなた自身の人生を発見し、この世界を生き抜いていくという「無限ゲーム」でつねに成功していられる。

そう、この心構えこそが、わたしたちが言っている強力な〝失敗ワクチン〟なのだ。

行きづまり思考→人生は有限ゲーム。つねに勝者と敗者がいる。
こう考えなおそう→人生は無限ゲーム。勝者も敗者もいない。

「聞こえはいいけど、現実の世界はそう単純じゃない」と思うかもしれない。

しかし、わたしたちはほかのひとびとやわたしたち自身の実例から、あなたも失敗の見方を変えられると信じている。挫折を跳ね返し、より幸せで充実した人生を送ることはできるのだ。これは単にわたしたち自身のポジティブ思考を焼きなおしたものではなく、ライフデザインに欠かせないデザイン思考のツールのひとつなのだ。

失敗はまさに成功の原材料だ。だれにでも失敗はある。弱点もある。成長の苦しみもある。そして、だれにでも少なくともいちどは、失敗の見方を変え、視点を転換したおかげで、失敗が最高のチャンスに化けるのを目の当たりにした経験があるだろう。

だれにだって失敗をとり戻した経験はあるはず。なんの驚きもハードルも試練もない計画どおりの人生は、ものすごく退屈な人生だ。理想のライフデザインとはいえない。

だから、短所、弱点、大失敗、そして運命のいたずらを、丸ごと受け入れよう。それこそが、人生に生きる価値やデザインする価値を与えてくれるのだから。

リードという人物はその見本だ。

なぜ、彼は「失敗」つづきでも成功できたのか？

リードはずっと学校の学級委員になりたかった。そこで、五年生になるとすぐに学級委員に立候補した。落選。六年生のときも立候補したが、また落選。毎年、時には年二回も立候補し、毎回落選した。高校の最終学年を迎えた段階で、彼は一三回連続で立候補して一三回連続で落選した。最終学年になり、彼はもういちどだけ立候補すると決めた。

長年、リードの両親は落選の連続を苦々しい思いで見ていた。四、五回落選が続いたころから、両親はリードが「また立候補する！」と言うたびに苦笑いするようになった。両親は彼の夢をつぶしたくはなかったが、内心ではいいかげんあきらめて、出血を止めてほしいと願っていた。いつも失敗する彼を見ていられなかったのだ。

それでも、リードは気にしなかった。もちろん、落選はつらかった。だが、彼の決意は固かった。挑戦しつづけていれば、自分の悪いところがわかり、いつかは当選する。少なくとも、少しだけ学習にはなる。彼にとって、失敗はそのプロセスの一部だった。落選を重ねるたびに、落選の痛みは小さくなり、新しいやり方がうまくいくかどうかを確かめるために、リスクを冒すことができた。そして、スポーツや演劇のような別の活動を試してみる勇気もわいてきた。そのほとんどはうまくいかなかったが、いくつかは実を結んだ。彼は成功を喜んだが、たとえ失敗していたとしても平気だっただろう。何度も失敗したおかげで、彼は吹っ切れ、最善の選挙活動をすることだけに専念できた。失敗はすべて教訓。だからこそ、彼は負ける心配なんてせず、立候補した。

彼はとうとう当選し、学級委員長になった。彼は感激した。

ただし、この話のポイントは、彼が最終的に勝利したという点ではない。むしろ、彼が立候補しつづけたという点だ。

それこそが、彼の気づいていない重大な教訓だったのだ。

二二歳になったリードは、だれが見ても人生の成功者になろうとしていた。ボーイ・スカウト。学級委員長。クォーターバック。名門大学。ボート競技のチャンピオン。経済学の学位を取得して大学を卒業したとき、彼の人生は成功まっしぐらに見えた。彼は一流企業に就職し、最初の数年は順風満帆だった。

リードの仕事は出張が多かった。ある日のこと、中西部への出張中、彼は首のすぐ下に奇妙なしこりがあることに気づき、昼休みに診療所で診察を受けた。その三日後、帰りの飛行機に乗るころには、医師は最悪の診断を下していた。リンパ節のがんであるホジキン病だ。彼は帰るなり、すぐに化学療法をはじめた。

「二五歳でがん」というのは、リードのライフデザインにはないシナリオだった。でも、いまやそれが彼の人生の一部になったのだ。

そのとき、失敗つづきの人生経験が役に立った。「なぜ僕だけが？」リードはすぐさま現実を受け止め、いつまでもくよくよ悩んだり、治療に全力を捧げることができたのだ。

「僕は健康管理に失敗した」と思いこんだりはしなかった。彼は次の活動――今回は選挙ではなくがんに勝つための活動――を準備し、実行するので忙しかったからだ。

翌年、彼は計画していた経営コンサルティングのキャリアをいったん中断し、手術、放射線治療、化学療法を受けた。彼はとても若くして、人生のはかなさも学んでいった。

治療が終わり、がんが完治すると、リードは途方に暮れた。これからどうしよう？　実は、彼にはひとつだけ少しクレイジーなアイデアがあった。彼の冒険プランのなかに、プロトタイプの段階まで進んでいないちょっとしたアイデアがあった。それは一年間まるまる休みをとり、スキー漬けの生活を送るというもの。彼は葛藤した。成功まっしぐらの全米代表の少年は、一年間まるまる休んでスキー漬けの生活を送ったりはしない。

しかし、リードはもう並のボーイ・スカウト団員ではなかった。もちろん、中断したキャリアを再開するほうが賢明だとわかってはいたし、無職の期間がもう一年増えれば、履歴書が――そして人生も――台無しになるかもしれないという不安もあった。でも、がんと闘い終えたばかりの彼は、人生を計画するばかりでなく、人生を生きると決心した。

リードは決断を下す前に、ビジネス界のひとびとと何度かライフデザイン・インタビューをしてみた。一年間休むと決めたら、将来の人事責任者はどう反応するだろう？　その結果、彼はリスクを冒せると結論づけた。彼が一緒に働きたいと思うタイプの人なら、がん克服後のスキー生活を「無責任」ではなくて「大胆さ」の証ととらえてくれるはず。彼の決断をどう見るかは、そう、見るひとの問題なのだ。

この話のポイントは、リードが「がんに勝った」ことよりも、むしろ闘病のあいだ「失敗の免疫」を保ちつづけることができたという点にある。だからこそ、彼はエネルギーを生産的な物事へと向け、のちのち役立つ教訓を得ることができたわけだ。彼は自分の問題を活かすことで、逆境を前にしても最善の人生をデザインできた。失敗の免疫は、「なぜ悪いことばかり起こるのか」という落胆や困惑をたたきのめしてくれるのだ。

リードが五年生のときから身につけはじめた「失敗の免疫」は、その後も役立ちつづけた。数年後、彼はNFL（ナショナル・フットボール・リーグ）チームで働くという夢に挑戦することを決意。家族にNFLとのコネがあったわけではないが、彼は大学時代に将来有望なNFLの幹部と会い、会話を通じてスポーツの世界に少しずつ人脈を築いていた。

彼はNFLに仕事の申し入れをしてみた。最悪でも断られるだけ。そして、断られるのはもう怖くない。ならダメもとでチャレンジしてみよう。案の定NFLの仕事を断られると、彼はあっさりと未練を断ち切り、すぐに別のプランへと方針転換した。

一年あまりして、彼はとうとうあるNFLチームで選手契約の交渉という職に応募するチャンスを得た。ライバルは数十人。その多くが業界経験者。彼は一対一の最終決戦まで残ったが、負けた。就職の夢は叶わなかった。そうとうがっかりしたが、彼はまたすぐさま別のプランへと方針転換し、有名企業の財務管理の仕事についた。

しかし、彼はNFLチームの仕事をあきらめたわけではなかった。いくら断られても、彼はプロトタイプをつくりつづけた。NFLの幹部たちとちょくちょく連絡をとり、何百時間もかけて新しいスポーツ分析モデルを開発し、折を見ては披露した。採用を断られたひとがとるふつうの行動ではなかった。

リードは結局どうなったのか？　そう、彼は同じNFLチームに雇われたのだ——しかも、不採用になったときよりもよい肩書きで。

彼は三年ほど勤めたが、自分が本当に働きたいのはプロスポーツの世界ではないと気づいた。彼はまたしても〝失敗〟したのだ。こうして、彼は医療系の新興企業に移った——今回がダメでも次、それもダメならその次こそはうまくいくと信じて……。

これこそが「失敗の免疫」だ。彼は失敗のつらさや喪失感から守られているわけではない。ただ、失敗を誤解することからは守られている。彼は自分が敗者だとか、失敗が自分という人間の価値を決めるとはつゆほども思っていないし、それどころか、自分の失敗を失敗とすら思っていない。むしろ、失敗は成功と同じようにタメになるものだと思っている。もちろん成功するに越したことはないが、彼はどんな結果も受け止め、失敗しながら前に進みつづけるだろう。

さて、現在のリードは？　すべての面でとても充実し、満足している若者という印象を受ける。彼はかわいい赤ん坊の娘と愛くるしい三歳の息子とともに、幸せな結婚生活を送っている。彼は背が高く、イケメンで、健康的だ。つい先日、彼は妻とともにはじめて新居を購入し、将来有望な新興企業で遺伝子検査や医療関連の仕事をしている。近年のリードは絵に描いたような成功者にちがいないが、彼自身はそういうふうには考えていない。彼はただただ感謝している。そして、自分の人生を順調と感じるかどうかは、どれだけ成功したかよりも、むしろ心のもちようの問題だということを知っている。

それこそが、リードが人生で勝利している本当の理由なのだ。

失敗を成長につなげる3ステップ

「失敗の免疫をつける」と口で言うのは簡単だが、実行するとなるとまた別の問題だ。

ここでは、失敗の免疫をつけるための演習——失敗の見方を変える演習——をしてみよう。前にも話したとおり、失敗は成功の原材料。失敗の見方を変えるというのは、その原材料を真の成長へと変えるプロセスだ。

演習は次の三つのシンプルなステップからなる。

①失敗記録をつける
②失敗を分類する
③成長のヒントを見つけだす

失敗記録をつける

ステップ①は単純。失敗を書きだそう。

過去一週間、一ヵ月間、一年間を振り返ってもいいし、定番失敗集をつくってもOK。期間は自由。失敗を成長に変える習慣をつけたいなら、新しい考え方が身につくまで、ぜひ月に一、二回は失敗記録をつけてみてほしい。失敗の見方を変える作業は、失敗の免疫を生みだすすばらしい習慣なのだ。

失敗を分類する

成長の可能性が潜んでいる失敗を簡単に見分けられるよう、失敗を三種類に分類すると便利だ。

▼不運

いつもはうまくできる物事に関する単純ミスだ。それ以上はうまくできない物事という意味ではなく、ふだんはうまくできるのに、たまたま失敗しただけなので、失敗からなにも学びとる必要がないという意味。このケースでは、失敗を認め、必要なら謝り、さっさと前に進むのがいちばんだ。

▼弱点

あなたのいつもながらの欠点によって起こってしまう失敗。つまり、何度も何度もくり返してしまう失敗だ。失敗の原因はよくわかっている。昔からのつき合いだ。たぶん、ずっとなおそうとがんばっているし、あなたが努力している範囲内ではなおってきている。あなたはその弱点にはまらないよう努力するが、どうしてもはまってしまう。

あっさりとあきらめて、平凡な出来で満足しようと言うつもりはないが、あなたの個性を無理やりなおそうとしても、あまりいいことはないと思う。もちろん、どうするかはあなたの自由だが、失敗のなかには、あなたの個性の一部にすぎないものもある。無理やり改善しようとするよりも、そういう失敗を引き起こしやすい状況を避けるほうがいいこともあるのだ。

▼成長の機会

起こるべきではなかった失敗、少なくともふたたびくり返してはならない失敗のこと。こういう失敗の原因は特定できるし、修正もできる。ほかの種類の失敗に時間をかけても、見返りは少ない。そういう失敗に気をとられている暇があるなら、この種類の失敗に目を向けたほうがいいだろう。

成長のヒントを見つけだす

そうしたら、「成長の機会」に分類した失敗について、次の内容を考える。

- 大きな改善の余地があるものはないか？

失　敗	不　運	弱　点	成長の機会	ヒント
リサの誕生日、一週間後と勘違い	×バカだ！			
予算申請書、ギリギリで提出		×		
電話で怒られる			×	電話ではまず近況や話題を確認
シロアリ駆除中に泥棒被害	×最悪！			

デイヴの失敗記録

・教訓はなにか？
・なにがまずかったのか？（決定的な失敗要因）
・次回はどこを変えられるか？（決定的な成功要因）

次に同じ失敗をしないためのヒントを探し、書き留め、役立てよう。たったそれだけ。単純だ。

以下に紹介する例は、デイヴの数えきれない失敗記録の一部だ。

例①：デイヴは娘のリサの誕生日をまちがえた。ちょうど一週間だ。彼はこういう日付を覚えておくのが苦手なので（＝弱点）、カレンダーを使って忘れないようにしている。ところがある年、彼はリサの誕生日をうっかり別の週に書きこんでしまった。彼はリサとの素敵な誕生日ディナーの計画を練ったが、それは本来の誕生日の七日後だった。

彼は一週間ずっと出張中だったので、リサの誕生日を逃したことに気づかなかった。大失敗。不思議なミスだ。二度とこんなミスは起きないだろう。

例②：もうひとつのとんでもない失敗は、泥棒に入られたこと。当時、ディヴと妻の家はシロアリ駆除のための燻蒸《くんじょう》消毒をおこなっていて、ふたりは三日間、家を空けていた。そのあいだに、燻蒸用のテントで覆われた家に泥棒が押し入り、貴重品を根こそぎ盗んでいった。最悪だ。なにがまずかったのか？　三日間、家を見ていてくれる警備員を雇わなかったこと？　だれもそんなことはしない。警察によると、とても珍しいケースらしい（駆除剤で命を落とすリスクを冒してまで、テレビを盗もうと思う泥棒なんてまずいない）。ディヴの友人たちも、みんな警備員を雇おうなんて考えもせずにシロアリ駆除をおこなった。確かに防ごうと思えば防げた失敗だったが、あまりにも例外的なケースなので、ディヴは単なる不運として受け止めた。高くつく手痛い不運だが、単なる不運にはちがいないのだ。

例③：ディヴは予算申請書を翌日の締め切りに間に合わせるため、また半分徹夜するはめになった。彼は先延ばし魔として有名だ。このなかなか直らない欠点を補うため、いろいろなトリックを使ってはいるが、うまくいくのは十数回に一回くらい。ほとんどの場合は自分の欠点を避けるよう努力しているが、それ以外では欠点を受け入れてしまっている。彼はめったに締め切りを逃さない。単純に夜更かしして乗り切るのだ。たいしたものだ……。ここから学びとれることはあまりない。いまだに同じことを何度もくり返している。彼の弱点なのだ。

例④：少し前、デイヴはクライアントと電話で話していてびっくりする事件に遭遇した。デイヴは電話をかけると開口一番、クライアントと一緒にとりくんでいるプロジェクトのマーケティングに関する質問をした。すると突然、相手がキレ、怒鳴りはじめた。デイヴは打ちのめされた。どうやら、プロジェクトの鍵を握るエンジニアが仕事を辞め、現場が混乱していたらしい。それは定期的な電話だったのだが、マーケティングに関する彼の長ったらしい質問はもう無意味になり、クライアントは時間をムダにされていると思い怒ったわけだ。

デイヴにしては珍しいミスだ。彼はクライアント管理の達人で、週に何十時間も電話で話をする。では、今回はなにがいけなかったのか？　考えるうち、先に相手の近況も確認せずにいきなり本題に入ったのがまずかったと気づいた。デイヴの電話は必ず話題とスケジュールがきっちりと決まっている。いつもはいきなり本題に入っても問題ないのだが、対面でひとと会うときにはそうはしていないことに気づいた。

ひとと会う場合は、相手の調子はどうか、前回から変わった点はないかをまず訊き、本題に入る前にその日の話題を必ず確認する。その確認中に重要なニュースが聞けることも多いのだが、しばらく前、電話では時間節約のために確認を中止していた。あきらかなリスクだ。いままではたまたま問題がなかっただけ。結論は明白だ。電話でも簡単な近況と話題の確認をすること。たった数秒で大きなちがいにつながる。

デイヴはあなたがこれらの例を読むよりも短い時間で、この五つの失敗を分析した。この演習は簡単だが、時として大きな見返りをもたらす。電話で怒鳴られたとき、デイヴが電話を切って、「ちぇっ、どういうことだよ、あの態度は」と愚痴を言うだけで終わっていたら、彼はなにも学ばず、また同じ失敗をくり返したかもしれない。同じように、泥棒被害や娘の誕生日のすっぽかしの原因について考えていなかったら、いつまでも不必要に自分を責めつづけていただろう――なんの成果もなく。

ほんのちょっと視点を転換し、失敗の見方を変えるだけで、「失敗の免疫」づくりへと大きく前進することもある。ぜひ試してみてほしい。

現実と闘うな

夢の仕事と夢の人生を手に入れたとしても、災難は起こる。デザイナーは計画どおりに進まないことがたくさんあると知っている。自分がどういう人間なのかを理解し、人生をデザインし、その人生の道を進んでいるかぎり、失敗はありえない。もちろん、時にはつまずいたり、プロトタイプが思いどおり機能しなかったりすることもあるだろう。しかし、機能しないプロトタイプは、いまここにある世界――つまりあなたの新しい現在地――の状態について、貴重な情報を残してくれる。その理解こそが失敗の免疫を生みだしてくれるのだ。

目の前にハードルが現われても、道をふさがれても、プロトタイプが急に変化しても、ライフデザインがあればどんな変化、逆境、災難をも力に変え、あなたのめざしている人生やキャリアへと近づくことができる。

ライフデザイナーは現実と闘わない。たとえなにが起きても前進の道をデザインし、大きな力に変える。ライフデザインに不正解の選択はない。後悔もない。あるのはプロトタイプだけ。そのなかには成功するものも失敗するものもある。でも、失敗したプロトタイプのなかに最高の教訓が隠れていたりもする。次はどういうプロトタイプをつくればいいのか——それがわかるからだ。

人生は勝負ではない。人生とはつねになにかを学び、無限ゲームをプレイしつづけることなのだ。デザイナーの視点で人生と向き合えば、「次はどういう展開が待っているのだろう？」といつもワクワクしていられる。

さあ、ここまで来れば、残る疑問はただひとつ。

絶対に失敗しないとわかっているなら、どう生きよう？

やってみよう

失敗の見方を変える

①以下のワークシート（www.hayakawa-online.co.jp/designingyourlife/からもダウンロード可能）を使って、過去一週間（一カ月間、一年間でもＯＫ）を振り返り、失敗を記録する。
②失敗を「不運」「弱点」「成長の機会」に分類する。
③成長のヒントを見つける。
④この作業を月に一、二回おこない、失敗を成長に変える習慣をつくる。

失　敗	不　運	弱　点	成長の機会	ヒント

第11章　チームをつくる

――一流の仕事の共通点

一流のデザインの背後には、プロジェクト、製品、建物に命を吹きこむデザイン・チームが必ずいる。デザイナーが「過激なコラボレーション」の価値を信じているのは、真の創造力が共同作業のプロセスにあるからだ。

わたしたちは他者とのコラボレーションや関係のなかで人生をデザインする。なぜか？「わたしたち」はつねに「わたし」よりも強力だから――それだけだ。

行きづまり思考→自分の人生なのだから自分でデザインするべき。
こう考えなおそう→人生とはほかのひとびとと共同でデザインし、生きていくもの。

人生をデザインするとき、あなたは「共創」(ともにつくる)という行為をおこなっている。デザイン思考のマインドセットは、「キャリア開発」や「戦略的計画」、さらには「ライフコーチング」とも異なる。ひとつの大きなちがいは、コミュニティの役割だ。もし、あなたの輝かしい未来をつくるのがあなたひとりだとしたら、あなたはなにもかも自分で考え、悠然と命を吹きこむことになる――あなただけの問題だからだ。

確かに、ライフデザインはあなた自身の人生の問題だが、あなたひとりの問題ではない――すべてのひとがかかわる問題なのだ。ライフデザインは「ひとりではできない」とわたしたちが口を酸っぱくして言うのは、「本当はひとりでやりたいけどそれだと手が足りない」という意味ではなく、「みんなでないとできない」という意味だ。そもそもライフデザインというもの自体が共同作業なのだ。

一歩、また一歩と次の道を探しながら、前進の道を「築いていく」(「見つける」ではない)プロセスでは、ほかのひとびととの貢献や参加が欠かせない。あなたがデザインするアイデアや機会は、だれかがあなたのかかわりに提案したりもってきたりしてくれるわけではなく、あなたが人生で関与するコミュニティのひとびととともにつくるものだ。相手がそう思っているかどうかはともかく、あなたがライフデザインの道中で会い、交流し、体験や会話をともにするひとびとはみな、あなたのデザイン・コミュニティの一員だ。そのなかでもとくに重要な数人が、あなたの主な協力者となり、ライフデザインをつづけていくうえで欠かせない役割を果たすわけだが、それでも全員が重要だ。

そう、全員が。

この「共創」は、デザインに欠かせない視点であり、デザイン思考が効果を発揮する大きな理由でもある。あなたのライフデザインはあなた自身のなかではなく、世界のなかにある。あなたはそれを見つけだし、ほかのひとびととともにつくり上げていくわけだ。あなたが最終的に実現することになるアイデア、可能性、役割、自己像は、あなたが本書を読んでいるいまの時点で、この宇宙に存在しているわけではなく、これからつくられるのを待っている。そして、その原材料は、あなたがまだ会ったこともないひとびとの心、頭脳、行動のなかに眠っているのだ。

人生を変える従来のやり方がなかなかうまくいかない大きな理由のひとつは、あなた（だけ）が正解を知っていて、理想の人生の原材料をもち、どの情熱に従えばそういう人生が手に入るかを理解していると誤解しているからだ。この考え方は、「適切な目標を定め、実現のために努力しなさい」というおなじみの考え方と似ている。まるでハーフタイム中のロッカー・ルームみたいだ。「さあ行け！　おまえたちならできる！」

バカげている。

本書の冒頭で紹介したエレン、ジャニン、ドナルドを思い出してほしい。三人とも目標があった。ジャニンとドナルドは数々の目標を実現し、超がつくくらい成功していた。それでも、ふたりは道に迷っていた。

「どうして自分の選んだ人生に満足できないのだろう？」

「これからどの方向へ進めばいいのか?」
「どうすればわたしにふさわしい人生が送れるのか?」

そして、三人ともその答えをひとりで見つけなければならないと思いこんでいた。三人は人生をデザインしているわけでも、チームの力を借りているわけでもなかった。

もしあなたがひとりきりで鏡の前に立ち、人生の答えを見つけだそうともがき、正解がわかるまで待ちつづけているとしたら、いつまでたっても次の一歩を踏みだせないままだろう。いまこそ、鏡から目を逸らし、まわりのひとびとを見渡してみてほしい。あなたが本書で紹介した作業や演習を実践してきたなら、これまでたくさんのひとびとに会い、あなたの置かれている状況、価値観、仕事観と人生観について率直に話をしたことと思う。グッドタイム日誌をつけ、あなたをエネルギー満タンにしてくれるグループやひとびとが見つかったはずだ。おそらく、あなたの人生プランのアイデアを練ったり、感想を寄せたりしてくれる協力者も見つかったことだろう。

あなたのどのプロトタイプにも、協力者、参加者、情報の提供者が登場する。あなたはそういうひとびとをチームの一員とは考えなかったかもしれない。あなたがなにかをしたり試したりしているとき、ただその場にいたひとびととしか思わなかったかもしれない。

その考え方は的外れだ。

そう、そういうひとびともあなたのチームの立派な一員なのだ。

チームを見つける

あなたのライフデザイン活動に少しでも参加しているひとびとは、みんなあなたのチームの一員と考えるべきだ。ただ、果たす役割は一人ひとりちがうので、名称をつけておくと便利だ。もちろん、ふたつ以上の役割を兼ねるひともいるだろう。

▼サポーター

サポーターは、特徴、年齢、親しさ、人数などの点でさまざまだ。サポーターとは、つねにあなたの人生を気にかけてくれる頼りになる存在だ。彼ら彼女らに励まされるとがんばれるし、フィードバックをもらうと本当にタメになる――それくらいあなたにとって近しい人物のことだ。

サポーターの大半はあなたが友人だと思っているひとびとだが、友人みんながサポーターとはかぎらないし、友人でないサポーターもいるだろう（ライフデザインに協力してはくれるが、ふだん遊んだりはしないひとびと）。サポーターの人数はあなたの人間性によるところが大きい。二、三人から五〇人、時には一〇〇人になることもあるだろう。

▼参加者

参加者とは、あなたのライフデザイン・プロジェクト――とくに仕事や趣味に関連する継続的なプロジェクトやプロトタイピング——に積極的に参加してくれるひとびとだ。つまり、あなたと実際に共同でなにかをするひとびとを指す。

▼身近なひとびと

身近なひとびととは、家族、親しい親戚、親友など。あなたのライフデザイン・プロジェクトに深く関与するかどうかは別として、あなたのライフデザインからもっとも直接的な影響を受けるひとびと、または影響を及ぼすひとびとだ。身近なひとびとには、ライフデザインに直接参加してもらわないとしても、せめてそのつど状況を報告することをお勧めする。あなたの人生の大きな一部なのだから、切り離して考えてはいけない。

アイデア創造、人生プランの作成、プロトタイピングのなかで、身近なひとびとにどういう役割を果たしてもらうかは難しい問題だ。あまりにも親しすぎるひともいるだろうし、あなたにどうなってほしいという思いが強すぎて、客観的に考えられないひともいるだろう。もちろん、その一方でだれより助けになってくれるひともいるだろう。

わたしたちが言いたいのは、相手がどれだけ重要かを理解して、そのひとにふさわしい適切な役割を見つけだそうということだ。最後まで仲間はずれにしてはいけない。そんなことをすればたいてい失敗してしまう。理由はあきらかだろう。突然「一年間だけ自給自足の生活を試してみると決めたよ」と言って妻を驚かせても、まずいいことはない。

▼チーム

あなたのライフデザイン・プロジェクトの具体的な部分を共有し、あなたと一緒にプロジェクトの進捗を定期的にチェックしてくれるひとびとだ。チームメンバーの有力候補は、あなたの冒険プランの発表を聞き、一緒に話し合い、フィードバックを返してくれたひとびとだろう。

ライフデザインという旅の道中、あなたと肩を並べて歩いてくれる連れが必要だ。必ずしも親友でなくてもかまわない。あなたのために顔を出し、答えやアドバイスを出すことなく、話を聞き、一緒に考え、ライフデザインのプロセスを尊重してくれるひとなら、だれでもかまわない。

そういう仲間には心当たりがあると思う。きっと何人かの顔がもう思い浮かんでいることだろう。健全なチームは、あなたを含めて三～六人——理想的には五人まで——だ。相手がひとりだけでも、すばらしいパートナーや説明相手にはなりうるが、ふたり組はコンビであってチームとはいえない。コンビだとどうしても話し役と聞き役に分かれてしまう。あなたの発言に対する返答が一〇〇パーセント相手の肩にのしかかってしまう。これではコラボレーションに必要な意見の多様性が生まれない。

チームが三人であれば、もっと活発なやりとりがおこなわれ、とても多様性のある会話が生まれる。六人までは同様だが、六人を超えるとグループの構造が変わりはじめる。一人ひとりの発言時間が限られ、次にだれがしゃべるかが問題になってしまうのだ。すると、ひとびとのあいだに役割が生じはじめる。アンは現実派。セオは独創派。チームが大きくなると、一人ひとりのキャラが固定されてしまい、会話がしぼんでしまう。

そういうわけで、もっともバランスが良く、画期的な意見が出やすいのは、三〜五人のチームなのだ（もうひとつ、特大のピザが一枚あるといいだろう。チーム作業がスムーズに進む）。

チームの役割とルール

最重要事項——なるべくシンプルに。

チームの目的はライフデザインの成功をサポートすること。それ以上でもそれ以下でもない。チームメンバーはあなたのセラピストでも、金融アドバイザーでも、教祖でもない。あなたのライフデザインを「ともにつくる」仲間だ。

ひとつだけ、決めておく必要のある役割があるとすれば、それはチームのファシリテーター——メンバーの集まる日時と活動内容を決める進行役——だろう。通常はあなた自身だ。あなたがスケジューリングや連絡を引き受けるのがいちばんだ。そうすればチームが脱線することもないし、活動の頻度が多すぎたり少なすぎたりしなくてすむ。ただし、ほかのメンバーにファシリテーター役を任せたり、交代制にしたりしてもＯＫ。つねに時計、テーマ、会話に目を光らせる人物がひとりいればいい。

いちばん大事なのは最後の項目、つまり会話だ。ファシリテーターはあくまでも進行役であって、上司でも審判でも〝リーダー〟でもない。こういう役割はいっさい不要だ。必要なのは、みずから会話に参加し、会話の進行にも気を配る人物だ。

ファシリテーターの役割は以下のとおり。

・全員に会話をさせる。
・重要なアイデアや提案が会話に埋もれないようにする。
・複数の話題や懸念事項が同時に出てきたとき（よくある）、どの路線で行くかを決める手助けをする。

ルールに関していえば、スタンフォード大学のチームでは以下の四つのルールだけを設けている。

①相手を尊重する
②秘密を守る
③どんどん参加する（遠慮は禁物）
④アイデアを出す（批判したりよし悪しを判断したりせず、建設的に）

メンターの力を借りる

メンター（よき指導者、相談相手）は、あなたのライフデザイン・コミュニティやチームのなかで特別な役割を果たす。みなさんのなかにも、よきメンターと出会った経験をもつひとがいると思う。ぜひ探してみてほしい。メンターが何人か参加してくれるだけで、あなたのライフデザイン活動はぐっと効果を増すだろう。

経験豊富な先輩のもと、一対一で指導や助言を受ける「メンタリング」は、ここ数年で一気に人気を集めている。ここでは、わたしたちの学生やクライアントにもっとも役立ってきたメンタリングのヒントをいくつか紹介したいと思う。

▼相談とアドバイスのちがい

わたしたちは相談とアドバイスをはっきりと区別している。

「相談」は、相手の考えを明確にするお手伝いをすること。

「アドバイス」は、自分の意見を相手に伝えること。

相手はわたしにアドバイスしているのか？　それとも、相談に乗ってくれているのか？　幸い、とても簡単な見分け方がある。

「うーん、もしわたしがあなたの立場だったら、これこれこうすると思う」と言った場合、相手はあなたにアドバイスしようとしている。「もしわたしがあなたの立場だったら」というのは、裏を返せば、「仮にあなたがわたしと同じ人間なら」という意味だ。そう、この点がアドバイスの本質なのだ――アドバイスする側があなたと同じ状況に置かれていたらどうするかを助言するわけだ。もしあなたがアドバイスするひととたまたまそっくりな人間なら問題ない。相手があなたと双子なら、アドバイスを求めよう。しかし、自分と瓜ふたつの人間からアドバイスがもらえることなどめったにない。

アドバイスをもらうのはけっこうだ。ただ、アドバイスをそっくりそのまま受け入れるかどうかは、よく考えたほうがいい。アドバイスをくれたひとの価値観、重視する内容、考え方、そしてそのアドバイスが正しいと確信するきっかけになった重要な経験について、きちんと探ってみよう。

たとえば、わたしたちの知り合いにこんなひとがいる。ある緊急救命室の医師は、「絶対にバイクになんか乗るな。臓器提供者になるだけだぞ！」とみんなによく猛アドバイスする。彼の緊急救命室には、バイク事故を起こした患者がしょっちゅう運ばれてきて、その多くが脳の損傷で死亡する。そういう光景を日常的に見ている彼からすれば、それはしごく合理的で理解できるアドバイスだ。

しかし、わたしたちにはこんな知り合いもいる。東海岸に住むある芸術家は、三〇年前から、年間五万〜十数万キロもバイクで国じゅうを走りながら、ひとびととの直接の触れ合いを刺激にして、見事な油絵を描きつづけている。彼は昔ながらのハーレーダビッドソンに乗るのが、世界を自分の目で見て、ひとびとと出会う最高の方法だと確信している。

ふたりともまちがっていない。バイクは自動車よりずっと危険。しかり。バイクは田舎を自分の目で見てひとびとと出会うにはもってこいの方法。しかり。どちらも正しい。

そう、大事なのはこのアドバイスがあなた自身とどれくらい関連しているかなのだ。

紛れもない専門知識をもっているひとのアドバイスは貴重だ。確定申告書の提出方法は？

ケガした膝の手術を受けるべきか？　それとも理学療法だけにしておくべきか？　こういう場合は専門家のアドバイスが必要だ。

でも、あなたの人生に専門家はいない。「最悪のアドバイスをもらった」という声をたまに聞く。たぶんそれは正しくない。まともなアドバイスだったが、あなたには合わなかっただけの話だ。あなたの人生についてアドバイスする気で満々のひとはたくさんいる。だからよくよく注意しないといけない。

その点、相談に乗るのはアドバイスするのとはまったくちがう。相談はいつでも役に立つ。あなた自身の考えを明確に理解するに越したことはないし、あなた自身の最高の知恵や洞察を引きだして損することなんてありえないからだ。よき相談相手となり、いつもあなたの頭をすっきりと整理してくれる人物は、最高の財産だ。ぜひ見つけよう。

よきメンターが活躍するのはまさにこの部分だ。わたしたちは、相手の「相談」に乗ることを重視するのが、あるべきメンタリングの姿だと思っている。相談は、あなた自身、あなたの話、あなたの状況を正確に理解するためのたくさんの質問から始まる。よき相談相手は、自分の理解が正しいかどうかを確かめるため、さまざまな観点から同じ質問をくり返す。あなたの話を要約したり言い換えたりして、「こういう理解で正しいだろうか？」と訊ねる。そうして、彼ら自身ではなくあなたのほうにスポットライトを当てるわけだ。

相談に乗ってもらうにあたって、メンターの人生経験はとても貴重だ。それは、メンターの知っている事実や答えをそのまま拝借できるからではなく、メンターの経験の幅広さや客観性を頼りに、あなた自身の置かれている現実を新しい視点でとらえなおせるからだ。よいメンターは、ほぼ聞き役に徹し、最後の最後であなたの状況を別の視点からとらえなおす方法を提案してくれる。その結果、あなたに合った新しいアイデアや解決策が見つかるのだ。もちろん、ここに書いたことはわたしたちの「アドバイス」にすぎないが。

▼適切な判断

第9章で、いくつもの判断力を総動員して適切な判断を下す方法について説明した。メンターは、いざ選択を下すとき、適切な判断を見極めるのに大きく貢献してくれる。重要な判断が一筋縄でいくことはまずないし、両立しえない問題や妥協の必要なポイントがたくさんあり、頭が混乱してしまう。

そんなときこそ、相談に乗ってくれるメンターに連絡するタイミングだ。メンターはひたすら聞き役に徹し、あなたの頭のなかに渦巻いている考えを吐きださせ、きちんと理解させ、「重要な問題」「小さな問題」「無関係な問題」へと分類する手助けをしてくれる。よいメンターは、一定の注意を払いながら、時には恐る恐るその作業をおこなう。問題を分類し、優先順位をつける作業は、相手を特定の選択へと誘導してしまうことも多い。優秀なメンターは相手にどうしろとは指図しない。少なくとも、自分の言葉を鵜呑みにしないようはっきりと釘を刺すだろう。たとえば、こんなふうに。

「昇進の話を受け入れて、一年間北京に行くのが正解と言うつもりはないわ。でもあなた、中国の話をするとき、いつもうれしそうに笑っている。自分で気づいてる？　だとしたら、検討だけでもしてみるべきよ。中国に行けとは言っていない。ただ、気づいたほうがいいこともあると思う」

▼長期的な視点と短期的な視点

メンターといってもいろいろな形がある。なかには、あなたの人生を心から気にかけ、長年あなたの旅の友を務めてくれる一生涯のメンターを見つけられるラッキーなひともいるだろう。しかし、そういうメンターだけが貴重なメンターではない。たとえば、

・分野に特化したメンター（例：子育て、家計、スピリチュアル）
・一定期間だけのメンター（例：妊娠期間、初の管理業務、介護、外国移住）

を見つける手もある。

決まりきったルールはない。とにかく、あなたの相談相手になってくれそうなひとびとを

探そう。

そう聞くと、「そんな最高のメンターをいったいどこで見つければいいのか？」と思うかもしれない（もしそう思っていないなら、このセクションは飛ばしてOK。あなたはよきメンターに恵まれた幸運のもち主だ）。

わたしたちは、よきメンターになる素質のあるひとは、よきメンター以上にいると思っている。豊富な人生経験をもつひとびと――そして人の話を聞き、単にアドバイスするのではなく相談に乗ろうという意欲のあるひとびと――は、世の中にたくさんいる。でも、その多くは自分のことをメンターだと考えていなかったり、メンタリングにふさわしい会話術を身につけていなかったりする。そうしたひとびとはメンターでないというわけではない。熟練メンターではないというだけの話だ。

そこで大事になってくるのが、メンタリングの受け上手になることだ。完全な熟練メンターが必要なわけではない。もちろん、熟練メンターは貴重だし、いったん見つけたら手放してはいけない。ただ、本当に必要なのは、メンターになる素質があるひとびと――あなたがメンターと同じ価値を引きだせるようなひとびと――なのだ。

そういう「メンターの卵」を見つけるのは、拍子抜けするほど簡単だ。あなたから会話を切りだせばいい。あなたのメンターになりそうなひとを見つけたら、そのひとと話をし、あなたが助けを必要としている分野へと会話を誘導しよう。「アドバイスがほしい」と頼むのではなく、「わたし自身の思考を整理するために、あなたの知恵や人生経験を借りたい」とお願いしてみよう。たとえば、こんな感じだ。

「やあ、ハロルド。きみとルイーズの子育てぶりにはいつもながら本当に感心するよ。実を言うと、僕にちゃんと父親が務まるのか不安でね。コーヒーをおごるから、近いうち子育ての話を聞かせてくれないかい？」

当然、ハロルドは「いいよ」と言うだろう（第6章で説明したライフデザイン・インタビューの約束のとりつけ方と驚くほど似ている点に注目）。ハロルドと会い、子育ての喜怒哀楽について話を聞いたところで、こう切り出そう。

「実はお願いがあるんだ。息子のスキッピーの件で、ルーシーと僕で悩んでいることがあって。これから僕たちの考えていることを話すから、僕自身の考えを整理する手助けをしてくれないかな？　スキッピーはきみんちの子どもたちとはかなりちがうと思うけど、きみのほうがパパとしては先輩だし、重要な問題と些細《ささい》な問題を見分ける参考になると思うんだ」

ハロルドはいままでそんな相談に乗った経験はないかもしれないが、ベストを尽くし、おそらくかなり役に立ってくれるだろう。彼がアドバイス・モードに入りはじめたら、丁寧に聞いたうえで、最初のお願いを思い出させよう。きっとわかってくれるはず。もしわかってくれなくても、失ったものはなにもない。別のだれかを見つければ。こうすれば、熟練メンターが見つかるまで待たなくても、あなた自身のメンター集団を自分で築いていけるというわけだ。

チームからコミュニティへ

ライフデザイン・チームや協力者たちと過ごす時間は、とても刺激的で、生き生きとした気分にさせてくれる。わたしたちの指導してきたひとびとはたいていそんな感想をもらす。あなたを支えてくれるチーム。敬意をもって真摯に耳を傾けてくれる仲間。いったんそれを経験するとクセになる。コミュニティの一員になるというのは、驚くほど特別な気分だ。そしてそれこそが人間本来の生き方なのだ。

コミュニティとは、単になにか資源を共有したり、ときどき一緒に過ごしたりするだけの集団ではない。全員で集まり、お互いの人生を一緒に築きつづけていく――それがコミュニティなのだ。そういうコミュニティに属するのは最高の生き方だ。大きな計画を立てたり、新しい物事をはじめたりするときだけでなく、ぜひ継続してコミュニティに属することをお勧めする。

なにを継続して実践すれば、ずっと成長し、理想の人生を送りつづけられるのか？　それを見つけだすことは、ライフデザインの重要な一部。そして言うまでもなく、コミュニティはその重要なピースのひとつだ。

では、にわかづくりのライフデザイン・チームではなく、継続的な意味での「コミュニティ」とはいったいどういうものなのか？

その昔、ほとんどのひとびとはなんらかのコミュニティと有機的に結びついていた。特定の教会や信仰のもとで育ち、定期的に集まる巨大な親類一同のひとりとして暮らしていた。仕事（軍隊）のコミュニティや趣味（ロック・クライミング）のコミュニティにも属していただろう。

しかし現在では、ほとんどのひとびとがお決まりのコミュニティ——定期的に帰って人生の話ができるようなコミュニティ——に属していない。

では、そういう「コミュニティ」を見つけるには？

次のような特徴を共有するひとびとを探すことだ。

▼共通の目的

健全なコミュニティは「目的」をもつ——ただ集まるためだけに集まるわけではない。デイヴの属するコミュニティは、人生のどんな場面でも信念を貫く、一貫性のある人間になるためにある。ビルの属するコミュニティは、よりよい父親、より一人前の男性になれるよう助け合うために集まる。成功するコミュニティには、コミュニティを一定の方向へと動かしつづける明確な目標がある。目標に向かって動いているほうが、動きつづけるのはずっとラクだからだ。ビルとデイヴのコミュニティは、社会活動、レクリエーションといった別の活動へと脱線することもあるが、「わたしたちがここにいる理由」を思い出させてくれる北極星がつねにあるのだ。

▼定期的に集まる

週一回か、月一回か、四半期に一回かはともかく、コミュニティは定期的に集まらなければならない。毎回最初から話しなおさなくても、前回のつづきから会話をはじめられる程度の頻度で集まる必要がある。その真の目的は、コミュニティへの参加自体を習慣化することだ。コミュニティは、プロジェクトを実施したり一緒に本を読んだりするという一時的な目的だけで集まるわけではない。コミュニティを中心とする生き方がよりよい人生につながると全員が認め、参加しつづけるからこそ、定期的に集まるわけだ。こういうコミュニティに参加しつづけていなかったら、いまのわたしたちの人生はなかったと思う。

▼共通の立場

できれば、共通の目的に加えて、共通の価値観や考え方をもっていると望ましい。ビルが参加している父親向けの討論グループは、ほとんどの男性がもっとよい父親になりたいと願っている。全員が本音で話をするし（ウソは禁止）、積極的に新しい物事やクレイジーな演習を試したりもする。たとえば、だれかが死者の役となり、その人の葬儀が開かれているという設定で、みんなでそのひとに追悼の言葉を述べたりする。みんなはわたしのことをなんと語るだろう？　生きているかぎり、その内容を変えるチャンスはいくらでもある。だから、死者役のひとは自分への追悼の言葉を黙って聞き、その自分に満足できるかどうかを考えるわけだ。

こうした明確な共通の立場は、グループの結束を保ち、会話をつづけ、全員の旅の優先順位を定めたり、問題を仲裁したりする手段として働く。「お互い仲良くしたい」という共通の好意と参加意欲だけでも、きっかけとしてはじゅうぶんかもしれないが、わたしたちの経験からいうと、それだけの関係ではまず長つづきしない。

▼お互いを知る

内容やプロセスがすべてであるグループもあれば、人間がすべてであるグループもある。わたしたちが先ほどから話しているコミュニティとは、人間がすべてではないにせよ、少なくとも人間を重視するコミュニティだ。

たとえば、こんな読書会があるとしよう。メンバーは事前に本を読み、入念な準備のもと、ワインを味わいながら、文章や筋書きについてじっくりと討論する。そして、全員がお互いに好意をもっている。まちがいなく最高のグループだ。

しかし、これはわたしたちが言っているコミュニティとはちがう。誤解しないでほしい──ケチをつけるつもりはまったくない。明確な目的があるし(本について深く討論する)、共通の立場もあるし(小説を読むと楽しいし、思考の幅や心が豊かになると信じている)、定期的に集まる(毎月第一火曜日)。でも、お互いの人生には干渉しないし、もっと言えば、お互いのことをまるで知らなくても、コミュニティは成り立つ。読書会としては最高だが、お互いの人生について会話する場所とはいいがたい。

わたしたちが言っているコミュニティとは、必ずしも仲良しばかりで構成されている必要はないが、一人ひとりのしていることやその状況について、ある程度は腹を割って話し合えるようなコミュニティのことだ。

成功するコミュニティに必要なのは、適切な専門知識や情報をもつひとびとではない。むしろ、適切な目的意識や参加意欲をもつひとびとなのだ。点と点を線で結び、自分自身や世界に対して正直に生きようとしているひとと一緒にいると、とてもタメになる。たとえ歯科にまったく興味がなくても、最高の自分になろうと誠心誠意がんばっている歯科医と一緒にいるほうが、たとえ興味や仕事の夢が同じでも、どこか冷めていて、自分の夢や悩みと真剣に向き合おうとしないひとと一緒にいるより、よっぽど励みになるし、影響を受ける。全員の心を丸裸にする必要はないが、全員が一体感を感じるくらいにお互いがお互いを知っているグループこそが必要なのだ。

そういうグループを見分ける簡単な方法がある。あなたがいままでに所属してきたいろいろなグループを思い浮かべてほしい。たぶん、自分の人生について思うことを語り合うグループと、自分の人生そのものを語り合うグループがあると思う。それこそが、評論家と参加者のちがいだ。そして、あなたが探すべきなのは、評論家のコミュニティではなく参加者のコミュニティだ。

本書がこうしたコミュニティを探したりつくったりする助けになればうれしい。ぜひ、次の読書会で本書を読み、あなたの旅の友になってくれるひとびとを見つけよう。

ライフデザインは旅だ。

そして、一人旅ではそんなに楽しくない。

ただ、安心してほしい――あなたもわたしたちのチームの立派な一員だ。ぜひ、わたしたちのコミュニティに参加してほしい。詳しくは https://designingyourlife.jp で。

やってみよう
チームをつくる

①あなたのライフデザイン・チームの一員になってくれそうなひとを、三～五人リストアップする。その三～五人にも各々の人生のデザインに積極的に参加してもらえれば理想的。
また、先ほどのチームメンバーのほかに、次のひとびとについても考えよう。

- **サポーター**
- **身近なひとびと**
- **メンター**
- **メンターの卵**

②チームメンバー全員に本書を一冊ずつ用意してもらい（または配り）、ライフデザインの仕組みを理解し、チームの役割やルールを確認してもらう。
③「コミュニティ」として定期的に会い、理想のライフデザインをともにつくり上げていくというコンセンサスを築く。

最後に
――理想のライフデザインに向かって

バランスのとれた理想的なライフデザインとは？

一日を「仕事」「遊びや楽しみ」「家族や友人」「健康」にきっちり四等分した円グラフを思い浮かべてほしい。

あなたにとって完璧な円グラフはどういう感じだろう？　だれにでも、もう少し時間や労力をかけたほうがいいと思う人生の分野があるだろう。もう少しデザイン思考を活かし、余計な心配、後悔、「たられば」思考をなくせばうまくいくと思う分野があるだろう。

さて、あなたは今日という一日を、いったいどれだけ楽しみに費やしただろう？　キャリアアップには？　パートナーとの関係構築には？　健康管理には？　次なる人生のプロトタイプづくりには？

あなたの現実の円グラフはどんな感じだろう？

ここで少し種明かしをしよう。完璧な円グラフなんてものは存在しない。一日のなかで、あなたにとって重要な人生の分野に同じ量ずつ時間や労力を捧げることなんて、不可能も同然なのだ。

バランスは時間をかけて完成していく。

ライフデザインもしかり。

世界一の大富豪（二〇一五年時点）、ビル・ゲイツは、一日のなかで仕事と愛のバランスを保ちつづけたまま、大富豪までのし上がったわけではない。彼が一九八五年にマイクロソフト・ウィンドウズをリリースし、一九八六年に会社を上場させたとき、彼のことを「世界に善を尽くす慈善家」と呼ぶひとはひとりもいなかった。そして、一九九八年の時点で、彼が関係を育むことと独占支配の嫌疑と闘うことに一日の同じ時間を費やしていなかったことは、おそらくあきらかだろう。

そう、完璧なバランスなんてものは神話なのだ。そして、その神話こそがひとびとに大きな悲痛を与えている。

前にも話したとおり、デザイナーは現実と闘わない。現実を生きるというのは、現実を直視し、あなたのあるがままを受け入れるということだ。ライフデザインの本当の目的とは、「調子はどう？」という質問にはっきりと答えられるようになることなのだ。

あなた自身の葬儀を思い浮かべてほしい。あなたのいちばん親しいひとは、あなたにどういう追悼の言葉を述べるだろうか？　「全体的に、彼の人生の円グラフはうまく四等分されていたと思う」と言ってくれるような人生をデザインすることはできる。

もちろん、この言葉どおりというわけではないが、意味はわかるだろう。わたしたちだって同じだ。わたしたちの葬儀でだれかが立ち上がり、「デイヴは文章力とコミュニケーション能力が抜群だった」とか、「ビルは対立する優先事項をうまく天秤にかけ、すばやく行動する能力を発揮した」とか言ってくれても、ぜんぜんうれしくない。人生の価値は給料や仕事の能力だけでは測れないからだ。

だれだって、自分がだれかに影響を与えたと知りたい。世の中に貢献する仕事をしたと知りたい。全力でひとを愛し、目的や生きがいをもって人生を生き、人生をおおいに謳歌できたと思いたい。

でも、それはあとから振り返ってはじめてわかること。なぜなら、理想のライフデザインとは、名詞ではなく動詞だからだ（もちろん言語学的には名詞なのだが、言いたいことはおわかりだろう）。

行きづまり思考→人生のデザインが完成した。難所を越えたし、あとは万事うまくいくだろう。

こう考えなおそう→人生のデザインに終わりはない。人生とは、前進の道を永遠に築きつづける楽しいデザインの旅だ。

　みなさんのなかには、すでにまあまあうまくいっている人生をさらによくしたいと思っているひともいれば、人生をまるまるつくりなおしたい――またはそうせざるをえない――ひともいるだろう。

　いったん重大な計画を実行したり、選択を下したりすると、あなたの人生はいままでとまったくちがう姿になる。そういう意味では、あなたは古い人生のデザインを脱ぎ捨て、新しいデザインをまとうことになる。そして、その変化は巨大だ。肌で実感できる。

　でも、ライフデザインはそこで終わりではない。

　道探しが、理想のライフデザインへと至る道を見つける手段だとすれば、それはそういう人生を生きていく手段でもある。決して立ち止まらず、つねに前進の道を築きつづけるのみだ。デザインとは、単に問題や課題に対処する手法ではなく、生き方そのものなのだ。

　わたしたちのライフデザインのクラスやコンサルティングで、デザイン思考がこれほど効果を発揮してきたひとつの理由は、デザイン思考がとても人間的だからだ。一九六三年、スタンフォード大学は「人間中心のデザイン」というユニークなアプローチのもと、はじめてデザインの教育を開始。当時、このアプローチはデザインの古典的なアプローチ――スキル、技能、エンジニアリング、製造中心のアプローチ――から大きく逸脱するものだった。そして、このスタンフォード大学のデザイン・アプローチへと発展した初期のとりくみは、人間らしさをあらゆるものの中心に置き、人間性の部分にうまく対処することに成功した。

その点、人生はまちがいなく人間的な活動だ。とすると、人間中心のデザインが人生にうまくフィットするのは当然なのだ。

さらに、ライフデザインは、「どうやってあなたの人生をデザインするか」という疑問にのみ答える。「どういう人生を生きるべきか」「どうしてある人生のほうが別の人生よりよいのか」という疑問には答えない。

わたしたちの友人のティムは、電気工学の学位を取得して大学を卒業すると、シリコンバレーで就職した。彼の最初の勤め先は、上場したばかりの慌ただしい新興企業。そこで彼は最先端のマイクロプロセッサーをデザインした。ところが、最初のデザイン・プロジェクトが頓挫すると、彼はそれまでの働きづめの夜や週末を振り返り、「仕事は僕の人生の中心にはなりえない」と結論づけた。遊びや愛のほうをずっと重視しはじめた彼は、変化が必要だと気づいた。

彼はより成熟した企業へと転職し、居心地のよい管理職へとのぼり詰め、二〇年近くその役職にとどまった。彼はその会社で技術の第一人者として尊敬を集め、昇進の打診と破格の報酬を何度も辞退した。

「もちろん、生計を立て、不自由のない生活ができるくらいのお金は必要だ」とティムは言う。彼の場合、家族を養い、子どもに最高の教育を受けさせ、バークレーに立派な家を買えるくらいのお金という意味だ。「でも、それ以上に稼いでなんの意味がある？　それなら遊びや交友に時間を捧げたい。お金、出世、責任という言葉にはちっともワクワクしない。人生は幸せになるためにあるのであって、働くためではないんだ」

ティムのライフデザインはうまくいっている。彼はわたしたちの知るかぎりもっともバランスのとれた男だ。立派な父親だし、いつも華やかな社会生活の中心にいる。友人は多く、毎週のように音楽を演奏し、ブログでは自分の発明したカクテルを広めている。おまけに大の読書家。たぶん、世の中でいちばん幸せな男のひとりだろう。彼の「健康」「仕事」「遊び」「愛」のゲージはいつも満タンで、その状態を維持しようと努力している。彼のライフデザイン戦略は実によく考え抜かれている。彼は仕事中心でないライフデザインを見事に実践しているのだ。

人生を新しいマインドセットで

本書で紹介してきた視点の転換のなかには、あなたが人生で積み上げてきたレンガを破壊するようなものもあるかもしれない。でも、いったん学んだ物事を忘れるのは、新しい物事を学ぶよりも難しく、それでいて重要なことも多い。

とはいえ、本書であなたが学んだり捨て去ったりしてきた知識は、それがどんなに破壊的なものであっても、真実を突いたものであっても、動揺を誘うものであっても、目の醒めるようなものであっても、あなたという人間を別の人間に生まれ変わらせるわけではない。本当のあなたに近づけるだけなのだ。

優れたデザインはつねにそれをおこなっている――ひとやモノにもともと内在し、発見されるのを待っているものを、最高の形で解き放つのだ。わたしたちのデザイン・アプローチは、くり返し適用できる明確な人間的プロセスに基づいているので、当然ながら、望みどおりの人生をデザインする革新的なアプローチを提供するだけでなく、そういう人生を生きるすべも提供する。

そうなると、巡り巡って、話は「デザイナーの五つのマインドセット」へとふたたび戻ってくる。

本書の冒頭で、ライフデザインに必要な五つのシンプルな行動を挙げた。

①興味をもつ（好奇心）
②やってみる（行動主義）
③問題を別の視点でとらえなおす（視点の転換）
④人生はプロセスだと理解する（認識）
⑤助けを借りる（過激なコラボレーション）

本書では、ライフデザインのさまざまなアイデアやツールを紹介しながら、ところどころでこの五つのマインドセットについて触れてきた。この五つのマインドセットはいつでもどこでも活かせる。興味をもったりなにかをやってみたりする機会はいくらでもあるのだ。

わたしたちはライフデザインのクラスで、「前進の道をデザインする」という演習を実施している。まず、学生たちに自分自身の人生のデザインにおいて行きづまっている物事——なかなか前に進まない物事——をふたつか三つ挙げてもらう。次に、別のふたりの学生とともに、その行きづまっている問題について四分間、アイデアを出してもらう。ふたりの学生は、先ほどの五つのマインドセットを用いながら、行きづまりから抜けだす方法を一緒になって考える。

たとえば、あなたの担当教授がノーベル賞を受賞したエラいひとで、怖くてなかなか話しかけられないとする。どうすればいいか？　「好奇心」というマインドセットを応用してみよう。たとえば、

- その教授と会ったことがある学生を三人見つけて、話した内容やそのときの様子を教えてもらう
- その教授が自分の学生時代について語っている論文やインタビューを見つけ、二〇歳当時の教授とあなたとの共通点を探す
- その教授が大失敗したプロジェクトを探し（見つかった場合はその内容も）、人間らしい面を知ることで不安を和らげる

など。

先ほどの五つのマインドセットを用いれば、行きづまりを抜けだし、次の一歩、また次の一歩へとどんどん進んでいける。同じことは、あなたがこれから生きようとしている豊かな人生についても当てはまるのだ。

そこで、それぞれのマインドセットについて、いくつか注意点をまとめておこう。

①興味をもつ（好奇心）

どんなものにもおもしろさは隠れている。無限の好奇心は、理想のライフデザインの鍵だ。全員にとってつまらないものなどないのだ（税金の計算や皿洗いでさえ）。

- これに興味のあるひとならなにを知りたがるだろう？
- これはどういう仕組みなのだろう？
- なぜみんなこういうふうにやるのか？
- 昔はみんなどうやっていたのか？
- この分野の専門家はなにを議論するのか？　なぜ？
- ここで起きているいちばんおもしろいことは？
- ここで起きていることについてわたしの知らないことは？
- どうすればそれがわかるだろう？

②やってみる（行動主義）

行動主義があれば、もう行きづまらない。生き方について心配することも、分析することも、迷うことも、答えを探そうとすることもない。とにかくやるだけだ。

・今日じゅうにこれを試す方法は？
・なにをもっと知りたいか？
・それを知るためになにができるか？
・実行可能なことは？　それを試したら、なにが学べるだろう？

③問題を別の視点でとらえなおす（視点の転換）

視点の転換はリフレーミングともいい、デザインの問題では必ずといっていいほど役立つ。

・わたしはどういう視点をもっているか？
・その原因は？
・ほかのひとならどういう視点で考えるだろう？　そのひとの名前を挙げ、あなた自身ではなくそのひとの視点で問題をとらえてみよう。

また、次のような視点であなたの抱えている問題をとらえなおすのも手だ。

・その問題は実際にはごく些細ではないか？
・ごく簡単に解決できる可能性は？
・問題ではなくチャンスではないか？
・まるまる無視できないか？
・問題自体をまだまったく理解できていないのでは？
・本当にあなたの問題なのか？
・その問題は一年後にどうなっているだろう？

④人生はプロセスだと理解する（認識）

人生がプロセスだと理解すれば、イライラしたり道に迷ったりしなくてすむし、絶対に途中であきらめることもなくなる。

・あなたの前後にはどういう人生のステップがあるか？
・あなたが思い描いているステップは、あなたがいまいるステップと本当につながっているだろうか？
・いま、あなたは適切なステップにいるだろうか？　先走りすぎたり、遅れをとったりしていないか？

・一歩先だけを考えるとしたら？
・起こりうる最悪の出来事は？　起こる確率は？　それが起きたらあなたはどうするだろう？
・起こりうる最高の出来事は？

あなたの頭に思い浮かんだ疑問、不安、アイデア、希望をすべて書きだし、「次はどうするべきか？」と自問しよう。ちがいは感じられるだろうか？

⑤助けを借りる（過激なコラボレーション）

過激なコラボレーションとは、言い換えればあなたの人生は一人旅ではないという意味だ。あなたがいま置かれている状況について話せるサポーターをいますぐ見つけ、五分間であなたの状況を説明し、次の五分間で感想をもらい、話し合おう。さて、いまの気分はどうだろう？　ほかのひとにすっかり心を打ち明けた気分は？

コラボレーションをはじめる方法はたくさんある。

・チームを築く。
・コミュニティをつくる。
・あなたのライフデザインに関係するグループやひとびとをすべて洗いだす。あなたはその全員と連絡をとり、会話しているだろうか？　そうでないなら、会話しよう。

・「頼みごと日誌」をつける。あなたが悩んでいる疑問を書きだし、日誌をつねに携帯しておく。毎週、日誌に書いた疑問を解消してくれそうなひとびとを見つけ、相談する。そうしたら、その答えや結果を日記につけよう。

・メンターを見つける。

・母親に電話する（喜んで協力してくれるはずだ）。

この五つのマインドセットをつねに生き方の指針にし、ライフデザインやイノベーションプロセスの一環として活かそうとすれば、あっという間にコツを覚えられるだろう。とてもシンプルなリストなので、この五つのマインドセットを頭のなかから引っぱりだし、応用する方法を考えるのはワケもない。すぐにあなたなりの方法で、この五つのマインドセットを自然と有機的に活かせるようになるだろう。

最後にもうふたつだけ

先ほどの五つのマインドセットに加えて、理想の人生を生きるうえでぜひ注目してほしいことがふたつある。それは「コンパス」と「自己鍛錬」のふたつだ。

コンパスとは、あなたの人生を導いてくれる「仕事観」と「人生観」のこと。仕事観と人生観は、価値観と並んで、「調子はどう？」という質問に答える土台となる。あなたに合った道を歩めているのか？　それとも、本当のあなたからかけ離れた道を歩んでしまっているのか？　そして、

- あなたの人間性
- あなたの考え方
- あなたの行動

の三つに矛盾のない生き方ができているのか？　その判断基準になるのがコンパスだ。

卒業してから二年、三年、五年、またはそれ以上がたった学生たちの話を聞くと、彼ら彼女らが何度も振り返るのがこの「コンパス」の演習なのだという。

ほとんどのひとの場合、先ほどの三つはそう変化しないのだが、細かい点や優先順位は変わる。だから、つねにこの三つの答えを把握しておくのがいい。この人生の大きな指針に対するあなたの考えや価値観を知るには、あなた自身に疑問を問いかけ、声を聞くのがいちばんだ。最低でも年に一回はあなたのコンパスを点検し、再調整してほしい。生きがいの創造にもういちど弾みがつくはずだ。

もうひとつ、理想のライフデザインを維持していくうえでわたしたちがいちばんお勧めしたいのは、第9章で説明したような「自己鍛錬」だ。わたしたちはふたりとも、自己鍛錬に

しっかりと励み、自分を磨き、自己を成長させていくことがなによりの生きがいだと思っている。こうした自己鍛錬――ヨガ、瞑想、詩の読み書き、祈りなど――がもつ価値は少しずつ評価されつつあるが、相変わらず現代社会の大きな弱点でもある。伝統的な東洋文化のほうが進んでいる分野だが、正直、この点で秀でている現代文化はないに等しい。

ただ、よいニュースもある。ちょっとした努力で大きな成果が得られることもあるのだ。自己鍛錬を通じて、心を鍛え、判断力を高めていけば、毎日のように大きな収穫を得られる。

たとえば、ビルは朝（ひげ剃り中）の瞑想や毎日のアファメーション（肯定的な自己宣言）から気力を得ている。

「わたしは考えうる最高の世界のなかで生きている。わたしが今日することは、すべて自分の意志で選ぶ」

そう宣言したあと、その日の予定をすべて頭のなかでリストアップし、すべては自分の意志で選んだことだと自分自身に言い聞かせる。そのうえで、一日をはじめる前にやることを選びなおすのだ。

また、ビルは右脳に命を吹きこみ、なにかを創造する純粋な喜びを味わうために、毎週そうとうな時間を絵に費やしている。さらに、最低週一回は、グルメ料理とはいわないまでも手のこんだ料理をつくり、自分の創造したものをだれかと共有している。

デイヴは、一日二〇分、「センタリング・プレイヤー」と呼ばれる静かな瞑想をおこない、神への愛に精神を集中させる。また、週にいちどは詩を読み、詩を頭で理解するのではなく、体で感じようとしている。詩を選ぶのは博識な妻、クラウディアの役目。自分よりずっと頭のいい相手と結婚したのは大正解だった。

それから、週一回は、運動でつづけているサイクリングの疾走感とスリルを我慢して、クラウディアや飼い犬たちとともに、最低六、七キロは山道を散歩する。時間を忘れて、自然をじかに観察するために。

これらはわたしたちの習慣だが、ぜひあなたも、あなたに合った習慣を築き、いろいろと試してみてほしい。きっと、あなたにとって理想的な人生を生きるのに役立ってくれると思う。

もういちど質問――「調子はどう？」

本書の冒頭で、三人の人物を紹介した。石好きのエレン、失意の弁護士のジャニン、途方に暮れる管理職のドナルド。ライフデザインで、「調子はどう？」という難問への三人の答えはいったいどう変わったのか？

エレンは地質学者になんてなりたくないと気づいたが、学校で学んだことの一部――とくに地質学者がおこなう整理や分類という作業――は好きだとも気づいた。そして、彼女は相変わらず石が好きだった。とくに好きだったのは宝石だ。

そこで、エレンは「棚ぼた上手」になることを決意し、ライフデザイン・インタビューをはじめた。すると、プロジェクト管理の仕事では、業務や人間の整理や分類が得意な人材が求められていることを知った。彼女は自分にぴったりだと感じた。もう何回かインタビューをしたあと、彼女は人脈を伝って、宝飾品のオンライン・オークションを手がける新興企業へと行き着いた。彼女の〝石〟好きと天性の組織能力、そしてその企業への好奇心が伝わり、インタビューはすぐさま面接へと変わった。二年間の勤務と何度かの昇進ののち、現在エレンは会社の高級オークションビジネスのあらゆる面をとりしきるアカウントマネジャーを務めている。

ジャニンは自分のコンパスを見つめなおし、自己鍛錬に励んだ結果、自分自身の心の声に気づき、信じることができた。彼女は日記づけ《ジャーナリング》に生きる気力を与えられた。そして、日記づけが自分にとってこれほど効果的だったのは、彼女が物書き——もっと言うと詩人——だからだと気づいた。しばらく趣味で物書きをつづけたあと、彼女と夫はそろそろ次の一歩を踏みだそうと決意。彼女は詩の修士課程に進み、いまでは講演家、作家、詩人として新たな(慎ましい)人生を送りはじめた。

ドナルドは「好奇心」のマインドセットを活かし、「俺はなぜこんなことをしているんだ?」という不満を別の視点からとらえなおしてみた。

「この会社の社員はなにがそんなに楽しくて毎日毎日せっせと通勤しているんだ?」

彼は答えを探るため、同僚とライフデザイン・インタビューを数多くこなし、仕事を心から楽しんでいる同僚たちが実際になにをしているかを探った。同僚たちの話から得た発見とグッドタイム日誌の結果を組み合わせると、あるパターンが浮かび上がった──同僚たちは「人間」へと注目を向けなおすことで、仕事のエネルギーをとり戻していたのだ。

そう、彼がまちがえていたのは働く場所ではなく、心のもち方だったわけだ。彼は仕事で成功し、家庭の義務を果たすため、「なに」を「どう」するべきかにこだわるあまり、「なぜ」や「だれ」という視点をすっかり忘れてしまっていた。彼は状況にいっさい手を加えることなく、自分自身をつくり替えた。「仕事を淡々とこなす」ことから「社員が仕事を楽しめるような生き生きとした社風をつくる」ことへと視点を切り替えた結果、なにもかもが一変したのだ。

エレンもジャニンもドナルドも──クララもエリスもカートもチャンも──デザイン思考の全ツールを使ったわけではないが、難問に挑み、行きづまりから抜けだし、前進の道を築いた。そんな彼ら彼女らと知り合い、人生にほんの少しでも貢献できたことは、とてもうれしく思う。

「ライフデザイン」に関する本を書くことが、わたしたちにとって大きな挑戦であることはよくわかっている。わたしたちはライフデザインの効果を証明する生きた見本になれるのか？　それとも、きれいごとばかり語るとんでもない偽善者になってしまうのか？　わたしたちは本書で紹介したアイデアやツールを日々実践し、新しい演習、新しい考え方、新しい生き方をつねに試している。わたしたちが日々実践している習慣については一部紹介した。その完全版はわたしたちのウェブサイト www.designingyour.life にあるので、ぜひあなたも試してみてほしい。

わたしたちの人生はつねに進化している――エンジニアから、コンサルタント、教師、作家へと。いったい次の人生はどうなるのだろう？　わたしたちは人生の旅を一歩進むたびにワクワクし、いつも感謝の気持ちでいっぱいになる。

本書では、わたしたちが旅の道中で知り合ったさまざまなひとびとの物語を紹介してきた。その全員が「夢の人生」を歩んでいるとまでは言わないが、全員がライフデザインのツールやアイデアの少なくとも一部を実践し、いままで体験したことのない飛躍的な前進を遂げたことだけは、自信をもって言える。

わたしたちはお互いに、そしてライフデザインの旅に参加してくれた何千という学生やクライアントとともに、「過激なコラボレーション」を長年楽しんできた。いつかあなたともコラボレーションできることを楽しみにしている。

「調子はどう？」

ぜひその答えをわたしたちに聞かせてほしい。

ただ、それよりも大事なのは、あなたが自分自身に満足できる答えを語れることだ。

ライフデザインとは、突き詰めれば、あなたの人生観や人生の送り方を一変させる「生き方」そのものだ。理想のライフデザインの先には、そう、理想の人生が待っている。

そして、それ以上、なにを望めるだろう？

謝 辞

本書の完成に至るまで、多くのひとびとが重要な役割を果たし、わたしたちの励みになってくれた。その全員の名前を挙げきれないことは承知のうえで、以下の方々に感謝したい。

ユージン・コーサンスキーとカイル・ウィリアムズは、わたしたちを信じ、ライフデザイン・ラボの設立に尽力してくれた。

スタンフォード大学dライフ・ラボのジョン・クレイマン、ガブリエル・ロメリ、ガブリエル・ウィルソン、クリスティン・メイヤー、キャシー・デイヴィース、ガブリエル・サンタ＝ドナート、ローレン・パイザーは、「過激なコラボレーション」を体現し、ライフデザイン・プログラムをみんなへの贈り物に変えるべく力を貸してくれた。

デイヴィッド・ケリーは、ビルのためにスタンフォード大学プロダクトデザイン・プログラムのエグゼクティブ・ディレクターという役職をつくり、わたしの知りたいことをなんでも教えてくれ、本書へと通じる旅の第一歩を歩ませてくれた。

シェリー・シェパード教授は、ライフデザイン・プログラムの熱烈な支持者、大学院生にとってかけがえのない師であり、修士号しかもたないふたりの男に賭けてくれた。

学部教育担当副学長のハリー・エラム博士、大学院教育担当副学長のパティ・ガンポート博士、元工学部学生部長のブラッド・オスグッド博士、学生担当副学長のグレッグ・ボードマンは、スタンフォード大学のなかでも指折りの先進的な思考のもち主で、ライフデザインの力を信じ、スタンフォード大学、そして大学教育全体を変革する道を切り開いてくれた。

初期の時代からわたしたちとパートナーを組み、長年の支えや励ましを通じてわたしたちに大きな影響を与えてくれた方々にも深くお礼を言いたい。元宗教生活部長のスコッティ・マクレナンは、文化の変革には忍耐と粘り強さが必要だということを示してくれた。学部教育担当副学長補佐のシャーリー・パーマーは、スタンフォード大学の考え方を教えてくれた。キャリア開発センターの元エグゼクティブ・ディレクターのランス・チョイは、「同じことを全専攻の学生のためにできないだろうか？」という画期的な疑問を掲げ、突破口を切り開いてくれた。元新入生担当学部長のジュリー・リスコット＝ヘイムズは、全学生に指導を広げるよう勧め、信頼できるアドバイスでわたしたちを勇気づけ、はじめての共同の講師としてライフデザイン・プログラムを広める道を示してくれた。

リンジー・オオイシ博士とティム・ライリー博士は、博士研究でライフデザイン・プログラムの効果を実証し、わたしたちの活動を際立たせ、多くのひとびとに価値を届ける後押しをしてくれた。ふたりの指導教授であるダン・シュワルツとビル・デイモンは、わたしたちの支えや指針となってくれた。「チャレンジ・サクセス」プログラム創設者のデニス・ポープ博士は、入念な研究により、教育システムを変えられることを実証してくれた。当時カリフォルニア大学バークレー校のウェストミンスター・ハウスのディレクターだったランディ・ベアは、一九九九年に何気なくデイヴに「ここで教えるべきだ！」と勧め、教育者という第四のキャリアを開始するきっかけをつくってくれた。

シャロン・ダローズ＝パークス博士は、もう何年も前、まるで未来を予見するかのように、「本当にこの道を行く覚悟はできているかい？」とデイヴに訊き、それ以来ずっと心のこもった支えと激励を与えてくれている。

スタンフォード大学プロダクトデザイン・プログラムの創設者であるボブ・マッキムは、物理学専攻の失意の学生（ビル）を救い、楽しくてたまらないキャリアへと導いてくれた。そして、わたしたちの師であり指導者でもあるバーニー・ロスは、大学の政治に対処しなければならないときはいつも頼りになる存在だ。

ジム・アダムズは、学部生時代のわたしたちふたりの刺激となり、目の前の〝壁〟を打ち砕くすべを教えてくれた。二〇〇七年には、「きみたちにこんなことが教えられるとは思えない！」とわたしたちに言った。おかげで、なんとしてもやってみせるという気になった。

そして、本書で人生を紹介させていただいた特別な方々は、ライフデザインの本当の仕組みを示す大きな力になってくれた。読者のみなさんが自分自身の人生を描くヒントになればと、そうした方々の物語を紹介させていただいた（もちろん名前はすべて仮名）。おかげで本書に貴重な人間味が加わった。感謝してもしきれない。

本書の完成にもっとも直接的な形で貢献してくれた方々がふたりいる。

執筆協力をしてくれたラーラ・ラヴは、ビルとデイヴの本当の声を拾い、わたしたちが彼女のような本物のライターだったら自分で書いていたであろう文章を紡いでくれた。この仕事に懸ける情熱、わたしたちへの深い愛情を片時も失わず、果てしない打ち合わせ、動画、音声と向き合ってくれた彼女の忍耐力には頭が下がるばかりだ。わたしたち自身の気力が衰えてきたときには、いつでもすばらしい仕事をしてくれる彼女の底なしのバイタリティに力をもらった。ラーラはいつも驚くほど深くわたしたちの話を聞き、完璧な文章に置き換えてくれる。彼女はわたしたちのためでも、わたしたちについてでも、わたしたちに代わってでもなく、わたしたちそのものを書いてくれた。わたしたちだけでなく、読者のみなさん一人ひとりが、彼女の一流の仕事の恩恵を受けているのだ。

もうひとり、わたしたちのエージェントのダグ・アブラムズは、この本の共同発明者であり、アイデアの紡ぎ手であり、出版業界のツアーガイドであり、誠実な友であり、オールラウンドな最高の協力者でもある。ダグがいなければ、まちがいなくこの本は完成しなかっただろう。わたしたちの最初の原稿は、わたしたちの授業を文章に置き換えただけの退屈な台本にすぎなかった。わたしたちは執筆に行きづまると、助けが必要だと気づいた。ダグはわたしたちの本のデザイン・コンサルタントとなり、どういう本を世界に届けるべきか、どのような構成にすればわたしたちのメッセージが読者に伝わるかを率先して考えてくれた。ブックデザイナーのダグは、本とはなんなのかを教えてくれた。すると、エージェントのダグは、すぐさま行動を開始し、出版の世界への扉を開け、「さあ、人生の旅をはじめよう。ついてきてくれ」と言った。おかげで、これまですばらしい旅ができた。次の展開が待ちきれない。

最後に、出版社「クノッフ」のすばらしいチームのみなさんに感謝したい。なかでも、わたしたちの編集者で、いわば「文化変革担当責任者」のヴィッキー・ウィルソンは、とりわけ大きな存在だ。彼女が本書の担当になったことがどれだけの違いを生んだのか——それをうまく説明するのは難しい。彼女は本書やわたしたちに直接の貢献をしてくれた。彼女はまさしく意志の女性だ。この本がこうして形になったのは、ひとえに彼女が世に出そうと決意したからにほかならない。本書が文化の変革に必ずや貢献できるという彼女の確信、そして彼女のビジョンは、わたしたちにとって底なしのエネルギーの源泉になった。経験豊富なデザイナーにもインスピレーションは欠かせない。そして、ヴィッキーははじめて出会ったときから片時も休まずそのインスピレーションを与えつづけてくれた。ヴィッキーと出会ったことは、わたしたちの人生最高の幸運のひとつ。ヴィッキー、本当に、本当にありがとう。

訳者あとがき

どうして人生がうまくいかないのだろう？ 今の仕事をつづけるべきか？ これからの人生をどう生きよう？

誰もがそんな疑問を抱えながら生きている。

本書『スタンフォード式 人生デザイン講座』（原題：*Designing Your Life: How to Build a Well-Lived, Joyful Life*）は、デザイナーの発想法を用いて自分自身の人生をデザインしていくスタンフォード大学の人気講座「Designing Your Life」で著者たちが教えている方法論や演習がぎっしりとつまっている一冊だ。

本書の最大の特長は、なんといっても「ライフデザイン」という名のとおり、人生やキャリアの設計に「デザイン思考」の考え方をとり入れている点だろう。すべての人々に画一的なアドバイスをしがちなふつうの自己啓発書とはちがって、本書では読者一人ひとりが実際に頭、手、そして体を動かしながら、自分に合った人生を「デザイン」していくことを目的にしている。

数学の問題を解いたり高速な列車を設計したりする場合には、究極の正解を突きつめるエンジニアの視点（収束的思考）が必要になるが、商品のデザインや社会問題の解消など、さまざまな答えがありうる複雑な問題を解決する場合には、それとは逆のデザイナーの視点（発散的思考）が必要になってくる。目の前の問題を別の視点からとらえなおし、いろいろなアイデアを出し、実際にプロトタイプ（試作品）をつくりながら、試行錯誤を繰り返していく——こうしたデザイン思考のプロセスは、唯一の正解がない「人生」という問題と向き合うには打ってつけの考え方といえる。

この唯一の正解がないという点は、本書の根底にある考え方のひとつではないかと思う。唯一の正解がないからこそ、自由に発想を広げられるし、試行錯誤を繰り返せる。そして、ひとつを選んだあとも、不正解を選んだという後悔の念に必要以上にとらわれずにすむ。この楽観的な視点は、きっと人生をデザインするうえで大切な要素だ。絵の描き方に正解がないように、人生の描き方にも正解はない。「最高の自分は何通りもある」という著者の言葉には、私自身も訳していて勇気を与えられた。

さて、そんな講座を考案したふたりの著者について、少し紹介しておきたい。

ビル・バーネットはスタンフォード大学でプロダクト・デザインを専攻後、数々の新興企業や大企業で働いた経験を持つ。アップル社に七年間勤務し、賞を受賞したラップトップや蝶番《ヒンジ》のデザインにかかわった。現在はスタンフォード大学デザイン・プログラムのエグゼクティブ・ディレクターを務めている。

デイヴ・エヴァンスもスタンフォード大学を卒業後、アップルで初のマウスの開発にかかわったのち、エレクトロニック・アーツ社を創設し、多くの経営者たちにコンサルティングや助言を提供。その経験を活かして、カリフォルニア大学バークレー校では、八年間計一四学期にわたり、「天職の見つけ方」というプログラムを担当した。

そんなふたりがスタンフォード大学にライフデザイン・ラボを共同で創設し、「Designing Your Life」プログラムを教えることになったきっかけは、二〇〇七年、エヴァンスがバーネットと昼食をとっているときに提案したなにげないアイデアだった。彼は卒業後の進路が明確ではなく、職業選択で苦労しがちなスタンフォード大学のデザイン課程の学生たちのために、キャリア設計のアドバイスを提供したいと考えていた。

ふたりはすぐさま意気投合し、さっそく夏期に二日がかりの夜間ワークショップを開催。一日目、ワークショップは盛況のまま進んだ。二日目、ワークショップは止められなくなった。学生たちは夜遅くまで演習にのめりこんだ。終了予定時刻が過ぎ、ふたりがそろそろワークショップを切り上げようとしても、学生たちはいっこうに話し合いをやめようとしなかった。「もう少しだけ。だって、こんなことについて語れる場所なんてほかにないですから」

人生や仕事について真剣に語り合える場所がなかなかないというのは、どの国の人々にも共通する悩みなのかもしれない。

こうして生まれた「Designing Your Life」プログラムはたちまち学生たちの人気を博し、キャンパス内で一、二を争うほどの人気選択講座となった。これまでに数千人のスタンフォード大学の学生がこの講座を受講してきたほか、現在ではそれ以外にも門戸を開け、すべての人々を対象とした同名のワークショップを開催している（http://designingyour.life/）。

この人気のワークショップを擬似的に体験できるのが本書だ。ぜひみなさんも、本書をただ読むだけではなく、章末のワークシートに書きこみながら、頭、手、体を総動員して演習を実践してみてほしい。「実践する」ことはデザイン思考に欠かせない一部だからだ。ワークシートは早川書房のサイト（www.hayakawa-online.co.jp/designingyourlife/）からもダウンロードすることができる。そして、著者が勧めるように、お互いにライフデザインを発表し合える仲間（ライフデザイン・チーム）が見つかればいっそう効果的だ。日本でも、読書会や大学の講座などでライフデザインが実践される日が来るのを願っている。

最後になったが、本書の翻訳にあたっては、日本の読者にとってよりわかりやすい内容となるよう、両著者の許可のもと、見出しの追加や改題、文章の一部修正を行なった。きめ細かい編集を行なってくださった早川書房編集者の窪木竜也さんにお礼を申し上げたい。

二〇一七年八月

〔単行本版の訳者あとがきを修正のうえ再録〕

原　註

はじめに

1. Apple のラップトップの構成を発明したジョン・クラッカワーについては、European Patent EP 0515664 B1, Laptop Computer Having Integrated Keyboard, Cursor Control Device and Palm Rest, and Artemis March, *Apple PowerBook (A): Design Quality and Time to Market*, Design Management Institute Case Study 9-994-023 (Boston: Design Management Institute Press, 1994) を参照。
2. Lindsay Oishi, "Enhancing Career Development Agency in Emerging Adulthood: An Intervention Using Design Thinking," doctoral dissertation, Graduate School of Education, Stanford University, 2012. T. S. Reilly, "Designing Life: Studies of Emerging Adult Development," doctoral dissertation, Graduate School of Education, Stanford University, 2013.
3. これらの企業について詳しくは、http://embraceglobal.org および https://d-rev.org を参照。
4. William Damon, *The Path to Purpose: How Young People Find Their Calling in Life* (New York: Free Press, 2009).

第２章：人生のコンパスをつくる

1. わたしたちのアイデアや演習の多くは、ポジティブ心理学運動の研究——とくにマーティン・セリグマンの研究——から発想を得ている。「自分の仕事を社会的な意義と明確に関連づけられるひとは、仕事に満足感を覚え、社会で働くことにつきものであるストレスや妥協にうまく適応できる傾向がある」という考え方は、セリグマンの著書『ポジティブ心理学の挑戦——“幸福”から“持続的幸福”へ』（宇野カオリ監訳、ディスカヴァー・トゥエンティワン、2014）に登場する重要なアイデアの１つだ。

第3章：熱中できる道を探す

1. フローの概念について詳しくは、M. チクセントミハイ著『フロー体験——喜びの現象学』（今村浩明訳、世界思想社、1996）を参照。
2. Suzana Herculano-Houzel, "What's so special about the human brain?," https://www.ted.com/talks/suzana_herculano_houzel_what_is_so_special_about_the_human_brain および Nikhil Swaminathan, "Why Does the Brain Need So Much Power?," *Scientific American*, April 29, 2008, http://www.scientificamerican.com/article/why-does-the-brain-need-s/ を参照。
3. AEIOU フレームワークは、Dev Patnaik, *Needfinding: Design Research and Planning* (Amazon's CreateSpace Independent Publishing Platform, 2013) より。

第5章：人生プランを描く

1. Steven P. Dow, Alana Glassco, Jonathan Kass, Melissa Schwarz, Daniel L. Schwartz, and Scott R. Klemmer, "Parallel Prototyping Leads to Better Design Results, More Divergence, and Increased Self-Efficacy," *ACM Transactions on Computer-Human Interactions* 17, no. 4 (Dec. 2010).
2. ホメーロスやギリシャ人に加えて、『ニューヨーク・タイムズ』紙のコラムニスト、デイヴィッド・ブルックスの使った「冒険時代《オデッセイ・イヤーズ》」という言葉からも発想を得た。彼は2007年10月9日のコラムで、22〜35歳のアメリカ人が抱える新しい現実についてこう説明した。「少し想像力を働かせれば、ベビーブーム世代のひとびとでも、冒険時代の真っ只中にいる気分が理解できる。この試行錯誤の時期は、現代の状況に対する賢い反応だとわかる」。David Brooks, "The Odyssey Years," The Opinion Pages, *New York Times*, October 9, 2007, http://www.nytimes.com/2007/10/09/opinion/09brooks.html?_r=0.

第7章：仕事探しの落とし穴

1. *The Recruitment Power Shift: How Candidates Are Powering the Economy*, CareerBuilder, 2015 より。http://careerbuildercommunications.com/candidatebehavior/ を参照。

第８章：夢の仕事をデザインする

1. https://test.naceweb.org/press/faq.aspx.

第９章：幸せを選びとる

1. Peter Salovey and John D. Mayer, "Emotional Intelligence," *Imagination, Cognition and Personality* 9 (1990): 185－211.
2. ダニエル・ゴールマンは『EQ――こころの知能指数』（土屋京子訳、講談社、1996）と後続書『SQ――生きかたの知能指数』（土屋京子訳、日本経済新聞出版社、2007）の著者。「感情の知恵」という概念は後者より。これらの概念についてまとめたものとしては、SQ に関するゴールマン本人の講演 https://www.youtube.com/watch?v=-hoo_dIOP8k がおもしろくてタメになる。
3. ダン・ギルバートの「幸せの合成」に関して詳しくは、Dan Gilbert, "The Surprising Science of Happiness," http://www.ted.com/talks/dan_gilbert_asks_why_are_we_happy および『明日の幸せを科学する』（熊谷淳子訳、早川書房、2013）を参照。
4. 選択肢や選択に関するバリー・シュワルツの考えについて詳しくは、Barry Schwartz, "The Paradox of Choice?," https://www.ted.com/talks/barry_schwartz_on_the_paradox_of_choice?language=en を参照。

第 10 章：失敗の免疫をつける

1. グリットやセルフ・コントロールに関するアンジェラ・ダックワースの研究は、優れた論文にまとめられている。Daniel J. Tomasulo, "Grit: What Is It and Do You Have It?," *Psychology Today*, January 8, 2014, https://www.psychologytoday.com/blog/the-healing-crowd/201401/grit-what-is-it-and-do-you-have-it を参照。
2. James P. Carse, *Finite and Infinite Games* (New York: Free Press, 1986).

本書は、二〇一七年九月に早川書房より単行本として刊行された『LIFE DESIGN スタンフォード式 最高の人生設計』を改題・文庫化したものです。

羊飼いの暮らし

——イギリス湖水地方の四季

The Shepherd's Life

ジェイムズ・リーバンクス

濱野大道訳

ハヤカワ文庫ＮＦ

太陽が輝き、羊たちが山で気ままに草を食《は》む夏。競売市が開かれ、一番の稼ぎ時となる秋。過酷な雪や寒さのなか、羊を死なせないよう駆け回る冬。何百匹もの子羊が生まれる春。湖水地方で六〇〇年以上続く羊飼いの家系に生まれたオックスフォード大卒の著者が、羊飼いとして生きる喜びを綴る。

解説／河﨑秋子

The Path

ハーバードの人生が変わる東洋哲学

——悩めるエリートを熱狂させた超人気講義

マイケル・ピュエット＆クリスティーン・グロス＝ロー
熊谷淳子訳

ハヤカワ文庫ＮＦ

「この講義が終わるまでに、きみの人生は必ず変わる」そんな約束から始まる東洋思想の講座がハーバードで絶大な人気を誇っているのはなぜか？　カレッジ教授賞を受賞した有名教授が語る孔子や老子の真のメッセージが、悩めるエリート達の目を輝かせる。彼らの常識を覆した中国思想の教えとは？　解説／中島隆博

訳者略歴　翻訳家　早稲田大学理工学部数理科学科卒　訳書にガネット『クリエイティブ・スイッチ』，ヒダルゴ『情報と秩序』，ハース＆ハース『スイッチ！』『決定力！』，ブラウン『デザイン思考が世界を変える』（以上早川書房刊）ほか多数

HM=Hayakawa Mystery
SF=Science Fiction
JA=Japanese Author
NV=Novel
NF=Nonfiction
FT=Fantasy

スタンフォード式《しき》 人生《じんせい》デザイン講座《こうざ》

〈NF546〉

二〇一九年十月十五日　発行
二〇一九年十二月二十五日　六刷
（定価はカバーに表示してあります）

著者　ビル・バーネット
デイヴ・エヴァンス
訳者　千《ち》葉《ば》敏《とし》生《お》

発行者　早川　浩
発行所　株式会社　早川書房
郵便番号　一〇一‐〇〇四六
東京都千代田区神田多町二ノ二
電話　〇三‐三二五二‐三一一一
振替　〇〇一六〇‐三‐四七七九九
https://www.hayakawa-online.co.jp

乱丁・落丁本は小社制作部宛お送り下さい。
送料小社負担にてお取りかえいたします。

印刷・精文堂印刷株式会社　製本・株式会社明光社
Printed and bound in Japan
ISBN978-4-15-050546-2 C0130

本書は活字が大きく読みやすい〈トールサイズ〉です。